学術選書 056

大坂の庭園

太閤の城と町人文化

飛田範夫

KYOTO UNIVERSITY PRESS

京都大学学術出版会

はじめに

大坂の庭園

江戸の庭園を追及してみると、大名たちが所有していた大庭園は、周囲の農村地帯に侵略して建造した下屋敷や抱《かかえ》屋敷のものだったことがわかる。江戸は緑が多い庭園都市だったというのは、武士から見た場合であって、庶民からすればまったく関係がない世界でしかなかっただろう（飛田『江戸の庭園』）。

では、江戸に次ぐ大都市だった大坂の場合はどうだったのだろうか。幕府が直接支配する直轄《ちょっかつ》地だったために、大坂は幕府の規制を強く受けていたように見えるのだが、「天下の台所」と呼ばれているように、大坂は商業活動が盛んな都市だった。三代将軍家光が大坂にやって来て居住地の無課税を宣言したことから、他の国々の城下町よりも商業活動がしやすい場所になっている。江戸が武士主体の都市だったのに対して、江戸時代の大坂は町人主体の都市だった感じがする。

しかし、まったく町人たちが自由だったわけではなく、幕府に反旗をひるがえさない限り、大坂の町民には自由な商業活動を許すというのが、幕府の方針だったのだろう。大坂の町人たちは、どのような生活をしていたのかを、庭園という観点から明らかにしてみたいと思う。

現在、古い庭園が残っているかどうかを、京都林泉協会編『日本庭園鑑賞便覧』で調べてみると、大阪市内の庭園としては次のものしか挙げられていない。

太閤園　大正　池　大阪市豊島区網島町
四天王寺　昭和　池　大阪市天王寺区四天王寺
慶沢園《けいたくえん》　明治　池　大阪市天王寺区茶臼山町
願泉寺　桃山　枯（荒）　大阪市浪速区大国町
加賀屋新田会所　江中　池　大阪市住之江区南加賀屋町

明治維新後の変革と第二次世界大戦中の空襲で、大坂の武家屋敷・寺社・町屋の庭園はほとんど焼失してしまったということだろうか。それとも江戸時代に庭園はあまり作られなかったということだろうか。江戸に庭園が多かったのも異常なのだが、大坂に庭園が少なかったらしいことも、何か意味があるように思える。

各章の内容

大坂の庭園とはどのようなものだったかを探るために、次のように進めていきたいと思う。

第1章では、作庭を行なっていた作庭関係者である植木屋と花屋について、その所在地と材料の入手、販売体制などを明らかにしたい。大坂の植木屋・花屋は江戸よりも軒数が少ないかもしれないが、何か特徴があったのではないだろうか。

第2章では、作庭に関係する石屋と縄問屋について、植木屋・花屋と同様に所在地と材料の入手、販売体制などを調べてみたい。石屋と縄問屋にとって、必要だった立地条件というものは何だったのだろうか。石材や縄はどこからどのようにして入手していたのだろうか。

第3章では、大坂は武家人口が少なかったが、武家屋敷には庭園が存在していたのかどうかを見てみたい。幕府が再建した大坂城の御殿、東西町奉行が住んでいた屋敷、大名が自国の米や特産物を販売するために建てた蔵屋敷には、庭園はなかったのだろうか。

第4章では、大坂の寺院と神社の庭園を調べてみたい。大坂には古くは四天王寺や住吉神社があり、大坂城が築かれてからは防御のために周辺に寺町がつくられ、市中には東西本願寺の別院が建てられるなど寺院数はかなり多い。これらの寺社には庭園が存在していたのではないだろうか。

第5章では大坂に住む町人の庭園を探ってみたい。大坂は「天下の台所」と言われたように商業活動は盛んだったが、密集した市街地に住む町人たちは庭園を持つことができたのだろうか。広大な屋敷を所有していた裕福な町人の場合はどうだったのだろうか。

第6章では、料理屋と遊郭の庭園を調べてみたい。市中の料理屋は小さな庭しか持っていなかったが、郊外の料理屋は違っていたようだ。新町遊郭については庭園の図がいくつも残っているのは、どういうことなのだろうか。

第7章では、新田会所の庭園と天保山の造営を取り上げてみたい。新田を運営する会所には庭園があり、天保山の築造には庭園技術が用いられていたことが、当時の資料からわかる。市中から遠く離れた会所に、なぜ庭園が必要だったのだろうか。なぜ河川を浚渫した土砂を盛り上げて、天保山と呼ばれる山にしたのだろうか。

第8章では、大坂と江戸との相違について、第1章から第7章までのことを別な角度から見直してみたい。江戸は郊外の農村地帯へ大名屋敷が侵略していったことで広大な都市になったが、大坂の発展の仕方はどうだったのだろうか。大坂という町の繁栄がどうして可能になったのだろうか。

江戸時代の大坂から学べることは何なのだろうか。あまりにも時代がかけ離れ過ぎていて、共通することはあまりないかもしれない。庭園の史料は少ないようなのでかなり悪戦苦闘しそうだが、とにかく始めてみよう。

表記などについて

この本の表記のことだが、現代は「大阪」と書くが、江戸時代は「大坂」と書くものが多かったので、時代を明確に示すために江戸時代については「大坂」と書くことにした。また、掘割については長堀川・道頓堀川などというのが正式のようだが、昔も現在も長堀・道頓堀といっているので、すべて「川」を省くことにした。現代の寺社名も正式なものは堅苦しいので、当時の呼び方や現在の一般的な呼び方を使った。

引用文の漢文表記部分は、読みやすいように読み下し文に改め、片仮名表記されている文章は平仮名表記とした。また、引用文の振り仮名は、読みやすいように現代仮名遣いとした。江戸時代の長さを現代の寸法に換算することはなかなか厄介だが、大阪市史編纂所編『大阪市の歴史』は、大坂での一間を六尺三寸（一・九一メートル）としているので、これに従うことにした。

江戸時代の大坂のことはわかりにくいので、本文中に現代の地名を付け加えたが、天保三年（一八三二）に作られた「浪華名所独《ひとり》案内」（大阪歴史博物館蔵）の地図を掲げておくので、本文中に出てくる多くの場所をこの図で確認していただきたい（見開き図）。

所独案内」天保３年［1832］）

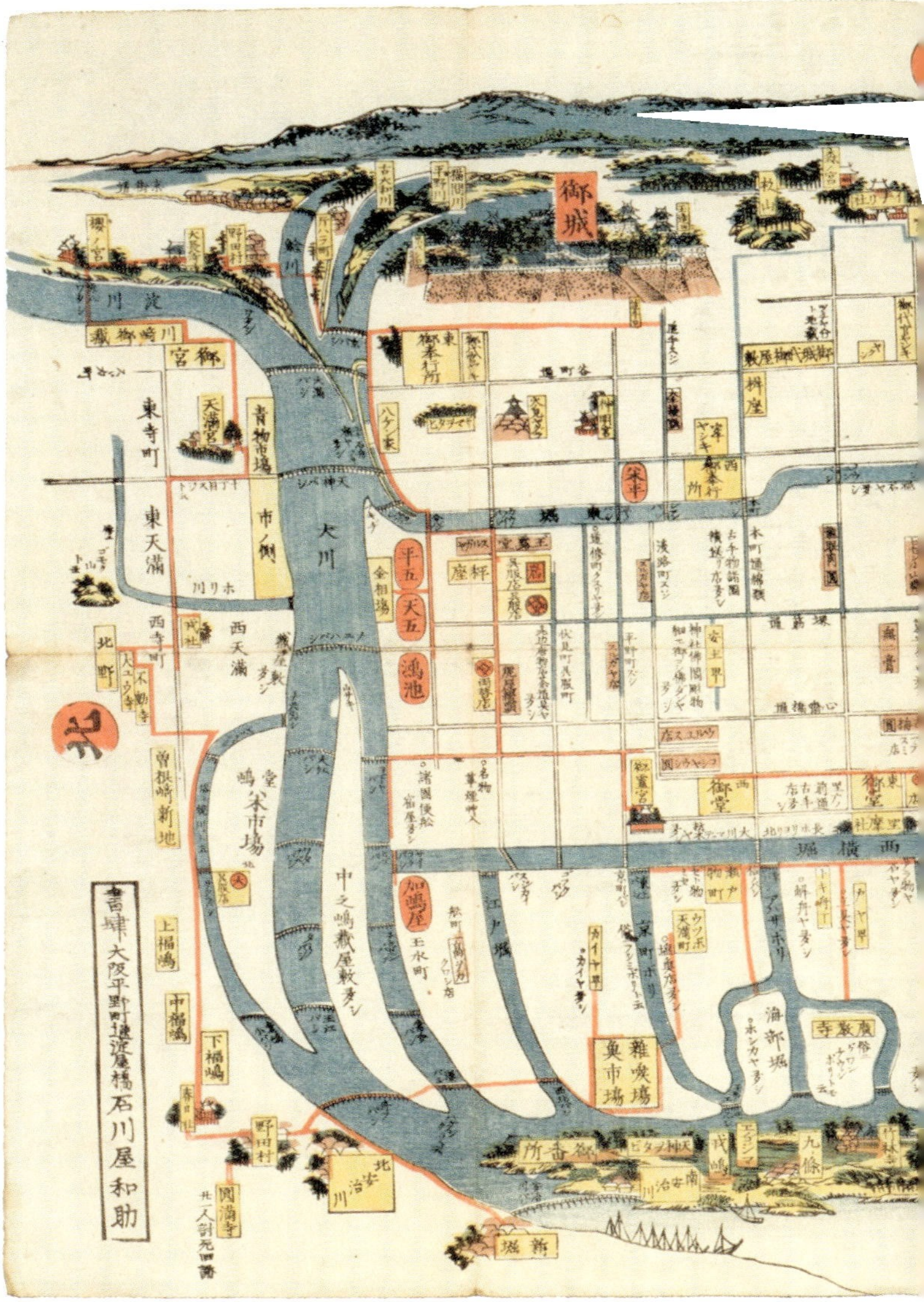
御城
淀川
大川
天満宮
青物市場
市ノ側
東寺町
東天満
西天満
北町
曽根崎新地
堂嶋米市場
中之嶋
上福嶋
中福嶋
下福嶋
野田村
鴻池
天五
平五
加嶋屋
江戸堀
海部堀
雑喉場魚市場
西横堀
九條
新堀
書肆 大阪平野町淀屋橋 石川屋和助

江戸時代の大坂（「浪華名

大坂の庭園◉目　次

大坂の庭園——太閤の城と町人文化

第1章　植木屋と花屋

1　大坂の植木屋

庭作と植木屋との違い

江戸時代の江戸と大坂の違いを、まず植木屋について見てみたい。江戸では樹木を販売したり庭を作ったりする者を「植木屋」、主に草花を販売する者を「花屋」と呼んでいたが、大坂では少し違った職種があった。延宝七年（一六七九）の『懐中《かいちゅう》　難波雀《なにわすずめ》』（以下『難波雀』と略す。『大阪市史史料五三』）では、「諸芸師」の項に「庭作　松や町　石原与右衛門」と記載されている。京都も同様で、貞享《じょうきょう》二年（一六八五）の『京羽二重《きょうはぶたえ》（六）』の「諸師諸芸」の項に、「庭作　からす丸あやの小路下《さが》る町　道花」とある。町中に住んでいるところからすると、「庭作《にわつくり》」というのは植木を販売する人間ではなく、庭園を設計して作庭を指示する人物のことだったらしい。

大名や旗本のことを記した『武鑑《ぶかん》』では、江戸幕府の庭園担当者を「御庭作」と書いているのは、大坂・京都で庭園設計者を「庭作」と呼んでいたことに起因するのだろう。中世の京都では、作庭を行なっていた者たちは「山水河原者《せんずいかわらもの》」と呼ばれていたが、江戸時代には河原者以外も作庭に従事するようになり、施工と設計が分離していったことから、「庭作」という呼称が生まれたのではないだろうか。

『難波雀』の「諸商人・諸職人売物所付」の項に「植木屋」とあるので、大坂でも江戸と同様に植木を販売する者たちは「植木屋」と呼ばれていたことがわかる。京都では「庭師」という呼称も生まれているが、大坂で植木を販売する者と作庭する者を合わせて「植木屋」と呼ぶようになっていったのは、植木を販売するだけでなく依頼されれば作庭することが多かったからだろう。

植木屋の所在地

江戸時代の大坂の植木屋は、いつ頃からどこに店を出していたのだろうか。江戸前期（一六〇三—一七〇〇年）については、『人倫訓蒙図彙《じんりんきんもうずい》（四）』（元禄三年［一六九〇］）の「植木や」の項に、「大坂は道頓堀《どうとんぼり》、天満天神《てんまてんじん》の前」と書かれている。江戸中期（十八世紀）については、安永六年（一七七七）版『難波丸綱目《なにわまるこうもく》（四）』（野間光辰鑑修『校本　難波丸綱目』）の「諸職人商人所付」の項に、

うへ木や　高津《こうづ》吉介・下寺丁《したでらまち》・天ま天神社内・同表門・同うらもん・北野寺丁・新丁《しんまち》西口。

とある。江戸後期（一八〇一—一八六七）については、暁鐘成《あかつきかねなる》（一七九三—一八六〇）著『摂津名所図《ず》会《え》大成（四）』の「種樹屋花園《うえきやのはなぞの》」の項に、

凡《およそ》浪花《ろうか》に於て栽種《うえき》を鬻《ひさ》ぐ家普《あまね》く下寺町《したてらまち》及び天満《てんま》等《とう》に集り、其余《そのよ》北野・曾根崎《そねさき》或《ある》は難波《なんば》の新地《しんち》、尚《なお》諸所に有《あり》といへども、就中《なかんずく》高津《こうづ》の吉助《きちすけ》を以て魁《かい》とす。

と、数多くの場所が挙げられている。

江戸時代を通して盛んだったのは天満天神の植木屋で、中期からは高津の吉介が有名になり、後期

には難波新地のような新たに開発された場所に、植木屋が集まっていることがわかる。以上の史料から植木屋が存在していた場所を時代順に並べると、道頓堀（中央区）・天満天神（北区）・高津（中央区）・下寺町（天王寺区）・北野寺町（北区）・新町（西区）・曾根崎新地（北区）・難波新地（中央区）ということになる。

各植木屋の状況

●道頓堀の植木屋

大坂の植木屋はどのような状況だったのかを、順に見ていくことにしよう。江戸前期の『難波雀』の「諸商人・諸職人売物所付」の項に、

植木屋　道頓ぼり　与三兵衛、同　天満天神のまへ、同　太左衛門ばしの辺

とあるから、道頓堀の植木屋というのは、与三兵衛の店と日本橋の西側の太左衛門橋（中央区道頓堀一丁目）あたりの店を指しているようだ。道頓堀は元和《げんな》元年（一六一五）に開削されたもので、道頓堀立慶町《りゅうけいまち》と道頓堀吉左衛門町には、歌舞伎や浄瑠璃などの小屋も建てられた。元禄十二年（一六九九）に茶屋を建てることが許可されたことから一層賑わうようになり、「南《みなみ》」と呼ばれた地域の繁栄

の中心になっている（『大阪府の地名Ⅰ』）。

しかし、道頓堀の植木屋のことを記した『難波雀』や『人倫訓蒙図彙』の出版は、茶屋が建てられる元禄十二年以前のことだった。道頓堀が開削されてから周囲にまだ人家が少ない時期に、与三兵衛や太左衛門橋のあたりの植木屋が、土地を借りて樹木を仮植えする植溜《うえだめ》を設け、商売を行なっていたのではないだろうか。当時、道頓堀は市街地のはずれだったので、市中の町人たちにとって植木屋見物は、気晴らしになったのだろう。

安永六年（一七七七）の『難波丸綱目』に道頓堀の植木屋のことが掲載されていないのは、太左衛門橋のあたりに歌舞伎や浄瑠璃などの小屋が建ち並ぶようになると、植溜を必要とする植木屋の店はさらに郊外に移らざるをえなかったからではないだろうか。

●天満天神の植木屋

天満天神は現在も北区天神橋二丁目に存在していて、大阪天満宮と呼ばれている。孝徳天皇が長柄《ながら》豊碕宮《とよさきのみや》に遷都した大化元年（六四五）に、皇城鎮護のために建立された大将軍社がその起源とされているが、場所は現在とは異なっていた。菅原道真《みちざね》が大宰府《だざいふ》に向う途中に参詣していることから、天《てん》暦《りゃく》七年（九五三）に道真をまつる天満宮が境内に建てられて天神と呼ばれるようになったが、寛文《かんぶん》年間（一六六一―一六七三）に現在地に移され、天満郷の産土神《うぶすながみ》としてまつられた。参詣者も多かっ

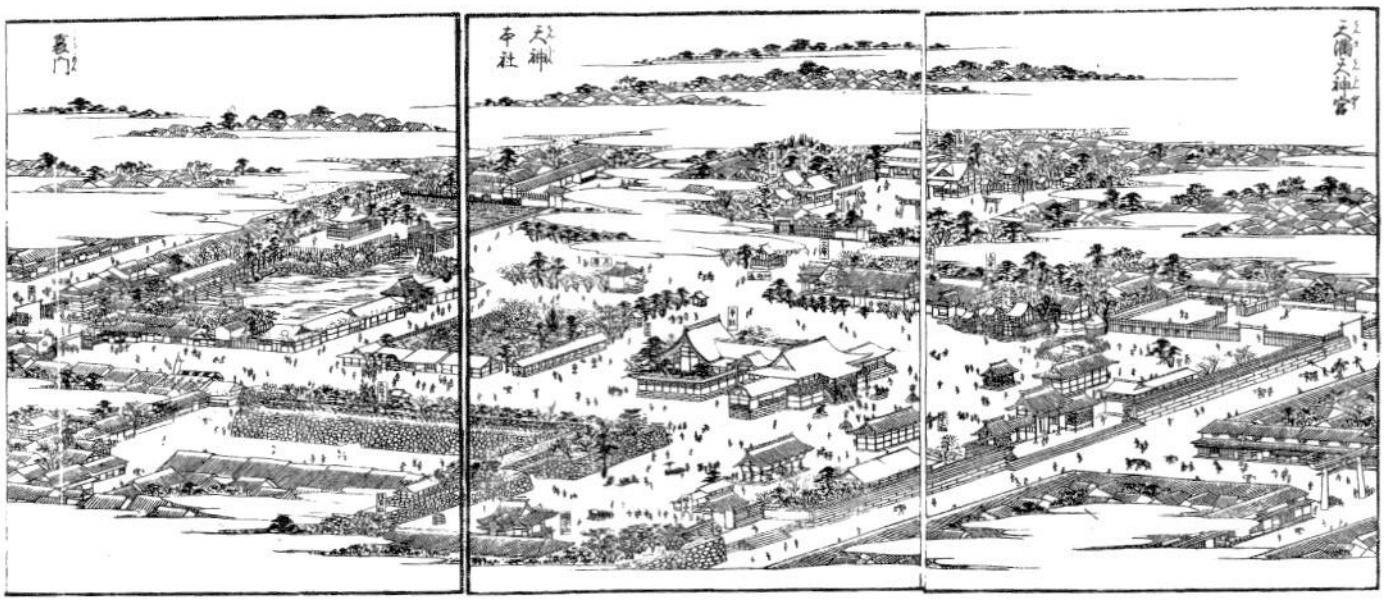

図1-1●天満天神の境内（『摂津名所図会［4］』）

たが、天保八年（一八三七）の大塩平八郎の乱で全焼してしまい、明治三十四年（一九〇一）に再建されている（『大阪府の地名I』）。

江戸時代のにぎわいを秋里籬島《りとう》著『摂津名所図会《ずえ》（四）』（寛政六年［一七九四］）は、次のように書いている。

> 四時《しいじ》詣人《けいじん》多く、社内の市店《してん》・観物《みせもの》・軽口噺《かるくちはなし》・植木屋の鉢植・泉水《せんすい》の金魚・小山屋が料理、月毎《つきごと》の二十五日の群参、昼夜道に満てり。

門前には茶屋が並び境内ではさまざまな出し物が行なわれて、多くの参拝客があったらしい（図1-1）。その客をねらって植木屋たちは店を出していたのだろう。

植木屋の所在場所は先にあげた史料からすると、最初は天満天神の表門前に店が出されていたが、次第に裏門側にも並ぶようになり、境内にも仮設的な店が置かれるようになったらしい。境内の植木屋については弘化三年（一八四六）の

「天満宮境内　幷《ならびに》社地惣《そう》絵図」に、境内北側の池の手前、正殿裏側の霊符神の傍らに「植木や」と書かれている（『大阪市史四』）。

近松門左衛門の『生玉《いくだま》心中（上）』（正徳五年［一七一五］）に、

社《やしろ》のめぐり浮れ出《い》で、見渡せば数々の花屋、植木屋立ち並び、色売る〳〵花の色売る。

とあるのは、天満天神の表門などには、たくさんの植木屋や花屋が店をつらねて、色鮮やかな樹木や草花を売っていたということなのだろう。近松の文章は掛け言葉が多くてどこまで本当かわかりにくいのだが、植木屋の店には「鉢植ゑの作り松・梅・菖蒲草《あやめぐさ》・白牡丹・けいせん花（オキナグサ）・木《もっ》槲《こく》・樅《もみ》・南天《なんてん》・小手鞠《こでまり》」などが並べられていたようだ。

天満天神の植木屋の本拠地について、『摂津名所図会大成（四）』は「下寺街《したてらまち》栽種戸《うえきや》」の項で、「種《うえ》樹屋《きや》は［略］天満天神の北の方に多し」と述べている。与力・同心屋敷の北側の農村地帯との境あたりに位置していたということだろうか。

●高津の吉助

［吉助の店の様子］

高津《こうづ》という地名は、現在も大阪市中央区に残っている。『摂津名所図会大成（四）』が「就中《なかんずく》高津の吉助《きちすけ》を以て魁とす」という吉助は、どのような植木屋だったのだろうか。喜田川守貞《もりさだ》著『近世風俗志（五）』（嘉永六年［一八五三］編）に、

　樹木屋　染井村・巣鴨《すがも》村に多し。各庭を広くし、珍花・異樹を蓄《たくわ》へたり。京坂同業の及ぶ所にあらず。ただ大坂高津の樹木屋吉助のみこれに比《なら》ぶか、あるいは及ばざるか。江戸は盛なる者数人。

とあるように、吉助は江戸の染井や巣鴨の植木屋に劣らないほど大々的に商売をしていたらしい。『難波丸綱目（二）』の「浪花名物寄」の「めいぶつ」の項に、「菊　高津うへ木屋吉介・あみじま（豊島区）・是外《このほか》うへ木屋所々」とあるから、吉助のところでは江戸中期後半には盛んにキクを作るようになったらしい。

　文政十年（一八二七）の序を持つ秋里籬島著『石垣園生《そのう》八重垣《やえがき》伝』の「具足形《ぐそくぎょう》五ツ組の図」に、「樹老園は大坂高津の植木や吉輔」と記されているから、店の名は「樹老園」だったことになる。店の中がどのような状況だったかは、『摂津名所図会（四）』の「二井《ふたついど》」の図の上部に描かれている絵から推測できる（図1-2）。敷地内には蔵があり、中門をくぐると右手に座敷が建てられていて、休みながら植木が眺められるようになっていた。盆栽を植えた鉢が数多く置かれ、その背後には両側に針葉樹や落葉広葉樹などの高木が植えられ、中央の道の奥には四阿《あずまや》も建てられ、座敷の背後にはボタンらしいものを植えた花壇が設けられている。

図1－2●植木屋吉助の店（『摂津名所図会［4］』）

さらに具体的な様子は先の『摂津名所図会大成（四）』の続きに、

庭中には諸《もろもろ》の草木を多く貯《たくわ》へ、四時《しいじ》に花の絶《たゆ》る事なく、珍奇の品類を鉢に育《そだて》て、見も馴《なれ》ざるもの数《しばしば》なり。且《そのうえ》、初夏の牡丹晩秋の菊等は、花壇を造りて美観なり。雅俗ともに是を見んとて群集《ぐんじゅ》し、庭中最賑《いとにぎ》わし。

とあって、珍しい物を鉢で育て、ボタン・キクは花壇に植えていたことがわかる。「二井」の図中に「諸州へ船にて積送る也」と記されていることからすると、全国的に植木の販売を行なっている。名声が江戸まで聞こえていたのは、珍しい植木を江戸にも送っていたからだろう。『摂陽奇観（四九）』の「四季遊覧　花のしをり」に「牡丹　高津吉助」とあり、江戸末期ごろの芳雪（一八三五—一八七九）画「浪花百景」にも、「吉助牡丹盛り」と記されボタンの花が描かれているから、江戸後期にはボタンで有名な店になったようだ。

[吉助の店の位置]

吉助の店については、天保初年（一八三〇）に大坂に生まれた人物が、明治二十八年（一八九五）頃に想い出をまとめた『浪華百事談』（『日本随筆大成三—二』）の「松井吉助の庭」の項に、次のように述べている。

高津五番町に卜《ぼく》せる植木商松井吉助は、其宅地、種々の樹木花卉を蓄《たくわ》へて、恰《あたか》も他より見れば森林の如く、将《まさに》珍木奇草の盆栽棚を構へてならぶる事、其数知れざる程にして諸国に輸出す。例年初夏の頃には牡丹の花壇をつくり、又季秋には菊花を衆人に縦覧せしむ。［略］則ち道頓堀南岸の極東なり。

明治に入ってから吉助は松井と名乗っていて、店の場所は高津五番町で道頓堀南岸の東端だったことがわかる。昭和十年（一九三五）に書かれた船本茂兵衛「高津新地界隈《かいわい》を巡る」（『上方五〇』）は、明治になってからの変化を次のように述べている。

写真1－1●植木屋吉助の店の跡

二ッ井戸町を東に行くと今の実費病院の処は百花園植木屋吉助の邸内の一部であつた。其南には電気局高津営業所の建物になつて、中央は高津神社舞台へ出られる道路となつて居る。高津営業所の辺は邸宅建物があつて其東には牡丹や盆栽の栽培所、道路から北には小山と、離れた別座敷があつた。［略］初代吉助が元禄五年茲《ここ》に植木屋を創《はじ》めてから二百余年、歴史ある百花園も明治末年に閉ざされて三千坪の園内は昔に変る洋館の占領するところとなつて居る。

創業は元禄五年（一六九二）で敷地は三〇〇〇坪ほどあったようだが、明治末年に廃業して移転したという。大阪商業大学商業史博物館の公開資料によると、明治五年三月に町名改称が行なわれて瓦屋町五番町となったが、吉助宅は江戸時代までは南瓦屋町五丁目だった。元禄八年から安政三年（一八五六）までの水帳《みずちょう》（検地帳）では、吉助宅は敷地の変動がなく、安政三年付図には合計坪数は「二千二百八十二坪九合五勺六才（七五四七平方メートル）」と記されている。

現地に行ってみると、北側の実費病院は高津病院に変わり、南側の電気局高津営業所は関西電力高津変電所になっていて、正面の坂の上に高津神社の参道が見える（写真1-1）。現在の地番では病院側が中央区瓦屋町三丁目、変電所側が高津一丁目になっている。西方に少し坂を下ると、東横堀と道頓堀が交わる地点に行き着く。植木を船で運搬できることから、この場所を選んだのではないだろうか。

●下寺町の植木屋

最初に引用した『難波丸綱目（四）』に名前が挙げられているので、下寺町（天王寺区下寺町）の植木屋は、江戸中期後半には出現していたことになる。『大阪商工銘家集』（弘化三年［一八四六］、『大阪経済史料集成一一』）になると、「万《よろず》植木所 并《ならび》に鉢物　下寺町　植木屋八兵衛、万庭木所　下寺町　植木屋六兵衛」というように、植木屋二名の名前が記されている。

明治時代に下寺町付近に残っていた植木屋は、前掲「高津新地界隈を巡る」によると、天明（一七八一―一七八九）以来手広く営業していた沖田橋筋南角の「山田屋」、その南に昭和初期まで残っていた「植仙」、文政年間（一八一八―一八三〇）から営業していた「植長」、元は茶店だったが明治からは盆栽などを売っていた「孔雀茶屋」、それに「三木源」「花正」などだったという。

『摂津名所図会大成（四）』の「下寺街《したてらまちの》栽種戸《うえきや》」の項に、

　下寺町西側に軒を列《つら》ぬ。平生《へいぜい》に諸方より栽種《うえき》をこゝに運送し、市《いち》を立て交易す。頗《すこぶ》る繁昌なり。

とあるから、植木屋の位置は寺院がまとまって建てられていた下寺町の西側、現在の浪速《なにわ》区下寺ということになる。安永二年（一七七三）には下寺町付近で、春のうち月に五、六度のせりを開くことが株仲間で決定されていたという（小林茂・脇田修『大阪の生産と交通』）。

下寺町の植木屋が売っていた品物については『摂津名所図会大成（四）』の続きに、

　石解《せきこく》・竹蘭《ちくらん》の小《ちいさ》き鉢ものより、松・梅の大木まで庭にそだてゝもとめに応じてこれを粥《ひさ》ぐ。いづれも風流に饗堂《ざしき》をしつらひて客をもてなせり。

と書かれている。江戸後期にはセッコクやマツバランが流行していて、小さな鉢で栽培していたようだ。マツやウメを庭で育てていたということは、各店が植溜《うえだめ》を持っていたことになる。客がくつろいで植木を眺められるように座敷も建てていたというから、高津の吉助の樹老園を小規模にしたような

図1-3●北野寺町の植木屋（『浪花の梅［5］』）

形態になっていたのだろう。

●北野寺町の植木屋

寛政十二年（一八〇〇）刊行の白縁斎梅好著『狂歌絵本 浪花の梅（五）』（以下『浪花の梅』と略す。『浪速叢書一二』）に、

同（常安寺）御社内少《すこし》北、植木屋の牡丹の花は年毎に遠近《おちこち》の遊人群をなす。

と記されていて、ボタンの覆《おお》い屋や植木鉢を置いた座敷、植溜の樹木を描いた図が掲載されている（図1-3）。見物人としては刀をさした人物も描かれていて、客は町人ばかりでなく武士もいたことがわかる。

『浪花の梅』の記述からすると北野寺町の植木屋は、現在も残る太融寺《たいゆうじ》（北区太融

寺町）の東に位置していた常安寺境内の神社のやや北側（北区神山町《かみやまちょう》付近）に、土地を持って店を構えていたことになる。「北野寺町」という地名からすると、堂島新地や曽根崎新地の遊行客と寺社の参拝客を見込んで、店を出していたということなのだろう。『繁花風土記《はんかふどき》（上）』（文化十一年［一八一四］序）の「年中行事」の四月の項に「当月牡丹盛」とあり、高津の吉助と並んで「北野　菊清」と名が挙げられている。『浪花の梅』に描かれているのが、菊清の店なのだろうか。

●新町の植木屋

新町《しんまち》（西区）は幕府公認の遊廓で、江戸の吉原や京都の島原に並ぶものだった。この町のことを綴った『浪花青楼志《ろうかせいろうし》（六）』（宝暦九年［一七五九］、『浪速叢書一四』）の「三月花市《はなのいち》」の項には、

瓢簞町《ひょうたんまち》東口より一丁目十字街《つじ》左右両側とも、桃桜花《さくら》・手まり花など、毎年花の市をなせり。凡《およそ》明暦《めいれき》の比《ころ》より例年三、四月の間売来れり。

とあるから、明暦年間（一六五五―一六五八）からすでに一〇〇年続いていた花市があったことになる。瓢簞町は新町の中央通りに当たっていた。遊廓は人が集まるところで、花は遊廓内にも飾ることからよく売れたのだろう。ここの植木市は季節的なものだから、すべて仮設的な店だったようだ。
『難波丸綱目（四）』には、「うへ木や　［略］新丁西口」とあるから、西大門口にも植木屋の店が存

写真1－2●現在のお初天神

在していたことになる。これも新町に来る客を目当てに店を構えていたのだろう。

●曾根崎新地と難波新地の植木屋

江戸時代の曾根崎《そねざき》新地は、現在の北区曾根崎一・二丁目辺りになる。植木屋の規模などは不明だが、お初天神（写真1－2）や寺院がこの場所に残っていることからすると、新地の茶屋に遊ぶ客や参拝客を相手に商売をしていたのだろう。現代とは違って周辺には田畑が残っていて、植溜も確保できた場所だったと考えられる。

もう一方の難波新地だが、天保八年（一八三七）の「天保新改　摂州大阪全図」（古地図史料出版編『大坂古地図集』）では、現在の近鉄難波駅近辺（中央区難波・千日前）の土地を指している。歴史的には宝暦十四年（明和元、一七六四）に難波村の畑地を幕府が買い上げ、町人に開発を請け負わせたことに始まり、明和二年には天満組に編入されて新町屋は難波新地と名付けられた。町屋開発のための助成として、幕府から茶屋・風呂・髪結床《かみゆいどこ》を開設することや、勧進相撲などの興行が許可されたことから、難波新地は遊興の場所になっている（『大阪府の地名I』）。

安永七年（一七七八）の『絵本名所　浪花のながめ（三）』（以下『浪花のながめ』と略す。『浪速叢書一二』）の「難波新地涼《すずみ》」という項に、

此新地所繁昌のためすゞみ始りしより、毎年初夏《なつのはじめ》より秋の最中《もなか》ころまで、毎日暮方より茶店をならべ、軽わざ・ちからもち・曲馬猿の狂言・とうろの細工・水からくり、其外《そのほか》珍らしき見せものはとしぐ〜かはり、賑《にぎ》はしき風けい［略］

と書かれている。周辺は田畑が広がり夕涼みには最適の場所だったらしい。『摂陽奇観（三五）』には、安永七年夏に「植木・鉢植・細工の見せもの」が行なわれたとあるから、植木や鉢植を売る店は当初から出ていたようだ。

植木屋に対しての幕府の規制

大坂町奉行所は天保十二年（一八四一）十月二十五日に、町人の贅沢《ぜいたく》を禁じて「高直《たかね》の鉢植物、売

買停止せしめ候事」という通達を出している。翌十三年八月三日にも、石燈籠・手水鉢《ちょうずばち》・踏段《ふみだん》（くつ脱ぎ石）・庭石等の高価な物を売買してはならないと命じ、さらに、

一、高直の鉢植もの売買停止せしめ候段、去年十月相触れ候通りいよいよ堅く相守り、金三両以上の品、決して売買致すまじき事。

と念を押している（『大坂編年史二〇』）。異常なほどいくども禁止令が出されているのは、町人に目にあまるほどの贅沢が見られたのかもしれないが、これが天保十二年から十四年にかけて水野忠邦が行なった、天保の改革というものだった。

しかし、嘉永五年（一八五二）十二月にも再び「高直の鉢植物売買致すまじき事」として、次のような意味の通達が出されている（『大坂編年史二二』）。

最近では矮性《わいせい》のオモトが流行して、珍しいものはとんでもない高値で取引がされ、植木屋だけではなく町人も売買を行なったり栽培したりしている。武士や僧侶までが身分も顧《かえり》みずに、植木屋あるいは町人と一緒になって、集会を行ない売買しているのはもっての外《ほか》である。

これは江戸で出された指示だと断ってから、大坂ではオモトは流行していないが、鉢物を扱っていると聞いているので、植木屋はもちろんその外の者も心得違いしないようにと命じている。

これに対して高値の植木を売る側の言い分は、文政年間（一八一八―一八三〇）の『植木手入秘伝（上）』（『日本農書全集五五』）に次のように書かれている。

植木を売《うる》に高料にうるはくるしからず。夫《それ》も出ものか、亦、格別木《こ》ぶりよきか、諸品に替《かわ》りたるはよし。定《さだま》りたる品は其時の相当の直《あたい》を聊《いささか》高料に売べからず。偽者・拵《こさえ》ものを売事、千金を得《うる》とも、かたくすべからず。

珍しい物や形がよい植木は高く売って構わないが、相場の値段が決まっているものは高く売ってはならないとし、偽物やこしらえ物は、大金が得られるとしてもよくないとしている。ところが悪徳業者がいたらしく、次のようにこぼしている。

此頃も、おもとの拵《こさえ》ものを売たる人有。此やから有ゆへ植木流行せざる也。小子抔《など》是を知《しる》といへども、業の仲間なれば糺《ただ》す事ならず。

最近もオモトのこしらえ物を売る人間がいたから植木が流行しないのだが、知っていても業者仲間なので罪を問えないとしている。

2 大坂の花屋

大坂の花屋

近年はイギリス風に草花を植えるというガーデニングが流行して、華やかな原色の草花を庭園に植えることが多くなってきた。しかし、歴史的には庭に草花を植えることは、日本では『万葉集』の時代から行なわれている。平安時代には建物の前に草花などを植えることが多く、前栽《せんざい》と呼んでいた。だが、室町時代には花壇が出現して、貴重な樹木の苗木や草花を植えるようになったために、次第に庭園に直接草花を植えることは少なくなっていく。茶室に花を生けることから露地《ろじ》には花物を植えないという茶道の影響もあってか、庭園にはあまり草花を植えないことが日本の伝統になってしまった（飛田『日本庭園の植栽史』）。

江戸時代の大坂においては、人びとと草花の関係はどうだったのだろうか。庭に植える草花については、どのような生産・販売が行なわれていたのだろうか。『難波雀』（延宝七年［一六七九］）には、「諸商人・諸職人売物所付」の項に、「立花や　御堂の前、同　浮世小路」と書かれている。江戸前期には花屋が南御堂前（中央区）のような寺院の門前、あるいは浮世小路（中央区）などのような歓楽街に出現していたことになる。

「立花」は古くは「たてばな」と読み、花を花瓶に挿して仏前に飾ることだった。しかし、『人倫訓蒙図彙（四）』（元禄三年〔一六九〇〕）に「樒《しきみ》や　花やと号す」とあることからすると、江戸前期には仏前や墓前に供えるシキミを売っていた花屋もあったようだ。

安永六年（一七七七）版『難波丸綱目（四）』の「諸師芸術之部」の項では、華道は「立花師《りっかし》」と「生花師《せいかし》」に分類されていて、それぞれに専属の花屋名が書かれている。「立花」は室町時代の「たてばな」を、安土桃山時代から江戸初期にかけて池坊専好が発展させたもので、「生花」は天地人を三本の役枝で構成する江戸時代中期に成立した華道の一派を意味している（『広辞苑』）。それぞれ専門の花屋が存在していたのは、流派によって使用する材料が異なっていたからだろうか。

花屋の所在地

近松門左衛門の『生玉心中』によれば、天満天神の周囲には植木屋だけでなく、花屋も並んでいたことがわかる。これ以外の所に花屋が存在していたかどうかを見てみよう。

●南御堂前の花屋

花屋の店の所在地や規模をさらにくわしく見てみると、江戸後期の『摂津名所図会大成（一三下）』の「御堂前花市」の項に、

南御堂の門前より北久太郎町通りへかけて、毎朝《まいちょう》花作りの農夫、四時《しじ》をり〳〵の草木《そうもく》の花をもち来りて、地上につらねてこれを販《ひさ》ぐ。その光景艶《えん》にして美観なり。

と説明されている。東本願寺難波別院は南御堂《みなみみどう》とも呼ばれ、現在も中央区久太郎町四丁目に位置している。ここでは農夫たちが栽培した草花・花木を持ってきて、自分たちで売るという決まりになっていたようだ。

その一方で、江戸前期には常設の花屋が御堂前に存在していたとする史料もある。『元禄・宝永珍話（一）』（『近世風俗見聞集一』）は松尾芭蕉について、

浪花より招《めし》もあれば［略］痢《り》を患《わずらい》て大坂御堂前花屋仁左衛門が後園《こうえん》に伏す。病中の吟《ぎん》、

旅にやんで夢は枯野をかけまわる

是風詠の終なり。纔《わずか》に七日を過て［元禄七年（一六九四）］十月十二日歿すなり。年五十一、嗚《あ》

写真１−３●東本願寺難波別院（南御堂）と芭蕉終焉地跡の石碑

呼悲《あかなし》ひかな。

と述べている。花屋の主人の名前は仁左衛門で、裏庭には芭蕉が泊まった離れが建てられていたという。「後園」という表現からすると、裏庭には花畑がつくられていた可能性もある。

『摂津名所図会大成（一三下）』の「芭蕉翁終焉地《しゅうえんのち》」の項に、

南久太郎町御堂前東へ入《いる》南側にあり。〔略〕原《もと》此家は其始《そのはじめ》花屋仁右衛門といへる切花をあきなふ者の家にして〔略〕

とあるので、難波別院の東正面から御堂筋を越えて南久太郎町に入った南側に、仁右衛門は店を構えていて切花を販売していたことがわかる。南御堂北東の御堂筋の分離帯に「此付近芭蕉翁終焉ノ地」という石碑が立っていることからすると、花屋仁右衛門の店跡は御堂筋の拡張で道路になってしまったらしい（写真1–3）。

●浮世小路の花屋

江戸前期の『難波雀』に書かれている「浮世小路」（中央区今橋・高麗橋）は、高麗《こうらい》橋筋と今橋筋との中間の通りのことを指している。寛文・貞享（一六六一―一六八八）頃には、この通りには手代や奉公人が密会に使う宿があって、なまめかしい雰囲気があったという。繁華街で遊ぶ客を相手に花屋が店を出していたのだろう。

江戸後期になると浮世小路の状況は変化したらしく、『摂津名所図会大成（一三上）』の「浮世小路」の項に、富豪の町人たちが高麗橋に移って来て家々の裏手に土蔵を建て連ねた頃から、浮世小路というのは名だけになってしまったとある。

●松屋町通りの花屋

『摂津名所図会大成（一三下）』の「御堂前花市」の項には、「花の市は上町松屋町通りにもありて」と付け加えられている。松屋町通りは北は天神橋に至る、東横堀から二筋東側の道路を意味している。

場所は特定できないが、江戸後期には松屋町通りでも花屋が集って、花の市を開いていたことになる。

●花売り

花は店で売るばかりでなく、売り歩く者もいた。『近世風俗志（六）』の「花売り」の頃に、

三都ともに花売りには男子多く、また稀《まれ》に老婬《ろうぼ》もあり。仏に供する花を専《もっぱ》らとし、活花《いけばな》に用ふる花は少なし。京坂は仏供の花価三銭以上を売る。

と述べられている。部屋を飾る生花としてよりも、仏壇に供えるために庶民は切花を購入していたことがわかる。また同書によると、植木売りも鉢植えの草花などを板の台に載せて、天秤棒《てんびんぼう》でかついで売っていたが、「さくら草売り」や「朝顔売り」も同様の担《にな》い籠に草花を入れて売っていたらしい。

草花・花木の種類と生産

●生花用の草花

生花用にも草花が購入されているので、生花にどのような植物が使われていたかを見てみよう。大坂在住の木村周篤が享保十五年（一七三〇）書いた『生花秘伝　野山のにしき』（岡田幸三編『図説

いけばな大系六』）には、特別に花を飾る場合として、節句・結婚・新築・詩歌の会・武士の招待・茶の湯・仏事供養・高位の人の招待などについて述べている。このうち五節句の日の生花として、次の植物がふさわしいとしている。

正月　梅・椿・水仙花・福寿草
上巳《じょうし》（三月三日）桃・柳・款冬《かんどう》（ヤマブキ）
端午《たんご》　菖蒲・花あやめ・石竹・蓬《よもぎ》
七夕　桔梗・仙翁花《せんおうげ》・梶《かじ》（カジノキ）の葉
重陽《ちょうよう》　菊

草本類として、スイセン・フクジュソウ・ショウブ・アヤメ・セキチク・ヨモギ・キキョウ・センノウ・キクがあげられているわけだが、各季節を代表する花としてこれらが花屋で売られていたと考えられる。

しかし、逆に縁起が悪いとして嫌われていた草花もあった。「活花にきろふべき花木草花の品」の項には、

芥子《けし》・萱草《かんぞう》・梔子《くちなし》花・金盞花《きんせんか》・米柳《こめやなぎ》（ユキヤナギ）・刺花《いばら》（ノイバラ）・茶の木・鳳仙花《ほうせんか》・竜膽《りんどう》・

あざみ・木槿《むくげ》・樗《おうち》（センダン）・沈丁花《ちんちょうげ》（ジンチョウゲ）・鶏頭花（ケイトウ）・深山樒《みやましきみ》（シキミ）・木瓜《ぼけ》・薔薇《しょうび》・柘榴《ざくろ》・鼠尾草《みそはぎ》

が、忌み嫌う植物として列挙されている。どのような理由から嫌われていたのだろうか。カンゾウは「忘れ草」とも呼ばれていたこと、ホウセンカは果実が熟すと種子が弾き出されること、アザミはバラと同様に刺《とげ》があること、ミソハギはお盆に仏前に供えることからだろうか（宇都宮貞子『植物と民俗』）。ケシ・リンドウ・ケイトウが嫌われた理由はよくわからない。だが、リンドウ・ケイトウは古代から庭園に植えられていたものなので、庭園には使われていたと考えられる。

●山採りの草花・花木

中山雄平著『剪花翁伝《せんかおうでん》（前篇）』（嘉永四年［一八五一］、『日本農書全集五五』）は、大坂周辺における切花生産などについて次のように述べている。

浪花《なには》あたりの俗言《ぞくげん》に剪出《きりだし》といへる者、頗《すこぶ》る六、七十個《にん》あり。

大坂には「剪出」と呼ばれる者が、六〇―七〇人いたという。続いて次のように説明している。

嘗《かつ》て近郷・近国、二日路《じ》・三日路、又、甚《はなはだし》きは四、五日を歴《へ》て、草木《そうもく》の花葉を剪得《きりえ》て、売花市《はないち》に鬻《ひさ》ぎ、家業とせり。

近くの村や国から、二、三日あるいは四、五日かかる所から草木を切ってきて、花市に出して売買することを家業にしていたという。難波別院や松屋町通りの花市には、剪出たちが草花や花木を提供していたようだ。

●草花・花木の生産地

草花を生産していた場所はどこだったのだろうか。『毛吹草《けふきぐさ》（四）』（正保二年［一六四五］）の諸国の産物を紹介した摂津の項に、「天満宮前大根・天王寺蕪《かぶら》・灘波干瓢《かんぴょう》・木津瓜・今宮千生瓢簞《せんなりびょうたん》」などが挙げられている。現在では都市化してしまった北区・天王寺区・中央区難波・浪速区《なにわ》・西成区などが、江戸時代はダイコン・カブ・カンピョウ・ウリ・ヒョウタンの産地になっていた。大坂三郷の周辺はすべて耕作地だったと言ってもいいだろう。この耕作地の一画で草花が栽培されていた。

『摂津名所図会大成（三）』の「花圃《はなばたけ》」の項に、

川（猫間川《ねこまがわ》）の西岸《にしきし》の圃《はたけ》は、一円に草花《そうか》を植《うえ》て農業とす。故に玉造の花圃といふ。

と書かれている。江戸時代の玉造付近には猫間川という河川が、現在のＪＲ大阪環状線に沿った場所に流れていた。中道《なかみち》以南の猫間川の西岸（中央区玉造元町一帯）は江戸時代には田畑ばかりで、一面に草花を植えることが可能だったのだろう。

此花圃は瞻望《せんもう》（はるかにあおぎ見ること）のためにあらず。作りて花の市に販《ひさ》ぎ、立花《りっか》・生花《しょうか》・神仏の供花《きょうか》の料《りょう》となすもの也。

と栽培の目的が説明されているが、なぜか庭に植えるためとは言っていない。

栽培していた草花の種類については次のように述べている。植物の現代名は、木村陽二郎監修『図説　草木名彙《めいい》辞典』を参考にした。

春は高麗菊《こうらいぎく》（シュンギク）・仙台萩・金銭花《きんせんか》・牡丹・芍薬より、夏は石竹《せきちく》・美人草《びじんそう》（ヒナゲシ）・百合・夏菊・射干《おうぎ》（ヒオウギ）、秋は壇特《だんとく》（ダンドク）・仙翁花《せんおうけ》（センノウ）・紫苑《しおに》（シオン）・龍《りん》膽《どう》・鳥頭《とりかぶと》（トリカブト）・桔梗《ききょう》・苅萱《かるかや》・女郎花《おみなえし》・菊は種々数多く、冬の水仙・寒菊まで花に絶間《たえま》のあらざれば、四時ともに此辺《このほとり》は一円に錦繍《きんしゅう》の褥《しとね》をしくが如く、眺望《ちょうもう》ごとに美景にして、浪花《ろうか》の一奇観といふべし。

さまざまな品種を一年中栽培していたということは、草花栽培を専業にしていたことを意味している。場所的には大坂の中心に近いので、現代の都市近郊農業と同様の利点があったと考えられる。畑で野菜を作るよりも草花を栽培して販売した方が、利潤が上がったからに違いない。

玉造ばかりでなく、大坂の南の長居（住吉区）でも草花の栽培が行なわれていた。起源については、大坂夏の陣（元和元年〔一六一五〕）の落ち武者、武州埼玉郡多賀谷村城主の多賀谷靫負《ゆげい》たちが長居に身を寄せて、討ち死にした人びとの仏前に供えるために花を作ったのが始まりと伝えられている。高台部分は水利の便が悪かったことから畑が多く、花卉栽培にこの畑が利用されるようになったらしい（大阪・花の歴史編集員会『大阪・花の歴史』）。

幕府の取り締まり

自由に草花の販売が行なわれていたように見えるが、天保十三年（一八四二）六月に大坂町奉行所が出した通達のことが、『鐘奇斎日々雑記《しょうきさいにちにち》』（『日本都市生活史料集成一』）に出ている。

草花・伐り花の類、季節に至らざる珍花を好候義（儀）、増長致し候より多分の失費を掛《かけ》、室の内にて養ひ立、世上え高価《たかね》に売出候様成行、奢侈《しゃし》を導《みちびき》候基《もと》に付、自今珍花は勿論《もちろん》、仮令《たとえ》時節に候共、高料の切花類かたく売買致《いたす》まじく候。

というように、温室で育てた珍しい花を高く売ることは贅沢を奨励することになるので、これからはたとえ時節に合っていても高価な珍しい花や切花を売買しないように命じている。

3 植木屋と花屋の特徴

大坂の植木屋の盛衰

道頓堀の植木屋は新たに開発された土地で店を始めたようだが、江戸中期には撤退している。江戸前期末に始まった高津の吉助の店は、江戸でも評判になるほど大規模なものだった。天満天神・下寺町の植木屋は、神社や寺院の参拝客を目当てにして始まり、次第に軒数を増やしていったようだ。新町は遊廓のにぎわいに便乗した季節的な出店と門外の常設店があり、北野寺町・曽根崎・難波新地の植木屋は遊興の客を対象にしたものだった。

高津・下寺町・北野寺町・曾根崎・難波新地などは江戸前期の絵図を見ると、市街地からはずれていて周囲は田畑になっている所が多い。市街地の周辺に植木屋が位置していたのは、土地代も安く植溜を設けることもできたからと考えられる。道頓堀の植木屋が消滅したのは、繁華街になって植溜を維持することが出来なくなったからなのだろう。

植木屋の発展の要因は、大坂が商業活動が盛んだっただけでなく、人口が多い大消費地だったことにもよっているが、植木を売るためには客が多い神社仏閣、あるいは遊所などがある繁華街に店を出す努力もしている。高津の吉助が植木を諸国に輸出することで繁昌し、下寺町の植木屋が競市《せりいち》を開催していたことも見逃せない。

しかし、江戸幕府の崩壊とともに大きく変貌していき、吉助が明治末年に廃業、下寺町も明治時代には五、六軒に減少している。市中の植木屋が天王寺方面などへ移って行ったのは、住宅化の波が押し寄せて地価が上昇し、植溜のための土地を確保することができなくなったからなのだろう。

江戸時代の花屋の限界

草花は墓あるいは家の仏壇の供え物として、寺院前での販売が始まったようだ。庭に草花を植えるというよりも、墓前・仏前に供えるためや室内の飾りとしての生花用として、切花の需要が高かったように見える。『人倫訓蒙図彙（四）』の「植木や」の項に「諸《もろもろ》の草花ともに商《あきなう》。［略］大坂は道頓堀、天満天神の前」とあるから、庭に植える草花はむしろ植木屋が販売していたようだ。夕市で草花が売られていたり、売り歩く花屋がいたりしたのは、いかにも江戸時代らしいのどかな光景だった。

草花の生産地が玉造だったのは、草花の鮮度を保つ上で大坂近郊であることが必要だったからだろう。現代の都市近郊農業と同様だったと考えられる。江戸時代の草花の生産・販売については、周辺の農村地帯と大坂とが密接な関係にあったということができる。草花の生産・販売の発展を阻害した原因は、切花が主であるために各地に搬送できなかったことや、植木ほど生産年数がかからないので単価が安く、販売利益が得られなかったためではないだろうか。

明治になると玉造は市街化して草花を栽培していた農地が消滅したためか、草花の主力生産地は長居（住吉区）に移っている。大正七年（一九一八）・八年には、長居の花卉栽培面積は六〇ヘクタールにも達しているが、その後は住宅地化したことや交通の便がよくなったことから、堺市などへ栽培地は移っている（前掲『大阪・花の歴史』）。都市の発展が草花の販売を伸ばすようだが、都市の拡大が草花の生産地をさらに郊外に追い出すという現象は、植溜を持つ植木屋の場合と同様だったらしい。

第2章　石屋と縄問屋

1　大坂の石屋

石屋の所在地

享和三年（一八〇三）に大坂を訪れた滝沢馬琴《ばきん》は、「大坂にてよきもの三ツ。良賈《おおあきびと》、海魚、石塔」と『羇旅《きりょ》漫禄』に書いている。大坂には鴻池屋などのような大商人がいたことはよく知られている。

大坂湾では新鮮な魚が取れて雑喉場《ざこば》と呼ばれた市場もあったので、海魚とあるのは納得できるが、なぜ石塔が挙げられているのだろうか。江戸時代の庭園では樹木だけでなく、石も重要な構成要素となっていた。さまざまな種類の庭石が使われ、燈籠・蹲踞《つくばい》など多くの石造品が置かれているが、庭石の入手や石造品の製作・販売などについては不明な点が多い。大坂ではどうだったかを見ることによって、馬琴がいう「石塔」の意味を追求してみたい。

これまで大坂の石屋についての研究としては、奇多楼《きたろう》主人（本名不詳）の「徳川期に於ける大坂の石屋」がある（『上方三八』）。昭和初期に大阪近辺の神社を巡って、鳥居や燈籠に刻まれている銘文から、江戸時代の大坂の石屋の名前と所在地を明らかにしている。江戸時代の石屋の同業者組合である株仲間については、石問屋と切石屋が存在していたことが、大阪市編纂・発行の『大阪市史（一・二）』（大正二年［一九一三］）に述べられている。しかし、江戸時代の石屋の所在地や名前、燈籠や蹲踞の原石の産地、製作した石工の労働状況、販売経路などについては不明な点が多い。

江戸時代の大坂の商店案内を書いた『難波雀《なにわすずめ》』（延宝七年［一六七九］）の「諸商人・諸職人売物所付」の項に、

石之類　西横堀、同　　松屋町筋、同　　長堀四つはし、同　　天神橋石屋之浜

とあるから、江戸前期の大坂の石屋は、これらの場所に集まっていたと考えられる。延享五年（寛延

元、一七四八）版『改正増補　難波丸綱目（四）』（野間光辰鑑修『校本難波丸綱目』）の「諸職商人所付いろは分」の項には、

石工　西よこほり・長ほり
石屋　西よこほり・長ほり
石臼　西横ほり・京町堀より北、阿わさほり（阿波座堀）より南へ

と書かれている。西横堀と長堀には多くの石工が居住し、石屋も軒数が多かったことがわかる。石臼が別にされているのは、石造品の中でも特殊なものだったからだろう。

これに対して奇多楼氏は石屋の所在地の主だった所として、長堀十町目［佐野屋橋南詰の東辺］の俗称石屋浜（中央区西心斎橋）・西横堀笹橋西詰の権右衛門町（西区阿波座）・伏見堀（西区京町堀・靭《うつぼ》本町）・立売堀《いたちぼり》（西区立売堀・新町）・松屋町九ノ助橋（中央区松屋町）・炭屋町（西区北堀江・南堀江）・阿波座日向町（西区立売堀）などを挙げ、その他に西堀（西区南堀江）・北堀江二町目（西区北堀江）・上町（中央区）・新川・下寺町源正寺坂（天王寺区）などがあるとしている（表2-1）。

大坂の石屋の分布については、『難波雀』と奇多楼氏は相違しているように見えるのだが、『難波雀』は掘割に従って区分していると考えられる。『難波雀』の「西横堀」は奇多楼氏が言う西横堀笹橋と炭屋町を合わせたもので、「長堀四つはし」というのは長堀十町目が中心になっていたというこ

表2-1●石造品調査から判明している大坂の石屋（奇多楼主人「徳川期に於ける大坂の石屋」より。年号は改元年を含む）

所在地	年代・氏名
長　堀	元禄9年（1696）・宝永元年（1704）岡田屋五兵衛 延享・天明（1744—1789）岡田屋治兵衛 延享5年（1748）　多田屋太郎兵衛 天明8年（1788）　海老屋 弘化3年（1846）　多田屋喜兵衛
西横堀	延享（1744—1748）尚玉沢町伊予屋又兵衛 寛政・弘化・安政（1789—1860）権右衛門町泉屋四郎兵衛 天保（1830—1844）相生橋泉宇・尚玉沢町伊予屋又兵衛、市兵衛・篭屋町泉安
伏見堀	宝暦（1751—1764）石屋町三郎兵衛 延享・宝暦・安永（1744—1781）和泉屋仁右衛門
立売堀	天和（1681—1684）難波屋九左衛門 貞享3年（1686）　九兵衛
松屋町	享保（1716—1736）泉定 明和・天保（1764—1844）大坂屋与三兵衛 寛政（1789—1801）和田屋由兵衛 文政（1818—1830）和田屋勘兵衛 天保（1830—1844）和田屋藤助・泉源
炭屋町	享保（1716—1736）御影屋吉右衛門 享保・元文（1716—1741）御影屋七兵衛 享保（1716—1736）・天保（1830—1844）江戸屋七兵衛 元文・宝暦（1736—1764）御影屋小兵衛 宝暦（1751—1764）御影屋安兵衛・中村屋勘兵衛 延享・寛延（1744—1751）石屋治兵衛 寛政（1789—1801）御影屋新三郎豊昌・中村屋半六 天保13年（1842）　江戸屋平兵衛
西　堀	寛政・文化（1789—1818）西川屋五郎兵衛
北堀江	寛政（1789—1801）吹田屋喜八
上　町	宝暦（1751—1764）大和屋三郎兵衛 天明（1781—1789）吉島六兵衛
新　川	安政（1854—1860）小西屋善兵衛
下寺町	文政（1818—1830）源正寺坂御影屋新六

となのだろう。「松屋町筋」は現在も残る東横堀に沿った所だが、松屋町の九ノ助橋の近辺に石屋が多かったと解釈できる。奇多楼氏が指摘するように「運輸の便よき市内川々の浜辺に散在した」のが大坂の特色らしく、特に西横堀・長堀・東横堀に沿って多くの石屋が存在していたようだ。南側の道頓堀に石屋がなかったのは、芝居小屋が建ち並ぶ繁華街だったためと考えられる。

各場所の石屋の状況

●西横堀の石屋

掘割に従って、それぞれの場所の石屋の特色を見ていくことにしたい。江戸前期（一七世紀）の大坂の石屋については、『人倫訓蒙図彙《じんりんきんもうずい》（三）』（元禄三年［一六九〇］）の「石伐《いしきり》」の項に「大坂は横堀にあり」と記され、同書四の「庭石や」の項には「海山の石、蒔石《まきいし》、石船、井筒、石樋《いしひ》、手水鉢等」を扱うとあり、「大坂は横堀にあり」とやはり書かれている。

この「横堀」というのは、江戸初期に開削されたとされる西横堀のことを指している。燈籠や蹲踞などの細工仕事をする石切屋（切石屋とも呼ぶ）や、庭石や玉砂利を販売する庭石屋は、江戸前期には西横堀周辺にまとまって存在していたようだ。この地域に石屋が多かったのは、木津川・安治川の河口に近いことから石材の運搬に便利で、背後に作業や石造品の展示・保管のための広い土地を確保できたからではないだろうか。

秋里籬島《りとう》著『摂津名所図会《ずえ》（四）』（寛政六―十年［一七九四―一七九八］）の「新町橋」の項にも、「西横堀の北は窯戸問屋《せともののといや》・石工《いしきり》多し」とあって、江戸中期にも繁栄していたことが推測される。江戸前期と同様に、ここには庭石屋や手水鉢などの石造品を製作する石屋が多かったのだろう。しかし、『難波雀』の「諸商人・諸職人売物所付」の項に、「石塔屋　西よこほり」と書かれているから、五輪塔などの墓石を作る店も存在していたことになる。

具体的な店の名と店主については、江戸前期の『難波雀』の「御用聞《ごようきき》町人」の項に、「石屋　西よこほり　本庄屋庄兵衛」とあり、江戸中頃の『改正増補　難波丸綱目（三）』の「三郷御公用町人衆」の項に、「石屋　平の町西よこほり　石屋孫兵衛」とある。江戸後期の『浪華《なにわ》買物独《ひとり》案内』（天保三年［一八三二］、『大阪経済史料集成一一』）になると、

諸石所　　権右衛門町　樋口屋加右衛門
諸石所　　西横堀かいや町　岡田屋五兵衛
神社仏閣上細工人・石細工所　　権右衛門町　いづみ屋仁右衛門
神社仏閣石細工所　　西横堀新渡辺橋西詰　小嶋屋半兵衛

と記されている。権右衛門《ごんえもんちょう》町は東本願寺裏側の西横堀の西岸一帯（西区）で、新渡辺橋は西横堀に架

かっていたものだった。

西横堀の石屋のもう一つの中心だった四ツ橋近くの炭屋町については、『浪華買物独案内』に「神社仏閣石細工所　西横堀炭屋町　御影屋新三郎」と記載されている。寛政年間（一七八九―一八〇一）の「御影屋新三郎豊昌」について、奇多楼氏は「姓を飯田氏と称し、金屋橋東詰に住した。（後継者は）一時住吉大社の専属となり業況盛大であつたが、明治年間廃業した」としている。西横堀は大坂市中を南北に流れていた掘割だが、昭和三十九年（一九六四）から四十六年にかけて埋め立てられ、さらに阪神高速大阪環状線（高架）が建設されたために、昔の面影はまったく残っていない（『大阪府の地名Ⅰ』）。

●長堀の石屋

前掲の『摂津名所図会（四）』には、江戸中期に長堀の石屋が繁昌していた状況を描いた絵図が掲載されている（図2―1）。この時期には西横堀よりも長堀の石屋の方が、繁栄するようになったのだろうか。図には石屋の店先で石造品を彫っている様子やたくさんの原石、燈籠や巨大な庭石、船から轆轤《ろくろ》を使って庭石を陸揚げしようとしている人びとの姿が描写されている。この図の中の説明文には、長堀の石浜は山海の名石、あるは御影石《みかげいし》・立山《たつやま》・和泉石《いずみいし》など諸国の名産をあつめ、其好《このみ》に従ふ

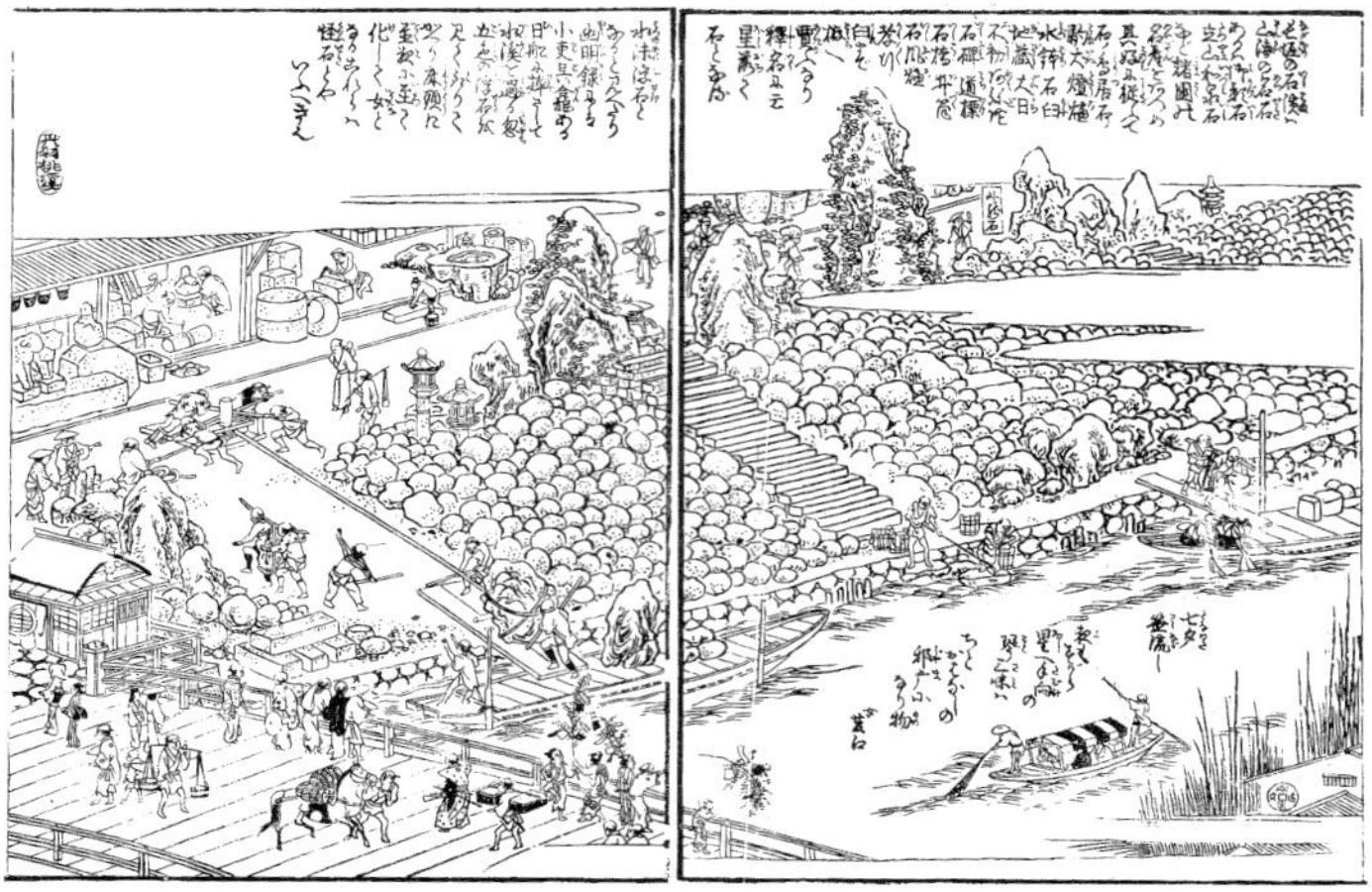

図2-1●長堀の石屋（『摂津名所図会［4］』）

て石の鳥居・石の駒犬《こまいぬ》・燈爐《とうろ》・水鉢・石臼・地蔵・大日・不動・阿弥陀・石碑《いしぶみ》・道《みち》標《わけ》・石橋・井筒・石風爐《いしふろ》・孝々臼《こうこううす》まで拵《こしら》へ賈《あきな》ふなり。

と述べられている。

各地から運ばれてきた石を加工して、寺社用あるいは日常用のさまざまな石造品をつくっていたことがわかる。図にも店先で燈籠・仏像などを彫っている石工の姿が描かれている。石造品の刻銘調査からは、長堀の石屋が三津八幡社の水盤、住吉神社の燈籠、天満神社の狛犬、大江神社の石鳥居などを製作していたことが知られているが、『摂津名所図会』の絵図や記述とも合致している。

長堀の石屋の店主と所在地については、江戸

後期の『浪華買物独案内』に、

諸石所　長堀心斎橋西へ入　灘屋太郎兵衛
諸石所　長堀心斎橋西へ入　井筒屋善五郎
諸石所　長堀十丁目　江戸屋七兵衛

と記されている。大坂の市中を東西に貫いていた長堀は、昭和三十八年（一九六三）から四十八年にかけて埋め立てられて、現在は長堀通（国道三〇八号線）になっている（『大阪府の地名Ⅰ』）。ここも都市化が進み、道路の両側にはビルが建ち並び、江戸時代の面影は残っていない。

●東横堀の石屋

天保三年（一八三二）の『浪華買物独案内』に石屋として「安堂寺橋西詰　諸石所　堺屋佐右衛門」、弘化三年（一八四六）の『大阪商工銘家集』に「神社仏閣石臼諸石細工所　松屋町九之助橋北へ入　石屋六兵衛」と書かれている。安堂寺橋は東横堀に架かる橋なので、その西詰は中央区南船場一丁目ということになる。九之助橋は安堂寺橋から南二つ目の橋で、「松屋町安堂寺橋北へ入」は現在の中央区松屋町に該当する。

江戸前期の『難波雀』の「諸商人・諸職人売物所付」の項に、「同（石塔屋）松屋町筋」とあることからすると、当初は東横堀沿いの天神橋に通じる松屋町筋に、墓石を作る店が多かったと考えられる。天神橋の石屋については同書に「天神橋石屋之浜」という記載されているが、『万代大坂町鑑《まちかがみ》』（宝暦六年〔一七五六〕、有坂・藤本編『大坂町鑑集成』）に「いし屋浜　天神橋南詰より東」と説明されているので、現在の中央区石町《こくまち》辺りに石屋が存在していたと考えられる。ただし石町という町名は、「国府」を書き誤って「石町」になったという説があるので、石屋とは直接関連がないらしい（『大阪府の地名Ⅰ』）。

東横堀は文禄三年（一五九四）に豊臣秀吉が開削したといわれているから、秀吉が城下町を築いた時に集めた石工たちの居住場所は、東横堀の周辺だった可能性がある。現在も東横堀は残っているが、堀の東側に位置する松屋町筋には古くからの人形・花火・飲食などの店が建ち並んでいるだけで、石材店は見当たらない。

●その他の場所の石屋

江戸中期の『改正増補　難波丸綱目（四）』には、石臼屋として「京町堀より北へ、阿波座堀より南へ」が挙げられている。場所的には現在の西区内になる。京町堀と阿波座堀は西横堀から直角に西側へ分流していた掘割だが、ともに昭和三十二年（一九五七）に埋め立てられている（『大阪府の地名Ⅰ』）。

このほか『難波雀』の「諸商人・諸職人売物所付」の項に、「うすや　斎藤町、同　天満川崎、［略］同もみ臼　天満鳥居の前」と記されているので、土佐堀と江戸堀の間の斎藤町《まち》（西区江戸堀一丁目）や天満一帯（北区）にも臼屋がいたことになる。また、『浪花袖鑑《そでかがみ》』（享保十三年［一七二八］、『大阪市史史料五三』）の「御継飛脚《おつぎびきゃく》」の項に、「石切　立売堀　孫兵衛」と記されている。立売堀《いたちぼり》は、西横堀から木津川まで東西に掘削された掘割で、昭和三十一年に埋め立てられている（『大阪府の地名Ⅰ』）。

　これらの地域の石屋が、西横堀の西側に設けられた京町堀・阿波座堀・江戸堀・立売堀などに沿って店を構えていたのは、石の運搬を考えたからだったに違いない。

石材の入手方法

●石材の原産地

　大坂の庭石屋は、どこから石材を仕入れていたのだろうか。『摂津名所図会（四）』の図中の説明文によると、長堀には庭石としては各地の名石、石造品や建築用などの石材としては摂津（兵庫県神戸市東灘区御影付近）産の御影石《みかげいし》（花崗岩《かこうがん》）、播磨《はりま》（兵庫県高砂《たかさご》市伊保町付近）産の竜山石《たつやまいし》（流紋岩質凝灰岩）、和泉《いずみ》（大阪府阪南市付近）産の和泉石（砂岩）などが、船で運ばれて来ている。『人倫訓蒙図彙

（三）』の「石伐《いしきり》」の項に「大坂石は御影山の名石なり」と書かれているのは、御影石が大坂に大量に入荷していて、それを全国に販売していたことから、大坂石と呼ばれていたようだ。

幕臣だった大田南畝《なんぽ》が大坂勤務中の寛政十三年（一八〇一）に、戯作・随筆家だった田宮仲宣（盧橘庵）に大坂のことを質問した『所以者何《しょいしゃが》』（『日本都市生活史料集成一』）に、石材のことが出ている。南畝の「此地に多き石類いづ方よりきり出し候哉《や》」という質問に対して、仲宣は次のように答えている。

津の国（摂津国）の内、御影村（神戸市）・大石村（同上）より出申候。石塔になり候青き石は、和泉より出申候。豊島《てしま》石と申もの、京都にて万寿石と称し候。是は讃岐《さぬき》（香川県）辺の海島より出申候歟《か》。至つて火に強きものにて、竈口《かまどぐち》の柱石に用ひ申候。風呂の湯船にもいたし申候。専ら井筒にも用ひ申候。此御影は京白川・大和奈良矢田石などよりも至つて堅く、先《まず》御影石最上にて御座候。石塔類諸国へ積下し申候。

京都白川産や奈良矢田産の石よりも強いことから、摂津産の御影石が多く用いられていたらしい。そのほか石塔には和泉産の青色の石、竈口の柱石や湯船・井筒には豊島産の石も使われていたという。

●石問屋の介入と石材の運搬方法

石燈籠・石鳥居などの加工用の石類は、切石屋（石屋）仲間が取り扱うことになっていたが、家普請用の石材は各石屋が直接購入していたのではなく、あいだに石問屋が介在していた。木津川・安治川の川口十番の水尾《みお》杭《つくし》に入港する石を、石問屋は現銀《げんきん》ですべて引き取り、これを七軒の石屋と希望者に売り渡し、代銀一〇匁《もんめ》につき口利き料として七分（七％）を取っている。石屋から直接に産地に注文されたものについては、荷が入港した時に問屋がその送り状と現品を照合して相違がないかを確認し、石屋に引き渡すという取り決めになっていた（『大阪市史一』）。

掘割内での石の運搬については、寛永二十年（一六四三）から「石船」が活躍している。大石船と呼ばれたものは、長さ九間四尺（五尺を一間として測っているので、一尺を三〇センチとすると一四・七メートル）、幅は一間三尺五寸（二・六メートル）で、船頭が三人乗っていた。小石船は長さ八間二尺（一二・六メートル）、幅は一間二尺五寸（二・三メートル）で、船頭は一人となっていた（『大阪市史一』）。寛政二年（一七九〇）に大坂町奉行所から出された通達には、

> 川筋浜側に罷在《まかりあ》る石屋渡世の者ども、川中へ落込る石の分、数日取揚《とりあげ》ず、［略］水中に留り、船着の差支《さしつかえ》、［略］

と述べられている。石屋が掘割沿いに位置していたことから、船から陸揚げする際に掘割に落ちた石を放置するために、船の運行に差し支えがでるというような問題も起きている（『大阪市史四』）。

石屋の仕事

●石工の労働時間

石造品を製作していた石工（石切）の労働時間については、寛政六年（一七九四）十一月二十三日に石切屋などに、次のような指示が出されている（『大阪市史四』）。

朝六ツ時（午前六時）より五ツ時（午前八時）迄の内働きに罷越《まかりこし》、人数相揃《そろう》る迄少々見合、五ツ時前細工始、

四ツ時（午前一〇時）前　小休、中食　休、八ツ時（午後二時）前　小休

朝は六時から八時頃までに出向くというように、日が昇るとともに仕事を始めるのが一般的だったようだ。二時間ごとに休憩していることからすると、日没に近い午後四時で終了だろうか。労働時間は現代に近い一日八時間から一〇時間ということになる。

こうした規制が出されているのは、厳しい労働条件の石屋が多かったためと考えるのは誤りで、文

政三年（一八二〇）十月二十二日の町奉行所からの通達には、「近頃職人共働方相緩《あいゆるみ》候様にも御聴に達し」とあるから（『大坂編年史一二』）、仕事の依頼を受けても適当に時間を繰り上げて帰ってしまう職人がいたらしい。石工側から労働条件の改善が要望されたのではなく、雇う側が損をしないように労働時間を確定しておく必要があったようだ。賃金については、元禄十三年（一七〇〇）九月二十五日に、石切たちが高い賃金を要求してはならないという通達が出されている（『大阪市史三』）。仕事が多い割に石切職人の数が少ないことから、石屋親方に対して高賃金を要求することがあったという。

特別な仕事としては、幕府に命じられる大坂城や江戸城などの普請工事があった。「山村与助由緒書」によれば、家康配下の大工だった山村与助の子孫が、代々石切を支配していた（『大阪市史五』）。明暦三年（一六五七）の触書では、翌年の江戸城本丸普請に石切職人の参加が求められている（『大阪市史三』）。文化五年（一八〇八）十一月付けの「三郷惣年寄由緒書 并《ならびに》 勤書」によると、大坂城内の普請に加わる石切の身元確認は、大坂三郷（北組・南組・天満組）の惣年寄の仕事になっていた（『大阪市史五』）。幕府にとって普請のために職人を支配しておくことは、戦時の備えとして必要なことだったのだろう。

●石屋の株仲間

『難波丸綱目』によると諸国石問屋数は延享五年（一七四八）は六軒、安永六年（一七七七）・享和元年（一八〇一）は二軒、普請方石問屋は安永六年・享和元年ともに二軒、石切細工人は安永六年・享和元年ともに五〇軒あまりだった（『大坂編年史二六』）。こうした石問屋や石工たちは江戸中期には、利益を守るために現在の組合に近い形の石問屋株仲間と切石屋株仲間を結成している。石問屋株仲間は明和七年（一七七〇）十二月に、冥加金として毎年金六〇両を上納する条件で、二軒が大坂町奉行所から許可され、切石屋株仲間も同月に、冥加金を初めの年に丁銀一五枚、以後は毎年丁銀一〇枚を納めることで認可されている（『大阪市史五』）。石屋の株仲間としては、石問屋以外には切石屋しかないことからすると、切石屋株仲間というのは庭石屋・石塔屋・石臼屋までも合わせたものと考えられる。文政四年（一八二一）頃の株仲間は、「石問屋株一軒、切石屋株四十六軒」だったが（『大坂町奉行所旧記上』）、嘉永五年（一八五二）には「石問屋八人、切石屋六十六人」に増加している（『大阪市史二』）。

●切石屋への営業妨害

切石屋株からの要請によって大坂町奉行は、明和八年（一七七一）・天明三年（一七八三）・文化八年（一八一一）・天保元年（一八三〇）・同十年・安政四年（一八五七）に、普請手伝いの人夫たちが切石細工をして切石屋の営業を妨害することを禁じている（『大阪市史三・四』）。なぜこのような命令が出されたのだろうか。『鐘奇斎《しょうきさい》日々雑記』によると、天保十三年七月に次のような通達が大坂町奉行所から出ている。

石燈籠・石手水鉢・踏段《ふみだん》・庭石等、無益の人力を費用を掛《かけ》造出し、中には莫太《ばくだい》の高直《たかね》に売買致し候品も之あり哉《や》に相聞候。自今石燈籠の義(儀)、金十両以上に当り申すべき品、一切造出し売買致間敷《まじく》、手水鉢・庭石等、是又十両已上の品、売買一切停止と為《な》すべき事。

一〇両もする燈籠・手水鉢・踏段(縁側のくつ脱ぎ石)・庭石などが売られていたということは、町人たちが裕福になって贅沢をするようになり、切石屋も商売が盛んになったことを示している。そのために株仲間以外にも、勝手に石造品を製作して売買する人間が出てきたということなのだろう。

江戸では享保六年(一七二一)十一月に、商人・職人に対して組合の設立が認可されているが、これは幕府が政策を遂行《すいこう》するためのもので、町奉行―町年寄―町名主という町方支配機構を通じて、彼らを統制しようとしたとされている(乾宏巳「江戸の職人」『江戸町人の研究三』)。大坂の石屋の場合は冥加金を納めていることや、他の人間が類似した仕事をすることを禁止するように強く求めていることからすると、石屋たちが既得の権利を守るために株仲間を積極的に結成した感じが強い。

地方への石造品の販売

大坂から全国各地に石造品を販売していたことから、現在でも各地に当時の製品が残存している。高野山にある江戸時代の大名の墓碑類調査からは、かなりの数の大坂の石屋・石工が五輪塔・墓碑・鳥居・石門などをつくっていることが判明している（天岸正男「奥院『石工』名集録」『史迹と美術四二七』）。大名からの依頼を受けて大坂で製作して販売していたわけだが、和泉・堺・江戸などの石屋の製作品よりも圧倒的に多い。屋号・氏名が判明する石屋だけでも、

尼崎屋治右衛門・黒田甚兵衛・榎並屋伊兵衛正次・野田屋半兵衛・松屋与兵衛・小嶋半兵衛・北野屋長右衛門・本庄屋吉兵衛・尼崎屋友次郎・［伏見堀］和泉屋仁右衛門・和泉屋長兵衛・平野屋長右衛門・名田門太郎兵衛・明石屋弥兵衛・伊藤屋市兵衛・樋口屋加右衛門

などがいる。高野山の墓石に近隣の地域のものよりも大坂製が多いのは、大坂に発注すれば上質な品物が入手できたからと考えられる。

一方、姫路市内の石造品の調査では、

石工大坂□□や嘉兵衛（享保七年［一七二二］、供養塔）
石工大坂御影屋七兵衛（享保九年、鳥居）
石工大坂西横堀炭屋町　みかげや新三良（寛政六年［一七九四］、狛犬《こまいぬ》）
石匠大坂西横堀炭屋町　御影屋新三良（享和二年［一八〇二］、狛犬）

と銘が刻まれたものが、播磨・西摂津・備前などの石造品に混ざって発見されている（姫路市教育委員会『姫路の文化財　石造遺品銘文集』）。大坂の製品が多いのは、大坂に出稼ぎに行き成功した者が奉納したからではないかと推測されている。

高野山の事例からすると、これまで名を挙げた石屋と同一の人物は少ないので、江戸時代全体の大坂の石屋・石工は膨大な数になるだろう。石材を燈籠・蹲踞・鳥居・五輪塔などに加工して販売を行なっていたのは、大坂という大都市での需要があったからだろうが、全国に向けて出荷したことから種類や生産数も多くなり、石工の技巧も発達したと考えられる。

2 大坂の縄問屋

大坂の商売

江戸時代には植木屋は、ワラ縄・シュロ縄・ワラビ縄を使用していた。現代ではワラビ縄はほとんど見ることがなくなったが、江戸時代には風情があるとして垣根を結うのに使われている。これらの縄の製造方法や利用の仕方、どこで販売していたのかを見てみたい。

江戸時代の大坂の商売で植物に関係するものを、『難波雀』（延宝七年［一六七九］）の「諸商人・諸職人売物所付」から探してみると、

いとや・羽子板や・はしや・はけや・はしご・葉たばこや・はうきや（箒屋）・はな紙袋・紅や・ところてん草・ともし松・茶屋・塗物類・おけや・わらび縄・紙屋・から紙や・かさや・葭《よし》ず・畳屋・たんす物・竹屋・立花や・大こん（漬物屋）・薪屋・そぎ板や・縄むしろ類・うるしや・植木屋・八百や・まないた・げたや・ふのり・碁盤や・てうちんや（提灯屋）・材木屋・草履《ぞうり》や・

きざみたばこ・木薬や・弓屋・杓子《しゃくし》や・将棋駒や・もめん・炭屋・すだれなどがある。現在では店として存在していないものがあったり、雑貨屋やスーパー・マーケットで扱っているような品物が一つの店の商売になったりしている。時代が移るにしたがって消費量が多い商品は、さらに大量に売買されるようになっていくが、わずかしか売れないものはまとめて雑貨屋のような店で扱うようになったのだろう。

この中の珍しい商売で庭園とも関連しているものとして、「縄むしろ類・わらび縄」がある。縄・むしろ類に分類されているワラ縄は、現在でも公共事業や個人庭園の植栽工事で使用されている。一方、ワラビ縄は今日では使われることが少なく、ほとんど見かけなくなってしまっているが、まだ特殊な利用方法があって生産されている。このほか造園関係で昔から使われる縄としてはシュロ縄がある。シュロ縄は垣根を結ったり樹木を支柱に縛ったりするのによく用いられている。ワラ縄・シュロ縄・ワラビ縄がどのように製造され、大坂ではどこで販売され、どのように使われていたのかを探ってみたい。

縄の用途と製造方法

●ワラ縄

江戸時代にはワラ縄の利用は幅が広く、日常的には帯・はき物の緒《お》・井戸のつるべ・たわし・すだれ・馬具・塗り壁などにそのまま使ったり、編んで籠《かご》・袋などにも使っていた。特殊なものとしては、罪人捕縛用の縄や土地測量用の縄、注連縄《しめなわ》、漁労用の延縄《はえなわ》、銃の火縄などがあった（佐々木明「ナワ」『日本大百科全書一七』）。

現代でも造園では、植木を掘り取った時に根の土が落ちないように縄を巻いて鉢を作ったり、樹木を運搬する時に枝を縄で縛ったりする。縄は柔らかいので根や枝を傷つけないという利点があるし、鉢の縄は自然に腐っていくので付けたまま植えることができるという便利さもある。

米の副産物としてのワラから縄を製造するには、選択・加工・細工・仕上げという工程があるという。乾燥されていて光沢があり、太さがほぼ均一で長く、繊維が緻密であることなどが、ワラの選択の基準になっている。細工の材料にするためには、株元の葉を落としワラを叩いて繊維を柔軟にする加工が行なわれる。縄にするのには、ワラを両手ではさんでもみながら片方の手は下へ動かし、もう片方の手は上へ動かして寄り合わせていくという方法がとられている。仕上げとして余分なワラを切り取って作業は完了する（宮崎清『藁I』）。ワラ縄は農作業や日常生活で多用するので、各地の農家で夜なべ仕事として作られていたのだろう。

●シュロ縄

シュロ縄は文献上では、三条西実隆《さねたか》の日記『実隆公記』の大永六年（一五二六）九月二十日の条に、「夢庵より状あり。棕櫚縄を送らる」とあるので、室町時代にシュロ縄がすでに出現していたことがわかる。

中国原産のシュロは「唐棕櫚《とうじゅろ》」と呼ばれているが、中国でもこのシュロの繊維を糸・縄として利用していた。明代（一三六八―一六四四）の『汝南圃史』に「棕で花枝を縛る」、清代（一六一六―一九一一）の『花鏡』に「棕櫚を製して縄索とし、花枝を縛る」と書かれていて、シュロ縄で花木の整姿をしている。明代の『菊譜百詠図』に掲載されている「棕糸」の図からすると、シュロの繊維を糸としても利用している（李樹華「中国における盆景樹形整姿技術の変遷と発展について」『ランドスケープ研究六〇―五』）。こうしたシュロ縄の製造法が中国から伝わったのか、それとも日本で独自に開発されたかは、中国側の史料も同年代以降のものなので判断しにくい。

シュロ皮の性質については、貝原益軒の『大和本草《やまとほんぞう》（一一）』（宝永六年［一七〇九］）に、

> 本草曰《いわく》、其皮を一年に三四度はぎ取べし。しからざればいたみて長じがたし。其皮を以《もって》縄とし、水に入て千年くさらずと、［略］皮毛を箒《ほうき》とし、葉をも箒とす。民の産を助く。

と記されている。「本草」というのは中国で明代末に刊行された李時珍著『本草綱目』（万暦六年［一五七八］成立）のことで、当時中国では盛んにシュロ縄やシュロ箒を生産していたことがうかがえる。水に入れて千年たっても腐らないと言われたほど、シュロは水に対して強靭な性質を持っている。江戸後期の『造船心得集』にも「棕櫚綱　しゅろは水にくされず、碇《いかり》づなに少し」と述べられているように、水に強いことからより合わせて船の碇につける綱としても使われている（『日本国語大辞典』）。

シュロの用途について『和漢三才図会《ずえ》（八三）』（正徳二年［一七一二］序）は、「按《あん》ずるに椶櫚今処々にこれあり。薩摩に最も多し。皮毛を剥ぎて箒《ほうき》とし、縄にする」と、シュロは薩摩に最も多く生育していて、箒と縄にしていたことを述べている。『近世風俗志（六）』（慶応三年［一八六七］編）は「箒売り　棕櫚箒売りなり。［略］古箒は解きて棕櫚縄およびたわし等に制し売る」と、古くなったシュロ箒をほぐして、シュロ縄や「たわし」にしていたと記している。再利用が可能なほど丈夫なことが、シュロの特徴だったことになる。

シュロ箒の製造方法について『雍州府志《ようしゅうふし》（七下）』（貞享三年［一六八六］）に、

> これを造る法は、秋に至り棕櫚の毛皮を剥取《はぎと》り、これを束ね円竹を以て柄となす。

表2-2●大正時代のシュロ縄（大屋霊城著『庭園の設計と施工』より。1尺は30.3cm、1分は3.03cm、1匁は3.75g、1銭は0.01円）

名　称	一把の長さ	一把の重さ	直　径	価　格
百尺物	100尺	25〜30匁	2.5分	8〜20銭
備　中	30〜40尺	8〜10匁	1.0分	3〜6銭
染備中	25〜30尺	5〜6匁	1.0分	3〜6銭

と書かれているから、シュロ縄の場合もシュロの皮を秋に剥ぎ取って作っていたのだろう。

近代のことになるが、佐渡の『新穂村史』（昭和五十一年［一九七六］）にシュロの入手経路について、「毎年皮を剥《は》いでおくと、シュロや楮《こうぞ》買いが廻ってきて買っていった」という聞き取り調査結果が記載されている。おそらく江戸時代も同様の仕方で、各地の農村をまわってシュロ縄や箒の材料となるシュロ皮を集める人間がいて、村あるいは町の製造所に運ばれて製作され、その製品が大坂の問屋へと出されたのだろう。

現代のシュロ縄について調べてみると、『建設物価』（平成二十四年［二〇一二］五月、建設物価調査会）では、「しゅろ縄（赤）、径三ミリ×二〇メートル」が一把《ひとたば》で、関東では一一〇円、近畿では一四〇円、中部では一一五円、北海道では一二〇円、九州は四〇メートルのものが一七〇円とされている。大屋霊城著『庭園の設計と施工』（大正七年［一九一八］）では、表2-2のように近代のシュロ縄の種類・寸法・金額が示されている。現代のシュロ縄は大正のものと比べると、長さがかなり変化していることがわかる。江戸時代のシュロ縄はおそらく大正のものに近かったのだろう。

●ワラビ縄

ワラビ縄は文献上では、『多聞院日記《たもんいんにっき》』の永禄九年（一五六六）九月八日の条に、「わらびなわ百文を六百すぢ」とあるのが初見になっている（『日本国語大辞典』）。ワラビ縄もシュロ縄と同様に、室町時代にすでに存在していたことになる。

『茶話《さわ》指月集（上）』（元禄十四年［一七〇一］）に、「柴垣など結《ゆう》するには蕨縄ばかりは悪《あ》しく、縄まぜてゆへ」という利休の言葉が載せられていることからすると、安土桃山時代には露地の柴を編んだ垣を作るのに、ワラビ縄を使用していたことがわかる。柴垣を作るのにワラビ縄ばかりを使うと、いかにも意識して作ったように見えてしまうので、無造作な感じを出すのには一部を縄で結うのが望ましいという指摘は、利休ならではだろう。

江戸前期の『毛吹草（三）』（寛永十五年［一六三八］序）に、「蕨」で連想するものとして「縄・箒《ほうき》」と書かれているのは、当時ワラビから作った縄や箒が一般に使われていたと考えられる。江戸後期の『石組園生八重垣《そのうやえがき》伝』（文政十年［一八二七］序）の中に垣根に使う縄として、高麗袖墻《そでがき》について「菱（竹が交差した箇所）の結目は藤つるにて結《ゆい》、縁《ふち》は蕨縄なり」とあり、大徳寺垣については「蕨縄をもつて化粧をゆふべし」と記されている。さまざまな形態の垣根が考案されて、結ぶ縄についても風情があるように工夫が施されている。そうした中でワラビ縄は自然味があるとして好まれたらしい。

ワラビの採集について江戸前期の『人倫訓蒙図彙(三)』は、

〔蕨根堀《わらびのねほり》〕 わらびの粉《こ》に、これをもちゆる。いづれも賎《しず》がわざなり。

として、ワラビの根を掘るのを専門にしていた人間がいたことを、図と共に説明している。ワラビは縄ばかりでなく、現代でも愛好されているように粉はワラビ餅にする。またワラビの粉は粘着力が強いことから、柿渋で溶いて傘・提灯《ちょうちん》などを貼る糊に利用するなど、需要が多かったようだ。

ワラビ縄の製造方法と特性について、『本朝食鑑(三)』(元禄十年〔一六九七〕、『古事類苑五〇』)に、

その粉を采《と》る後、根の筋条を采り、擣砕《とうさい》し縄を作る。〔略〕勁強《けんきょう》(強くて)鉄鎖に減ぜずして(劣らず)、千年朽ちず。世もって土木の具となす。

と書かれている。ワラビ粉を採ったあとの茎をつき砕いてから、よじり合わせて縄にしていることがわかる。長持ちすることから土木工事に用いたという。「これまた民間の最貨物(最高の宝物)なり」と述べているから、かなり便利な物だったのだろう。

ワラビ縄の作り方については、大蔵永常著『広益国産考(四)』(安政六年〔一八五九〕)に、

(ワラビ粉を採った)粕《かす》の筋は、又水をかけよくあらひ日にほし置き、雨の日など取出し水にひ

たし置き、和らかに成りたる時水気の乾きしを縄になひ束とし売るべし。［略］垣などを結ふに用ふるに雨に濡れても腐ることなし。

とある。雨に濡れても丈夫だったことがワラビ縄の長所で、垣根を結うのにもかなり利用されていたことがわかる。シュロ縄と同様に黒色のワラビ縄もあったらしく、その作り方について同書は、

風流の垣を結ふには、緑礬《りょくばん》（硫酸鉄Ⅱの七水和物）を水にて煮、その中に此縄を入れて引上ぐればば真黒に染まる也。

としている。

縄の販売

●ワラ縄

延宝七年（一六七九）の『難波雀』の「諸商人・諸職人売物所付」の項に、「縄むしろ類　天満天神ばし」と書かれている。シュロ縄やワラビ縄とは区別されていて、「むしろ」と一緒に販売していることからすると、この縄はワラ縄のことと考えられる。天満の天神橋付近（北区）に縄を販売する

図2-2●船具屋の縄（『摂津名所図会［4］』）

店があったのは、船荷の梱包《こんぽう》に縄を使用していたことや、諸国へ船で縄類を出荷するのに便利だったからだろう（図2-2）。

延享五年（一七四八）版『改正増補　難波丸綱目（四）』の「諸職商人取付いろは分」の項では、「縄莚《むしろ》　天神橋北詰、菅原町」と書かれている。『難波雀』がいう「天満天神ばし」は、天神橋北詰の菅原町（北区菅原町）のことなのだろう。安永六年（一七七七）版『難波丸綱目（四）』も同様に記されているが、天保三年（一八三二）の『浪華《なにわ》買物独《ひとり》案内』では、

縄・莚《むしろ》・草履《ぞうり》・藁鞋《わらじ》・万《よろず》あら物　おろし問屋　西横堀尼崎橋北へ入　あら物屋新三郎

縄・莚・草履・藁鞋・万あら物　おろし問

屋　道頓堀大黒橋南詰　淡路屋八兵衛

というように、ワラから作る縄・莚・草履・藁鞋などを専門に販売する卸《おろし》問屋が、西横堀尼崎《あまがさき》橋北（中央区今橋四丁目付近）と道頓堀大黒橋南詰（中央区道頓堀二丁目付近）に出現している。

弘化三年（一八四六）の『大阪商工銘家集』になると、

苧苔《からむしのり》・紙苔・布苔《ふのり》　縄莚苔荒物所　西横堀筋違橋東詰北入　肥前屋新七

というように、織物などの糊と一緒に縄や莚を売る店も現われてきている。「西横堀筋違橋《すじかいばし》東詰北入」は現在の中央区高麗橋四丁目付近に当るから、西横堀を利用していたのだろう。だが、次のように天満の店も名を連ねている。

縄莚所　天満樋ノ上町　荒物屋庄兵衛　　縄莚所　天満樋ノ上町　荒物屋清兵衛
縄莚所　天神橋北詰　荒物屋六兵衛　　縄莚所　天神橋北詰　伊賀屋徳又衛門
縄莚所　天満九丁目　荒物屋又兵衛　　縄莚所　天満菅原町　荒物屋喜兵衛

江戸前期から後期まで、天満の天神橋付近にまとまって縄・莚の専門店が存在していたことがわかる。

●シュロ縄

京都でのシュロ箒の製造・販売については、前掲『雍州府志《ようしゅうふし》（七下）』の「棕櫚箒」の項に、次のように書かれている。

　五条大仏辺の人これを製す。また八幡山の南、樟葉《くずは》村の内中芝の土人、是を巧手とす。京師に来りて売る。

京都五条（東山区）の大仏あたりの人間がシュロ箒を製造していたが、樟葉（大阪府枚方市）の村人もシュロ箒を作って京都に来て売っていたという。しかし、嘉永四年（一八五一）版『商人買物独《ひとり》案内』（『新撰京都叢書七』）になると「棕柘《しゅろ》・ほうき・しゅろなわ類仕入所　五条大橋東二丁目　美濃屋儀兵衛」というように、五条の店は仕入れ専門になっている。

大坂の問屋《といや》・販売店については、江戸後期の『浪華買物独案内』に次のように書かれている。

　棕呂皮并《ならび》に縄　棕呂箒問屋　西横堀助右ヱ門橋西　いづみ屋武兵衛
　棕呂皮并に縄　棕呂箒問屋　北久太郎町箒屋町角　葉山屋利兵衛
　棕箒木并なわ類　順慶町井戸辻北へ入　柴屋勘兵衛

「西横堀助右ヱ門橋西」というのは西横堀沿いの場所で現在の西区新町一丁目に当り、「北久太郎町箒屋町角」は東横堀に架かる農人橋《のうにんばし》の西側（中央区）、「順慶町井戸辻北へ入」は西横堀に近い現在の中央区南船場四丁目付近になるので、シュロ箒・シュロ縄問屋は西横堀・東横堀などの掘割近くに立地していたことがわかる。東横堀から一つ西の筋が「箒屋町筋」と呼ばれていたのは、ここに箒屋が多かったからだろう。

江戸後期の『重宝録（四）』の「六十五　棕櫚縄」の項に、

一ヶ年凡《およそ》千百五十八丸程
是は大坂　并《ならびに》　紀州より入津致候、

と、シュロ縄が大坂などから江戸へ出荷されていたことが記載されている。シュロ縄問屋が西横堀・東横堀近くに立地していたのは、搬入・搬出がしやすかったためと考えられる。

●ワラビ縄

ワラビ縄は盛んに販売されていたらしく、『難波雀』の「諸商人・諸職人売物所付」の項に、「わらび縄　ひかしよこほり　かしわや・すみや」とあるから、江戸前期には東横堀の二店舗で販売していたことがわかる。江戸中期の延享版『改正増補　難波丸綱目（四）』と安永版『難波丸綱目（四）』の

「諸職人・商人所付いろは分」の項には、「わらび縄　西横ほり」と記されているから、江戸中頃には西横堀にも店舗が出現している。

『重宝録（四）』の「六十五　蕨縄」の項に、

一ヶ年凡三千六百三十丸程

是は伊予《いよ》・伊達《だて》・大洲・宇和島・紀州・常州水戸・石州（石見《いわみ》国）・奥州仙台・和州（大和《やまと》国）・吉野・大坂より入津いたし候、

とあることから、大坂や各地から大量のワラビ縄が江戸へ出荷されていたことがわかる。ワラビは全国各地で採れるので、特に生産地は限定されていなかったように思えるのだが、『毛吹草（四）』の但《たじ》馬《ま》（兵庫県北部）の産出品に「干蕨《ほしわらび》　同縄」とあるから、但馬あたりから大坂に出荷されていたのかもしれない。

明治八年（一八七五）にウィーン万国博覧会の出品のためにまとめられた『府県物産志』（関西大学『府県物産志　影印と研究』）には、ワラビ縄の生産地として、次の場所が掲載されている。

三重県伊賀山田郡阿波郷村、額田《ぬかた》県（愛知県）三河加茂郡足助《あすけ》、筑摩県（岐阜県）信濃筑摩郡木曽・飛騨高山、和歌山県六大区南部、名東《みょうとう》県（徳島県）阿波三好郡山中、高知県土佐郡杓田村新

地

おそらくこれらの地域は、江戸時代もシュロ縄の産地だったと考えられる。『江戸買物独案内』（文政七年［一八二四］）に江戸の「蕨縄問屋」として、

南萱場町	小川屋勘助	通塩町	青梅屋次郎兵衛
堀江町一丁目	松田屋嘉市	南新堀一丁目	白子屋弥兵衛
南新堀一丁目	白子屋佐兵衛	鎌倉町	豊島屋甚兵衛
芝口一丁目	越後屋幸治郎	南新堀一丁目	清水屋茂兵衛

など多くの店が挙がっているのは、ワラビ縄に対しての需要が多かったということなのだろう。

3 石屋と縄問屋の共通性

江戸時代には大坂に全国の物産が集められ、再び各地に販売されていたが、石もその例外ではなかった。大坂の石屋は石材の運搬に便利な河口に続く、西横堀・長堀・東横堀・京町堀・阿波座堀・江

戸堀・立売堀などの掘割沿いに、分布していたことが特色になっていた。石材として御影石・竜山石・和泉石などが搬入され、庭石として使われるものはそのまま出荷しているが、燈籠・蹲踞・鳥居・五輪塔・石臼などにも加工して販売している。大坂市中での需要に応じるばかりでなく、全国に搬出できるという地の利を生かして、石材を加工することで付加価値をつけたようだ。

しかし、これらの場所に現在では石屋は存在していない。第二次世界大戦の空襲によって焼失したためもあったのだろうが、石材の運搬手段が船から鉄道・自動車に変化していくにつれて、船運に頼る必要がなくなり、これらの地域から石屋は撤退していったようだ。

一方、ワラ縄を扱う問屋も淀川沿いにあり、シュロ縄やワラビ縄を取り扱う問屋や販売店も西横堀や東横堀沿いに存在していた。船舶用や荷造り用の縄などとしての利用も多かったのだろうが、石材と同様に大量の商品を船で運搬するのに、掘割近くに店を構える方が便利だったようだ。

ワラ縄は腐りやすく強度がないために、現在ではトラックの荷物梱包《こんぽう》用の縄などはナイロンロープにかわっている。シュロは水に対して耐久性があることから、運送・漁業・船舶・家庭などで縄としての利用が多かったが、第二次世界大戦後は合成繊維の台頭で需要が少なくなるという経過をたどっている（竹内淳子「シュロ縄」『日本の名産事典』）。自然物を使った製品は味わいがあるが、人件費が上がった現代では人が作るものは単価が高くなるという問題があり、ワラビ縄のように工業化されないものは消滅しかねない。

ワラ縄・シュロ縄・ワラビ縄の生産と消費は、江戸文化というものを象徴的に表しているようだ。縄問屋が淀川・西横堀・東横堀沿いから立ち退いていったように、多くの業種の老舗《しにせ》が衰退していって「大坂」は「大阪」に変っていった。

第3章　武家の庭園

1　大坂城の庭園

大坂の武家人口

江戸時代の大坂は幕府が直接支配する直轄地だったことから、各藩の蔵屋敷は建てられていたが、大名の長期滞在は認められず常駐する家臣も限られていたために、武家人口は非常に少なかった。大坂の場合、商工業者や寺院について人口統計はあるが、武士やその家族についてはほとんど記録がない。薮田貫《ゆたか》は『近世大坂地域の史的研究』で、大坂の場合は武士の家族を含むと、

与力・同心・蔵番など　三〇〇〇人、城代・定番　一〇〇〇人、加番　八〇〇人、大番衆　二〇〇〇人、東・西・川口奉行　一五〇人、六役奉行及び目付　四八〇人、谷町・鈴木奉行代官　八〇人、蔵屋敷　九〇〇〇人、総計　八四一〇人

という推定を行ない、総人口を四〇万人とすると、武家人口は二パーセント程度だったとしている。全国的にも武家人口の統計が残っている所は少ないが、久保田（秋田）では延享四年（一七四七）に武士の人口が町人の八割三分弱で、弘前《ひろさき》では明和元年（一七六四）に八割八分弱だったという（小野晃嗣『近世城下町の研究・増補版』）。こうした事例からすると、江戸の場合は武士と町人の人口割合は同率か四対六と見られているから、武家人口は意外とそれほど多くなく、大坂の武家人口の割合はかなり低かったことになる。武家人口が極端に少なかったことが、大坂を特異な都市にしていたと言えるだろう。

豊臣期の大坂城の庭園

大坂には大名屋敷は少なく、武家の庭園としては大規模なものはなかったようだが、大坂城には統括責任者だった城代が居住していたので、庭園が存在していた可能性がある。武家の庭園がどのようなものだったかを、大坂城から見ていくことにしたいのだが、江戸時代の大坂城は豊臣秀吉が築いた大坂城と関連が強いので、最初に秀吉の大坂城の庭園を調べておきたい。

●豊臣期の大坂城造営

天正十年（一五八二）に織田信長が大坂城の本丸を丹羽秀長に、千貫矢倉（二の丸）を織田信澄に預けていることからすると、石山本願寺の跡地は修築されて城として形が整えられたらしい。丹羽秀長は本能寺の変で明智光秀に内通した信澄を討ち、信長の三男信孝を大坂城に迎い入れている（『大阪編年史二』）。山崎合戦後には池田恒興《つねおき》が城主になったが、天正十一年四月に賤ヶ岳《しずがたけ》で柴田勝家を破った豊臣秀吉は、大坂に本拠地を置くことを決定し、同年十一月に諸大名に命じて大坂城の造営を開始した。本丸を中心とした初期工事が完成した翌十二年八月に、秀吉は天王山の山崎城（京都府乙訓郡大山崎町）から大坂城に移っている（『新修大阪市史三』）。

秀吉に仕えた御伽衆《おとぎしゅう》だった大村由己《ゆうこ》は、大坂城の規模について『天正記（柴田合戦記）』（桑田忠親校注『太閤史料集』）で「大坂に城を築く」の項に、次のように書いている。

かの地は五畿内の中央にして、東は大和、西は摂津、南は和泉《いずみ》、北は山城。四方広大にして、中に巍然《ぎぜん》たる山岳なり。麓を廻る大河は淀川の末、大和川《やまとがわ》流れ合ひて、其の水即ち海に入る。

五畿内の中央に位置し、淀川や大和川という大河とそれが流れ込む海に囲まれているという、地形的な利点が大坂にはあったことが、江戸時代の発展の基にもなっている。

雄大な風景を眺められた天守は天正十三年に完成し、翌十四年から十六年にかけて二の丸が造営された。だが、文禄三年（一五九四）一月に秀吉は前年誕生した秀頼に大坂城を与え、京都の伏見城へ移ってしまった。しかし、さらに大坂城の防備をかためるために、文禄三年から同五年にかけて惣《そう》構《がまえ》がつくられ、慶長三年（一五九八）から同四年には、惣構の中に三の丸が建造されている（『新修大阪市史三』）。

●豊臣期の大坂城の庭園

秀吉がつくった大坂城の庭園は、どのようなものだったのだろうか。津田宗及《そうきゅう》（一五九一没）の『宗及茶湯日記』（『茶道古典全集七』）によると、工事の最中の天正十二年（一五八四）一月三日の朝に、山里曲輪《ぐるわ》の茶屋の座敷開きが行なわれている。茶屋の周囲には飛石が打たれた露地が設けられていたはずだが、記録が見当たらない。後のことだが、同十六年九月九日に秀吉から茶の接待を小早川隆景らが山里曲輪で受けていて、「御座敷は三畳の萱葺《かやぶき》なり〔略〕後のうす茶の御座敷は二畳敷なり」と毛利輝元の家臣が『輝元公上洛日記』に書いているので、いくつか茶室が建てられていたことがわかる（二木謙一『秀吉の接待』）。

天正十三年には天守や広間・小座敷も竣工して、次第に施設も整っていった。この時期に大坂城を訪れたルイス・フロイスは、城内の庭園について次のように述べている（村上直次郎訳『イエズス会日本年報下〔一五八五年十一月一日付〕』）。

この新城の中庭 Pateo に一の庭 Niua がある。我等の庭園に相当し、その構造は巧妙で、天然石、四季の緑樹、その他多くの自然物を備へてゐる。〔略〕また茶の湯 Chanoiu の美しい家があり、これに接して庭園があり、その緑をもって美観を添へる。

中井家所蔵「豊臣時代大坂城本丸図」に基づく表御殿・奥御殿の復元平面図からすると、南側の表御殿部分では対面所や遠侍《とおざむらい》は周囲の塀までの間が狭く、大規模な庭園はつくれない状態だった（宮上茂隆「秀吉築造の大坂城」『日本名城集成　大坂城』）。本丸中央の奥御殿部分では、対面所や広間の南側と秀吉が居住した御殿・小書院の前には空間があるので、庭園が存在していた可能性がある。建物

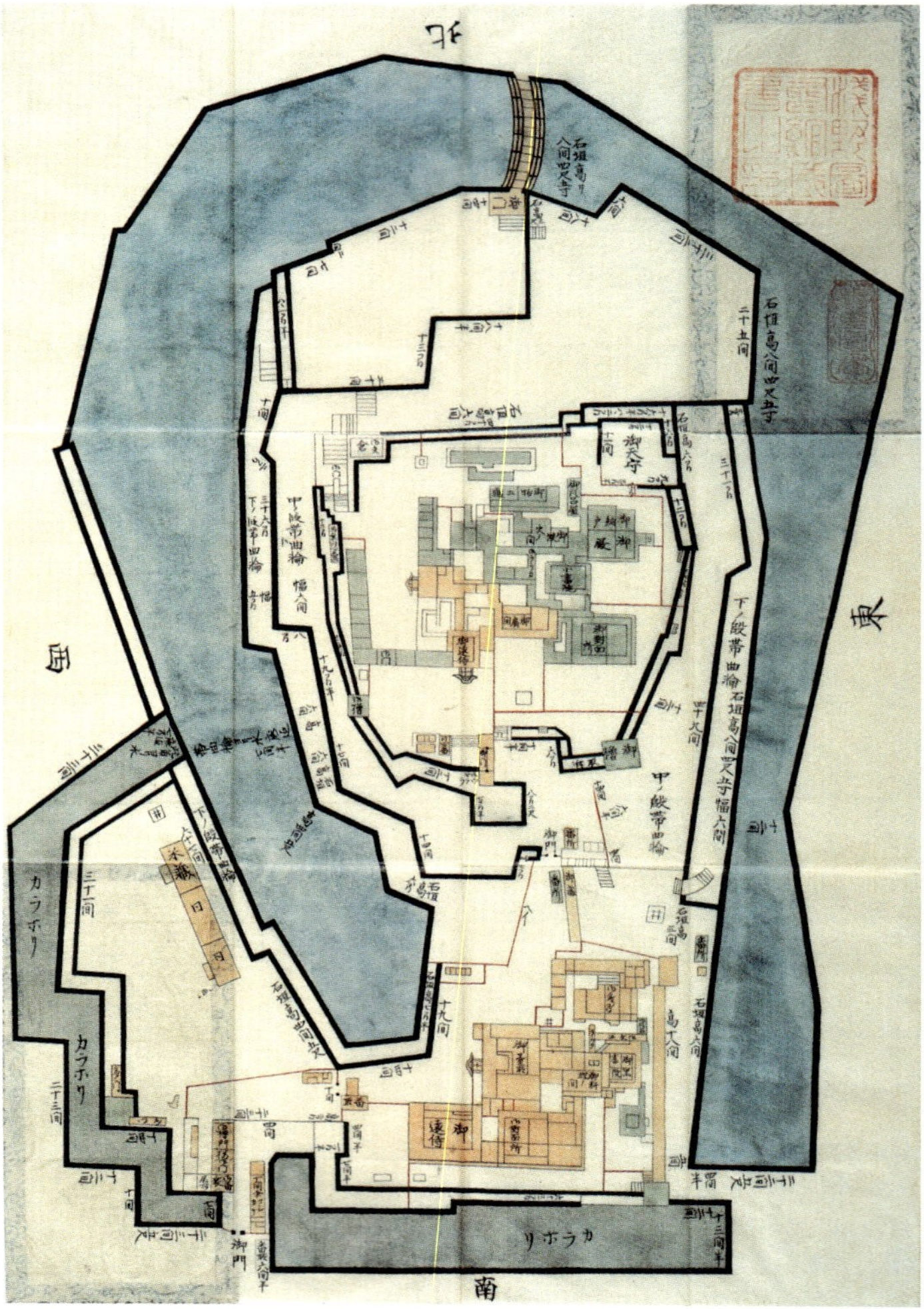

図3－1●豊臣秀吉の大坂城（「豊臣時代大阪城本丸図」浅野文庫蔵）

図3-2●「大坂冬の陣図屏風」の大坂城

に囲まれている大きな中庭が存在しないから、フロイスのいう中庭は奥御殿の建物に付属した庭園のことではないだろうか。茶室に接して庭園があったのは、天守の北側の山里曲輪のことだったと考えられる（図3-1に示した浅野文庫所蔵「豊臣時代大阪城本丸図」は、中井家所蔵本とほぼ同じ内容で表記が読みやすいので参考にしていただきたい）。

フロイスの記述や「大坂城本丸図」からすると、本丸や山里曲輪に大規模な園池が設けられていた可能性は低いようだ。「大坂城本丸図」では、表御殿を取り囲む南から南西にかけての堀に「カラホリ」と記入されている。南と南西側の堀に水がなかったのは、本丸の北側の堀の水面よりも堀底が高かったためということになる。本丸が上町台地上に築かれていたので、下方の堀の水面まで深く掘り下げなくても、空堀のままでも石垣を高く築くことで防備は十分だったのだろう。大坂城の本丸内に園池がつくられなかったのは、堀が低い位置にあったために水を引くことができなかったことが原因だろう。

●豊臣期の大坂城内の植栽

大坂城内の植栽はどうなっていたのだろうか。慶長十九年(一六一四)の大坂城攻防戦を描いた「大坂冬の陣図屏風」(東京国立博物館蔵)には、本丸の天守周辺にマツ、本丸御殿周辺に常緑広葉樹と落葉広葉樹、二の丸内にマツと大木の落葉広葉樹などが見える(図3-2)。だが、翌元和元年(一六一五)の「大坂夏の陣図屏風」(大阪城天守閣蔵)では本丸部分にスギのような針葉樹、他の郭にはマツとシダレヤナギのような樹木やその他の落葉広葉樹・常緑広葉樹が描かれている。

どちらの絵が実際を写しているのか判断できないが、城郭の植栽としてはマツが好まれていたといえるだろう。常緑広葉樹だけでは変化が少ないので、御殿周辺には花や紅葉が楽しめる落葉広葉樹も植えたようだ。落葉広葉樹なのか常緑広葉樹なのか区別がつかない樹木も多いが、城内に各種の樹木が存在していたことは間違いない。

徳川氏の大坂城の庭園

●再建された大坂城

［徳川期の大坂城］

慶長二十年（元和元年、一六一五）五月八日に、徳川家康は豊臣秀頼とその母親淀君が自害したという報告を受けるとすぐに、余燼《よじん》がくすぶる大坂城内を巡見している。家康は大坂城の警護を旗本らに命じるとともに、西国の軍勢に一〇〇日余り在留させて城の焼跡の掃除をさせている。翌月八日には大坂合戦の勲功として、家康の孫で伊勢国亀山領主だった松平忠明に一〇万石の知行を与えて大坂城主とし、西国諸大名の動静を監視させている（『徳川実紀』）。忠明は三の丸の残骸を除去したが、城壁は若干修復するにとどめ、三の丸を市街地に変えたり江戸堀を開削したりするなど城下の整備を開始したが、元和五年に大和《やまと》郡山《こおりやま》へと移っていった。

将軍秀忠は同年九月七日から八日にかけて大坂城を巡視し、同月十六日に西日本の大名に大坂城の再建を命じている。第一期工事は元和六年から、二の丸と北外曲輪の櫓の建設が行なわれた。『徳川実紀』の元和九年二月の条には、一昨年の春より大坂城修築せしめられしに、三年をへて外郭、石垣、多門 并《ならびに》本城二丸の天守台は成 功《じょうごう》すといへ共、殿閣未だ告竣に及ばず。今年は 両御所御上洛ありて、大坂へも渡らせらるべければ、先仮殿を造営すべしと、小堀遠江守政一に命ぜらる。

と書かれている。秀忠は将軍職を家光に譲ることを天皇に報告するために上京する必要があったが、まだ御殿の建設がされていなかったことから、小堀遠州に仮御殿の造営を命じている。秀忠は同年七月六日に大坂城に宿泊して、五ヵ月ほどで建てられたこの仮御殿を使用している。

第二期工事は寛永元年（一六二四）に着工されて、本丸の築造が行なわれた。翌二年には堀の掘り直しや石垣の全面的な築き替えがされ、三年には小堀遠州が天守・本丸の築造を命じられて、五層の天守を完成させている。豊臣時代の天守は本丸北東角に建っていたのだが、本丸の北西側に場所が変えられ造立されたのは、京都よりも西国ににらみを効かせるためだったらしい（『図集　日本都市史』）。将軍家光は同年九月十六日に大坂城に行き、造営工事を見ている。第三期工事は寛永五年に開始され、翌年にかけて二の丸南面の石垣が築き直された（渡辺武「大坂城の縄張と変遷過程」『日本名城集成　大坂城』）。

［豊臣期大坂城の発掘］

徳川期の大坂城の規模は豊臣期の四分一に縮小されていたが、本丸は豊臣期そのままだと長い間考えられてきた。ところが、昭和三十四年（一九五九）に発掘調査が行なわれ、本丸の地表から約七・五メートル下で野面《のづら》積みの石垣が発見された。石山本願寺か豊臣期の大坂城のものか判断がつかなかったのだが、翌三十五年に豊臣時代の大坂城本丸の図面が幕府の大工頭だった中井家で見つかったことから、発掘結果との比較が行なわれて豊臣期の石垣という結論が出された。さらにボーリングや発掘によって確認調査がされ、徳川期の本丸は豊臣期の本丸の上に盛土して築かれていることが判明した（中村博司「発掘された大坂城の地下遺構」『日本名城集成　大坂城』）。

江戸城でも北条氏時代の城跡の上に盛土が行なわれて、本丸以下が建設されている。寛永期（一六二四―一六四四）までの時期に盛土が行なわれたとされているが、慶長十一年（一六〇六）に本丸・二の丸・三の丸の石垣を築き、同十八・十九年に再び本丸・二の丸・西の丸の石垣を築いている。これらが大規模な工事だったことからすると、盛土をしたのは江戸城の方が大坂城よりも、時期的には早かったと見ていいだろう（飛田『江戸の庭園』）。

かつての支配者の城を土で覆うことによって清め、さらにその上に城を築くことで防備を堅固にするとともに、新権力者の実力を示すというのが江戸城・大坂城再建の目的だったと考えられる。江戸で新統治者であることを誇示し、さらに大坂で豊臣氏の滅亡を明確な形で印象付けたのだろう。

その後、大坂城では万治三年（一六六〇）六月十八日に青屋口の塩硝蔵《えんしょうぐら》（火薬庫）に落雷があり、大爆発が起きて山里丸櫓・多門・小屋などが破損するなどの被害を受け、さらに寛文五年（一六六六五）一月二日にも天守が落雷で全焼している（『大坂編年史五・六』）。天守の再建には莫大な経費がかかることから、平穏な時代に天守は不要とされて、昭和六年に「大坂夏の陣図屏風」に基づいて鉄筋コンクリートで再建されるまで、天守台が残るだけとなった。

●徳川期の大坂城本丸の庭園

［本丸御殿の利用］

二代将軍秀忠が滞在した時には仮御殿だったが、寛永三年（一六二六）から同五年にかけて、将軍が上洛した時のための宿泊施設あるいは政治的な儀式の場として、本丸御殿が建てられた。幕末までには改築もあったようだが、遠侍・大広間・白書院・黒書院・対面所・銅《あかがね》御殿などは当初のままだったらしい。本丸御殿内部は狩野派の絵師によって描かれた障壁画や襖絵《ふすまえ》、あるいは彫刻欄間《らんま》・天井画・金具によって飾られた豪華なものだった（松岡利郎「徳川再築大坂城の本丸御殿」『日本名城集成大坂城』）。

三代将軍家光は上洛した際、寛永十一年閏《うるう》七月二十五日に淀城から舟で淀川を下って大坂城に入り、城代以下の各役と町奉行などに褒美の金品を与え、翌二十六日に高麗橋《こうらいばし》筋の櫓《やぐら》に上り、大坂・堺・奈良の地子銀《じしぎん》（所有地に対する課税）免除を告げる旗を振っている。

しかし、将軍が大坂城に宿泊することは、家光から後は長く途絶える。だが、毎年正月と五節句には城代以下の主だった者たちが本丸に入り、各座敷を巡見するのを許されていたから、本丸御殿そのものは維持されていた。老朽化が進んだためか、天保十四年（一八四三）八月と弘化二年（一八四五）十二月から嘉永元年（一八四八）五月にかけて、御殿などが修復されている（『大坂編年史二〇・二一』）。

幕末になると外国船の到来で海岸防備が重要になり、文久三年（一八六三）四月と翌元治元年（一八六四）五月に、十四代将軍家茂《いえもち》は大坂に来て天保山の砲台を検分して大坂城に泊り、さらに慶応元年（一八六五）にも京都や大坂を訪れて大坂城に宿泊している。翌二年五月には第二次長州征伐のための集結地になった大坂を再び訪れ、大坂城に滞在していたが、七月二十日（発表は一月後）に病気のために死去してしまった（『大坂編年史二四』）。

十五代将軍慶喜《よしのぶ》は慶応三年三月に大坂を訪れて、大坂城内で英国公使パークスを謁見している。薩長連合軍と戦うために同年十二月に再び大坂に出向いたが、翌四年一月三日に鳥羽・伏見の戦いで破れて大坂城に逃げ戻り、同月六日の夜にわずかな側近だけをつれて江戸に帰還してしまった（『大坂編年史二五』）。幕末の戦時下では、とても庭園を鑑賞するという余裕は将軍家茂にも慶喜にもなかったようだ。

［本丸御殿の庭園］

個人蔵「京大坂祭礼図屏風」（岡本良一編『江戸時代図誌3』）では、天守南側の本丸御殿内に名石に囲まれた大きな園池が描かれているが、これが本当ならば江戸初期の大坂城本丸には、大規模な園池が存在していたことになる。だが、後の大坂城の絵図に園池はまったく記載されていないことや、園池の形態が京都の二条城二の丸庭園に類似していることからすると、華やかな様子を表現するために想像して描いたものなのだろう。

城内には庭園がまったく作られていなかったわけではなく、宝暦年間（一七五一―一七六三）以前とされる『大坂御城順路書』（『日本名城集成 大坂城』）には、次のように述べられている。

当御城これ西本願寺顕如上人《けんにょしょうにん》旧跡の由〔略〕御庭内御数寄屋跡に利休作の自然石手水鉢《ちょうずばち》有。一《いちの》谷《たに》とも申伝。亦其《それや》八十島《そじま》とも云。

大坂城を顕如上人（一五四三―一五九二）の本願寺の跡とし、御数寄屋跡には利休作の自然石の手水鉢があり、一の谷とか八十島と呼ばれているとしている。さらに続けて、

此縁《わき》に高さ四尺程の石燈籠有。岩松鬼山風入之七字彫付これ有。御影石《みかげ》にて文字脇《わきに》見え右の方に人形がた様細長きもの彫付これ有。これに依り仏形と申候。

手水鉢の脇には高さ四尺（一・二メートル）程の御影石製の石燈籠があって、「岩松鬼山風入之」という文字と、人形のような細長いものが彫り付けてあったという。人形のような彫り付けということ

写真3-1●大阪城本丸と内堀水面の落差

からすると、織部燈籠だったのかもしれない。

　石の井戸が輪一つ有。内は埋りて有、飛石多し。此所に座摩の社これ有跡の由。久太郎町通り東の御堂の後へ移す。

石造りの井戸の枠が一つあって中は埋まっていたが、まわりには飛石がたくさん置いてあったらしい。このあたりには座摩社《ざましゃ》が存在していたが、東本願寺難波別院へ移したとしている。

江戸時代の図面を合成した志村清制作の「大坂城総図」（『日本名城集成　大坂城』）には、本丸白書院の北側の建物に「数寄屋《すきや》」と書き込みがされているが、寛文五年（一六六五）に天守が焼失する以前に製作された中井家所蔵の「大坂御城惣絵図」（『日本名城集成　大坂城』）に、この建物が描かれている。数寄屋が建てられていた時分には、利休作の手水鉢が置かれた露地がつくられていたということなのだろう。数寄屋が撤去された後にも南側の白書院の庭園として利用されているので、石組・飛石や植栽が加えられたと考えられる。

本丸御殿の中でも重要視されたのが、南西側に建てられた大広間だった。大広間の南側には能舞台が建てられているが、西側は塀まで距離があるので庭園が設けられていた可能性はある。しかし、内堀の水面と天守が建つ本丸の地面との落差は大きいので、内堀の水を本丸に汲み上げることは不可能だろう（写真3-1）。水源が得られないので、本丸内には園池は存在しなかったと考えられる。

●大坂城内の植栽

江戸時代の大坂城全体の植栽状況は、六曲一隻の「大坂市街図屏風」（個人蔵）から知ることができる（図3-3）。天守は寛文五年（一六六五）に焼失しているので、天守が描かれていることから景観年代は、寛文五年以前ということになる。慶安三年（一六五〇）から明暦元年（一六五五）までの間に制作されたとされる東京国会図書館所蔵の「大坂御絵図」（『日本名城集成 大坂城』）では、外堀に囲まれた西の丸部分（天守の左側）に多くの建物が存在する。しかし、「大坂市街図屏風」にはわずかな建物しか建っていないことからすると、「大坂御絵図」よりも古い可能性がある。

樹木は城内各所に描かれているが、本丸御殿の周辺にやや多い。天守の北側はスギだろうか。このほかに樹種がわかるのはマツとウメぐらいだが、針葉樹・常緑広葉樹・落葉広葉樹らしい樹木が各所

図3-3●江戸時代の大坂城の植栽（「大坂市街図屏風」）

に描かれている。

なお、文化初年（一八〇四）に書かれた『金城見聞録』によると、西大番頭小屋の書院の庭には秀頼の胎衣《たいい》（胞衣《えな》）を埋めた所と伝えられる「胎衣松」があり、玉造口の帯曲輪には「七本松」と呼ばれる古いマツが存在していたという（松岡利郎『大坂城の歴史と構造』）。

城内の武家屋敷の庭園

●大坂城代の屋敷

幕府は大坂を政治・経済的に重要な地点と考え、元和五年（一六一九）に直轄地にし、伏見城代《じょうだい》だった内藤信正《のぶまさ》を大坂城代に任命した。大坂城代は追手門《おおてもん》の警護と西国大名の監視が任務で、五―七万石の譜代大名の中から選出され、任期後は京都所司代や老中へと出世している。城代の上屋敷は大坂城内の二の丸に位置していて、大阪城天守閣所蔵の江戸後期の「追手口城代上屋舗絵図」（『日本名城集成　大坂城』）では、一〇〇メートル四方ほどの敷地になっている。だが、建物がびっしりと配置されていて、大広間や大書院の南側にわずかに庭園を設ける余地があるにすぎない。『浪華城全図』に上空から眺めた図があるが、建物の周囲には樹木しか見えない（『新修大阪市史三』）。

城代は上屋敷に起居し勤務を行なっていたが、城外にも中屋敷・下屋敷を持っていて、直接任務に関わらない面談などが中屋敷あるいは下屋敷で行なわれていた。城代の正室は江戸屋敷にとどめられていたが、子供と側室を大坂に同伴してきているので、家族はいずれかの屋敷に住んでいたことになる（藪田貫「解題」『大坂西町奉行新見正路日記』）。

天保二年（一八三一）の「御城代御中屋敷絵図」（古河歴史博物館蔵）では、中央付近に御殿、東側と北側に家臣団の長屋が建てられている。御殿の南側には南北に馬場が設けられ、その西側に「小笹植込」が大きく描かれている。庭園があったとすれば書院と居間の南側前面だろうが、小規模なものだったと考えられる（大阪大学総合学術博物館・大阪歴史博物館監修『城下町大阪』）。

城代の追手口の下屋敷の規模について、元禄元年（一六八八）の『御城代御支配所万覚《よろずおぼえ》』は「四千六百十八坪（一坪は三・三〇六平方メートル）」としている（『大阪編年史六』）。下屋敷の図面は見あたらないが、江戸の大名の下屋敷と同様の機能を備えたものだったならば、本格的な庭園が存在していた可能性がある。

●定番・大番・加番の屋敷

定番《じょうばん》は城代を補佐することと、大坂城の玉造口・京橋口を警備することが任務だった。定員は二名で、一―二万石の小大名や旗本が任命されるようになっていた。『御城代御支配所万覚』には、

一玉造御定番屋鋪《やしき》坪数　六万二千二百七十三坪

内　二千百十六坪は下屋鋪、又一万四千四百坪は与力三十騎の屋敷、又二万坪は同心百人屋敷〔略〕一万六千九百五十二坪は家中屋敷〔略〕

と記されている。配下に与力三〇人と同心一〇〇人がいたことになる。定番の城外にあった下屋敷は、大名という身分に合わせて二一一六坪という広大なものだったから、ここにも庭園がつくられていた可能性がある。与力は一人当たり四八〇坪、同心は二〇〇坪というように広く、定番が引き連れてくる家臣のためにも広い敷地が用意されていたから、定番の配下の屋敷にも江戸の旗本屋敷のように、小庭園がつくられていたのかもしれない。

また、大番は将軍の親衛隊として、旗本あるいはその子第で構成されていて、大番頭《おおばんがしら》の下に大番組が五〇人で組織されていた。大番組は二の丸南側の長屋部分に居住し、本丸の追手から玉造までの二の丸南面を東西に分けて警護していた。加番《かばん》は大番の加勢として一―二万石の小大名などが勤め、配下の者たちは城内の山里・中小屋・青屋口・雁木坂《かんのきざか》の四ヵ所に配置されていた（『新修大阪市史三』）。

大番役は旗本、加番役は大名が務めているので、城内の宿舎はそれなりの規模を持っていた。「東大番頭小屋絵図」（天保十四年〔一八四三〕）や山里・青屋口・雁木坂の「加番小屋絵図」では、かなりの部屋数を持つ屋敷が描かれている（『日本名城集成　大坂城』）。屋敷を取り囲む塀は空間的に余裕を持って建てられているので、座敷の周囲に石組と植栽を持つ小規模な庭園があったと考えられる。

このほか、材木奉行・弓奉行・鉄砲奉行・具足《ぐそく》奉行・金奉行・蔵奉行などがいて、それぞれ役所が建てられ居住する屋敷が与えられていた。『徳川実紀』の寛永二年（一六二五）の条に、

大番組頭深津弥左衛門正吉、今村伝右衛門正信大坂金奉行に命ぜられ、大坂は殊更《ことさら》の要地なれば、汝等両人えらみ用ひ給ふ所なり。よく心用ひつかふまつるべしと面命ありて、両御所（秀忠・家光）より金、時服を給ひ、また官料三百俵づヽ下さる。

と書かれている。金奉行になる者に将軍がじきじきに声を掛け、大坂が重要な土地だとして金品を与えて励ましていたことからすると、かなり責任の重い役目だったのだろう。「御蔵奉行仮役屋敷絵図」（大阪城天守閣蔵）には、五〇坪ほどの敷地に建物が描かれている（『日本名城集成　大坂城』）。旗本が任命されていた各奉行屋敷にも、小規模な庭園が存在していた可能性は高い。

なお、代官については、『元禄覚書』によると元禄十三年（一七〇〇）には五名だったが、享保十三年（一七二八）の『浪花袖鑑《なにわそでかがみ》』では三名になり、役所も鈴木町北側・同南側・本町浜の三ヵ所に固定されている（村田路人「幕府上方支配機構の再編」『日本の時代史一六』）。これら代官屋敷の庭園のことについては史料を見出せない。

2 大坂町奉行所の庭園

大坂の町奉行所

大坂には江戸と同様に町奉行所が置かれていた。罪人を裁く奉行所に庭園はあったとは思えないのだが、奉行所には町奉行屋敷も併設されていたので、この庭園を見てみたい。

大坂町奉行が置かれたのは元和五年（一六一九）で、東町奉行と西町奉行の二名制だった。大坂町奉行は大坂三郷と町化した村の支配、摂津・河内・和泉・播州国内の幕府領の租税徴収・裁判など広範な権限を持っていた。江戸の町奉行所と同様に、東町奉行所と西町奉行所は一ヵ月ごとに交替で市政を担当していた。延宝七年（一六七九）の『難波《なにわ》雀《すずめ》』に、

町御奉行　与力三十騎　同心五十人宛
石丸石見守殿　二千五十石　［略］
嶋田越中守殿　千八百石　［略］

写真3-2●東町奉行所跡の石碑（奥に見えるのは大阪城）

とあるように、二名の大坂町奉行は石高からわかるように、将軍直参《じきさん》の旗本から選ばれている。旗本だったので大坂町奉行は江戸に人質を置く必要はなかったのか、家族たちも奉行屋敷に同居していた（藪田貫「解題」『大坂西町奉行新見正路日記』）。

当初、大坂町奉行所は大坂城京橋口の外側（中央区大手前之町）に並んで置かれていたことから、東の方を東町奉行所、西の方を西町奉行所と呼んでいた。享保九年（一七二四）三月の「妙知焼け」と呼ばれる大火によって両奉行所は類焼してしまい、東町奉行所は旧地（現、大阪合同庁舎第一号館）に再建されたが（写真3-2）、類焼を避けたのか西町奉行所は東横堀の東岸（中央区本町橋）に新築された。大坂町奉行に仕えていた与力と同心は天満の川崎村（北区）に住んでいて、与力は五〇〇坪、同心は二〇〇坪の屋敷地が与えられていた。彼らは一代限りの役職とされていたが、親の職を踏襲《とうしゅう》して代々与力・同心を務めている（『大阪府の地名Ⅰ』）。

大坂町奉行所の運営経費は、西国の幕府領から運上・冥加《みょうが》金銀や年貢金銀が納められた大坂城御金蔵から、当初は必要に応じて引き出されていたが、幕府財政の悪化にともなって宝暦十三年（一七六三）以後は年間予算方式に変り、一奉行所あたり総額銀六〇貫目（金一〇〇〇両）になった後次第に削減された。町奉行所屋敷の修復費などは寛政六年（一七九四）の場合、町方の負担とされている（渡邊忠司『大坂町奉行と支配所・支配国』）。

東町奉行屋敷の庭園

東西町奉行所の規模とそれぞれの町奉行屋敷の状況を見てみよう。先の『御城代御支配所万覚』に、

一、東奉行屋鋪坪数三万三千六百十八坪
　内　三千二百二十坪は居屋敷、又一万六千八百九十五坪は与力三十騎の屋鋪、又一万三千五百三坪同心七十人〔略〕

とあるので、東町奉行所全体では広大な面積だったことがわかる。

享保九年（一七二四）の大火後に、再び旧地に建てられた東町奉行所については、絵図が残っているので建物や庭園の様子を知ることができる。藤原中正画「大坂東町奉行所掛図」（図3-4）が一橋

図3-4●大坂東町奉行所の庭園(「大坂東町奉行所掛図」)

大学附属図書館所蔵になっているのは、安政五年(一八五八)から文久元年(一八六一)まで大坂東町奉行だった一色直温《なおあつ》が所蔵していたものを、『大阪市史』の編纂主任つとめた幸田成友が明治四十四年(一九一一)に一色の子孫から譲り受け、勤務先だった一橋大学に晩年に寄贈したという経緯がある(一橋大学附属図書館公開情報)。

絵図は東町奉行所を南側から眺めたもので、東北側に表門があり、その正面が東町奉行所の玄関になっている。敷地の北側が東町奉行所、南側が東町奉行屋敷で、馬場が西側の塀に沿って置かれているという構成だった。町奉行屋敷は建物が大半を占めているが、南側の塀までの間にかなりの数のマツが植えられていて、その間に青白色に塗られた園池らしいものが見える。

石組は描かれていないが、座敷が庭園に面しているので石組も置かれていただろう。

オランダ商館の職員だったドゥーフは、文化三年（一八〇六）と文化七年に江戸へ行く途中大坂に立寄っていて、「我々は奉行の一人の馬場と、銅吹所を見学した」と書いているのは（永積洋子訳『ドゥーフ日本回想録』）、この東町奉行所の馬場のことだろう。

西町奉行屋敷の庭園

享保九年（一七二四）に焼失する以前の西町奉行屋所については、前掲『御城代御支配所万覚』に、

一、西奉行屋鋪坪数三万三千九百四十坪半
　内　二千三百四十五坪居屋敷、又千三十九坪向屋敷、又一万七千四百五十八坪半は与力三十三騎屋敷
　内　千三百二坪は与力屋敷、割余り一万三千九十八坪は同心七十人屋敷

と記されている。

火災後に西町奉行屋敷は東横堀の東岸（現、シティ・プラザ大阪）に移ったわけだが（写真3－3）、昭和六十年（一九八五）から翌年にかけて、開発に先立って発掘調査が行なわれ、建物跡と園池跡が

写真3−3●西町奉行所跡の石碑（シティ・プラザ大阪）

発見されている。しかし、発掘は制限があったために、敷地規模や建築全体の配置、庭園の様子などは把握しにくかった。ところが近年、神戸市立博物館が所蔵する池長孟コレクションの中から、「大坂西町奉行所図」（横八五・四×縦一〇九・六センチ）が発見された（図3-5、薮田貫編著『大坂西町奉行新見正路日記』）。図に「川むら」と書き込まれていることから、嘉永七年（安政元、一八五四）五月から翌安政二年五月まで西町奉行を勤めた川村修就《ながたか》の旧蔵と見られている。

この「大坂西町奉行所図」には「惣地坪　二千九百三坪七合五勺、同建坪　千二百十九坪七合六勺」と書かれていて、移転前よりも面積は六〇〇坪ほど広くなっている。敷地の東・北側は家臣団の長屋で、西側が正門になっていた。正面から続く石敷きの先が役所だが、南側には仮牢が設けられている。東側奥の「御小書院・御用談之間・御休足之間」に面した南側に、大きな園池を持つ庭園が描かれていることが目を引く。

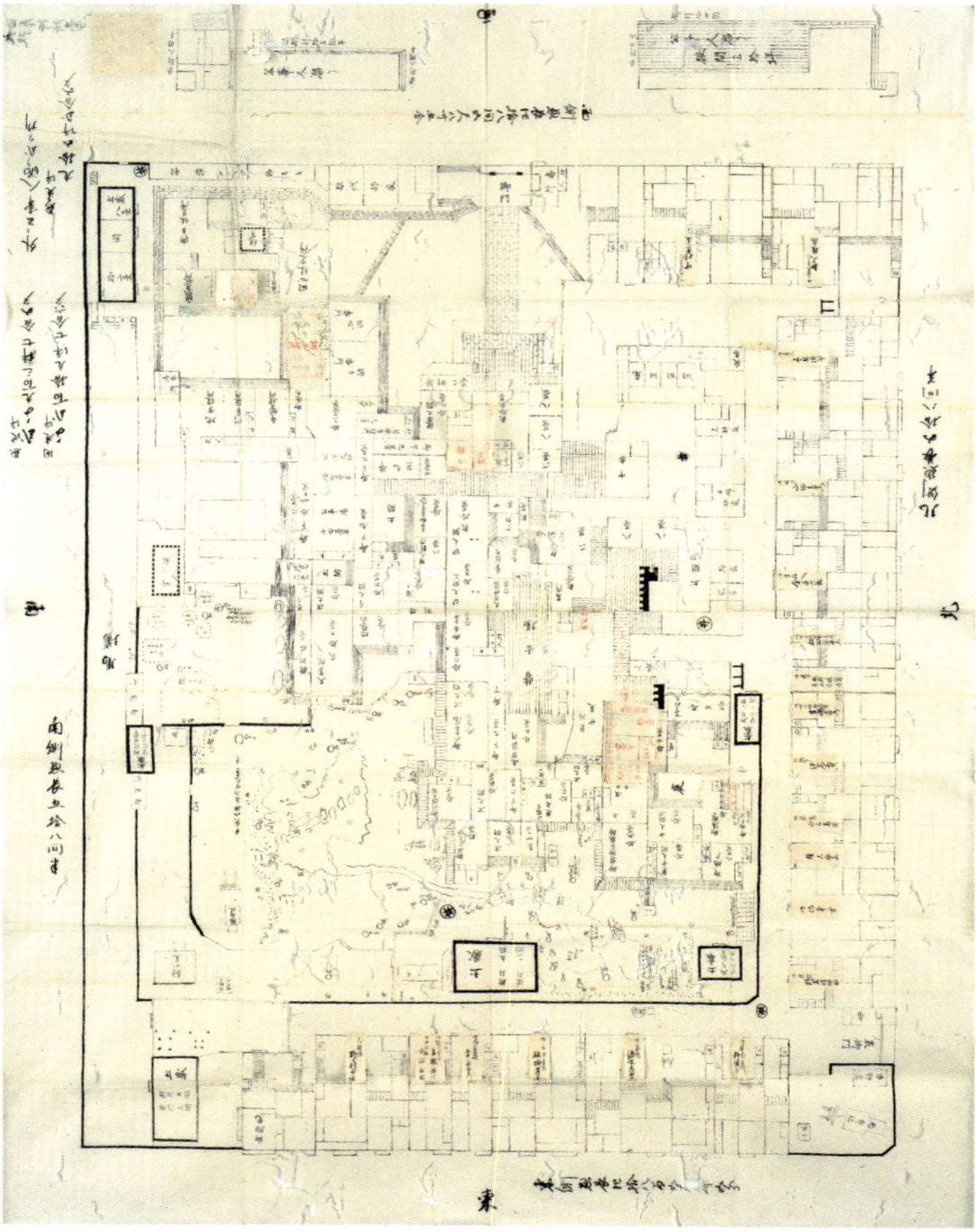

図3-5●大坂西町奉行所の庭園（「大坂西町奉行所図」）

園池には「タ、キ泉水」と記されているので、赤土・砂利・石灰を混ぜてたたき固めた「三和土《たたき》」で作られていたことがわかる。池の中に飛石と石橋が置かれていて、歩いて渡れるようになっているのが面白い。園池に流入している流れの先は塀で仕切られているが、奉行が居住した建物の「御奥御客座舗・奥中之間」の前の「池」へと続いている。池の輪郭が破線で描かれているのは、水がなくて窪みが残るだけになっていたからだろうか。

この図の貴重な点は、植栽されていた樹木の名前がそれぞれ書かれていることだ。奉行所側の大書院南側には「松・トチ」と、短く丸く刈込んだ「モチカリ込・クチナシカリ込・樫《かし》カリ込」があった。園池がある大規模な庭園部分には、「松・楠」の大木が奉行所側との仕切りにもなっている。池には「芝山」が張り出していて、南側塀際には「松」、南東隅の稲荷社の前には「植込」、東側塀際には「桜・ナツメ・梅・一行寺楓《かえで》」が植えられていた。北側の奥の庭園には、東中央の土蔵の南横に「花ダン」が設けられ、前の井戸の周囲には「梅」が植えられている。土蔵北側の池と塀の間には土を盛って山が築かれて「カキ・山吹・松・桜・梅」が植栽され、北東側の土蔵前には目隠しにマキを植えた「槙山《まきやま》」が作られている。座敷側には「カキ・大木松・桜・棗《なつめ》」も見られる。

図面中に「甲寅《きのえとら》八朔《さく》庭内模様書の事」と記入されているので、安政元年八月一日の庭園の状況と考えられる。不思議なのは園池の水がどこから来ているのか描かれていないことだ。大規模な園池の側から水が流れ出していたのか、それとも北の池から流れて来ていたのだろうか。

奥庭の北側の塀際にフジ棚のような格子が描かれているが、発掘調査ではこの場所から東西二間、南北一間、深さ八〇センチの貯水槽が発見されている。平瓦を積んだ壁の内面と床には漆喰が塗られていて、床には分厚い板にはめ込まれた銅管が直立していた。この銅管は地下に埋設された木製の樋につながっていて、樋は居住区の建物の床下へと続いていた。先は確認されていないがおそらく井戸に続いていて、井戸の水がサイホンの原理で貯水槽に入り、池へ流れ出ていたと推測されている（佐久間貴士「発掘調査から見た大坂西町奉行所」『大坂西町奉行新見正路日記』）。東横堀に近接していたので井戸の水位が高く、園池に利用できたのではないだろうか。

3 大名の蔵屋敷の庭園

大坂の蔵屋敷

江戸時代当初、各藩は領地内で自給自足をする経済体制をとっていたが、次第に財政維持のために年貢米や物産を売りさばく必要に迫られるようになっていった。水陸交通の便がよく金融の面でも便

図3-6●大坂の蔵屋敷（『摂津名所図会［4］』）

利な大坂市中に、倉庫を兼ねた下屋敷として建てたのが蔵屋敷だった。蔵屋敷は江戸・敦賀・長崎などにも建てられていたが、大坂に最も多く設けられていた。

大坂の蔵屋敷の始まりは、豊臣期の天正年間（一五七三―一五九二）に加賀の前田氏が開設したことからというが、同年代に淀屋源右衛門が堂島に米市を開き、天満・江戸堀・島の内にも米市場が設けられたことが、いっそう蔵屋敷を増加させていったようだ（図3-6）。

井原西鶴の『日本永代蔵（一）』（貞享五年［一六八八］）の中の「浪風《なみかぜ》静に神通丸」に、「惣《そう》じて、北浜の米市は、日本第一の津なればこそ、一刻の間に、五万貫目のたてり商《あきない》も有事なり」と、米相場がたてられ市場が繁盛した様子が書かれている。中之島に軒をつらねた米問屋としては『日本永代蔵』によれば、岡・肥前屋・木屋・深江屋・肥後屋・塩屋・大塚屋・桑名屋・鴻池屋・紙屋・備前屋・宇和島屋・塚口屋・淀屋などがあった。米市場は元禄十年（一六九七）頃に堂島新地に移っているが、江戸住民の消費米の八―一〇パーセントが、堂島米市場を経由したものだったという（ジェームズ・L・マクレイン「一七世紀の大坂」『近世の大坂』）。

大坂から江戸へ幕府城米や日用品を輸送していた菱垣《ひがき》廻船が元和五年（一六一九）から始まり、寛文十二年（一六七二）には河村瑞賢によって西廻り航路が整備されて、雑多な荷物を積んで寄港地で売買を行なう北前船の運航もされるようになった。日本海側の地域の大名の蔵屋敷も増加して、複数の蔵屋敷を持つ藩も現われて借り蔵も増加していった。

十八世紀に諸藩が特産品の奨励に力を入れるようになると、薩摩の砂糖、阿波の藍、備後の畳表、肥後・伊予の蝋、播磨・周防《すおう》の塩、土佐・長門・石見《いわみ》の紙などが、蔵物として大坂へ出荷された（前掲、マクレイン「一七世紀の大坂」）。

江戸前期の『難波雀』には「諸大名御屋敷付」の項に、天神橋之浜一ヵ所、北浜一ヵ所、中之島三九ヵ所、土佐堀一三ヵ所、江戸堀一三ヵ所、海部《かいふ》堀一ヵ所、立売《いたち》堀二ヵ所、長堀八〇ヵ所、合計一五〇ヵ所の蔵屋敷が記されている。長堀は蔵屋敷の数が多いが、旗本や東西本願寺などの蔵屋敷も存在していた。

江戸の大名屋敷よりも規模は小さかったが、蔵屋敷には蔵のほかに政務を行なう御殿、政務を担当する家臣が居住する長屋、米を運搬するための船入《ふないり》などが存在した。蔵物の販売管理を行なうのが「蔵元」で、売却代金の出納をしたのが「掛屋《かけや》」だが、これは鴻池屋や淀屋などの大坂の両替商が担当している。そのほか蔵屋敷が町人地であるために、町人身分の名義人を立てる必要があったことから「名代《なだい》」が置かれていた（『新修大阪市史三』）。

蔵屋敷の発掘調査

近年蔵屋敷の発掘事例も増加していて、天満（北区）では佐賀藩、堂島（福島区）では福島一丁目で筑後大村藩・長岡藩、中之島（北区）では中之島三丁目で鳥取藩、同四丁目で広島藩・久留米《くるめ》藩、同五丁目で高松藩、同六丁目で中津藩・宍粟《しそう》藩・龍野《たつの》藩・安志《あんじ》藩、土佐堀（西区）では土佐堀一丁目で萩藩などの蔵屋敷が調査されている（大阪市文化財協会『大阪市北区広島藩大坂蔵屋敷跡Ⅱ』）。

「四蔵（四大蔵屋敷）」と呼ばれていたのは福岡・熊本・萩・広島藩の蔵屋敷だが、屋敷規模は佐賀藩が約四二〇〇坪、広島藩が約四〇〇〇坪、毛利・福岡・小笠原藩が三〇〇〇―二〇〇〇坪、柳川《やながわ》・姫路・岡山・丸亀藩が一五〇〇―一〇〇〇坪、津山・高松・龍野・岩国藩が七〇〇―四〇〇坪ほどだった（伊勢戸佐一郎・谷直樹「佐賀藩大坂蔵屋敷の建築と年中行事」『大阪の歴史二五』）。

実際の蔵屋敷の状況を見てみよう。広島藩の「広島藩大坂屋敷図」（大阪商業大学商業史博物館蔵）には、米や農産物を積んだ船が堂島川からを出入りする「御船入」が北側に大きく場所を占め、その周囲に「御米蔵」が幾棟も建ち並んでいる（図3-7）。中央よりやや南側に「御屋形」とか「御殿」

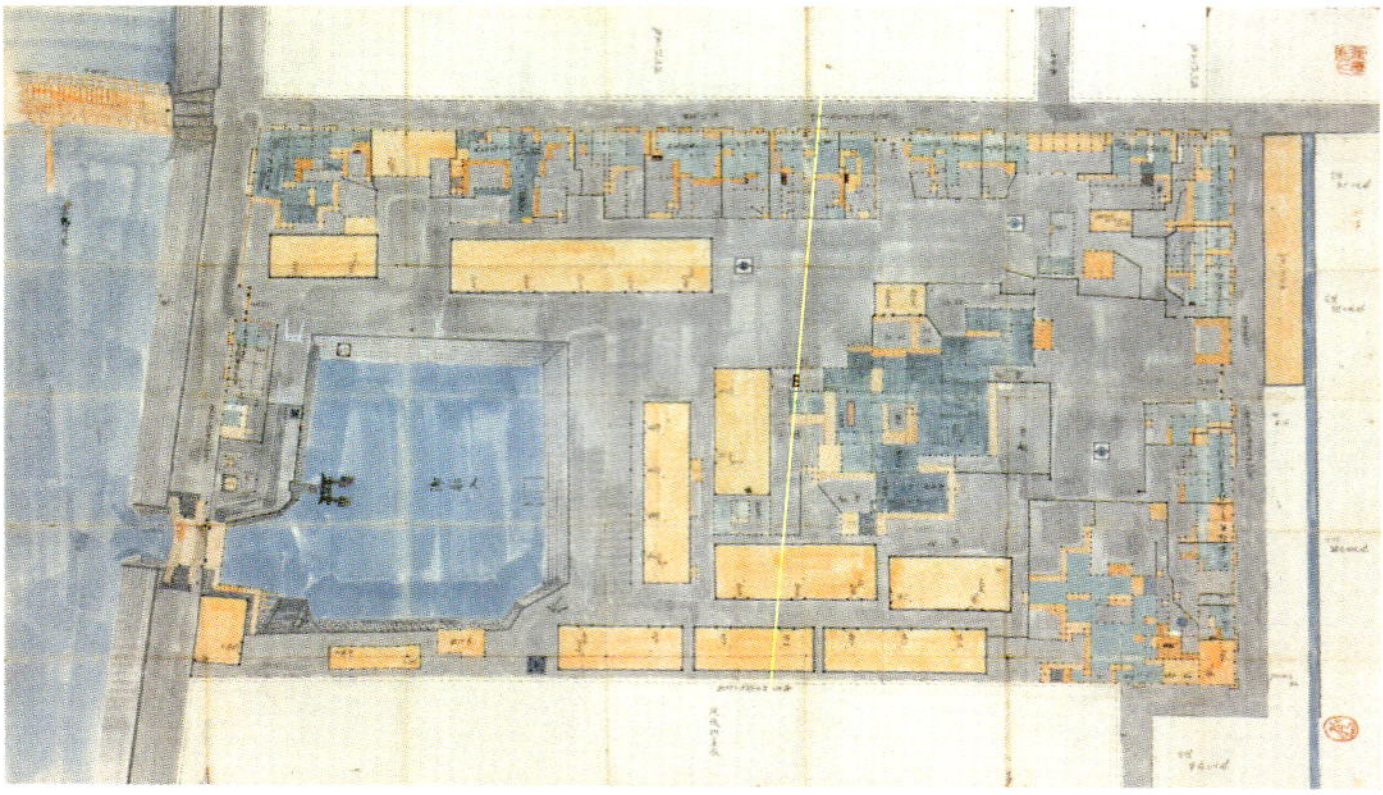

図3-7●広島藩の蔵屋敷（「広島藩大坂屋敷図」）

と呼ばれた藩主の滞在用の建物があり、「米会所《こめかいしょ》」などと呼ばれた蔵屋敷の職務を行なう役所が南西側に位置し、東側と南側には「蔵役人長屋」などと呼ばれた家臣団の住居が配置されていた。

蔵屋敷は藩の米や農産物を保管し販売するためだけの屋敷だったから、庭園は存在していなかったのだろうか。御殿の部分を見ると、「御書院・御居間」と書かれた建物の周囲に、「御庭」という文字が三ヵ所に書き込まれている。南側の表門から玄関を入った来客は書院へと通されただろうから、書院前の庭は形の整った庭園だったのではないだろうか。

広島藩の蔵屋敷では庭園の詳細までわからないが、土佐堀と堂島川に挟まれた場所に位置していた熊本藩の大坂蔵屋敷はついては、幕末の様子を描いた「細川越中守殿大阪蔵屋敷廃藩当時細見図」（昭和四年［一九二九］書写）に、庭園のことが記入されている（伊藤純「新出熊本藩大坂蔵屋敷絵図について」『大阪の歴史と文化財二』）。

東側は米倉と藩士の長屋と事務所になっているが、北側の船入の南側に藩主が宿泊する御茶屋が建てられていた。この御茶屋の南部分に「庭園広シ　築山泉水アリ」、南西角に「老松・トチ」と書き込みがあり、御茶屋近くに「ココ老松ニテ枝地ニハイヲレリ」、また御茶屋西側の「庭園」部分に「芭蕉大株アリ」と記されているので、御茶屋の庭園部分には園池が掘られ築山が設けられていたことがわかる。参勤交代の時などに藩主が大坂に立寄る時もあるので、殺風景にならないように庭園を設けていたのだろう。

発掘された広島藩の蔵屋敷が示しているように、船入を石垣で囲んで築くほどの技術があったのだから、堂島川を引き込んで園池をつくることも困難でなかったはずなのだが、大規模な園池をつくっていない。江戸の各藩の下屋敷では、海水を取り入れることまでして巨大な園池を築いていたのに、大坂ではどうしてこれほど違うのだろうか。

蔵屋敷での大名宿泊の制限

『大君の都』を書いたオールコックは文久元年（一八六一）に兵庫と大坂を訪ねているが、ラッセル伯という人物に宛てた手紙に次のように書いている（ロバート・フォーチュン著・三宅馨訳『江戸と北京』）。

大阪には、川岸の一リーグ［約五キロ］以上にわたって、多くの大名屋敷が建っている。けれども大名はそこにはまれに、ただ一時的に住んでいるようだ。

蔵屋敷というと外観が蔵のような感じがするのだが、江戸と同じように大名屋敷が並んでいるとしか見えなかったらしい。大名が「まれに、ただ一時的」に、居住していたということは事実だった。オランダ使節の医官だったケンペルは、元禄四年（一六九一）二月に江戸へ出向く際に大坂を通っていて、『江戸参府旅行日記（九）』（斎藤信訳）に次のように記している。

大坂以西に住んでいる大名たちは、この地に屋敷と、江戸まで供をして行く家来を置いてはいるが、一日一晩以上この町に留まることは許されず、なおその上、城の見える地域外の道を通ることになっている。

経費節減をはかるために国許からの家臣を少なくして、江戸へ向う藩主のお供は蔵屋敷に勤務する武士たちがしていたようだ。大名は謀反を起こす可能性もあることからか、蔵屋敷に一日一晩以上滞在できないという決まりがあったという。饗応《きょうおう》施設として本格的な庭園がつくられなかったのは、こうした厳しい規定があったからなのだろう。

4 武家の庭園の特徴

大坂城内の庭園

豊臣秀吉は天正十四年（一五八六）に京都に聚楽第《じゅらくだい》を造営し広大な園池を設け、京都醍醐寺の三宝院《さんぼういん》の庭園でも、慶長三年（一五九八）に園池をつくる構想を述べている（飛田『日本庭園の植栽史』）。庭園には園池を設けることが当然と、秀吉は考えていたようなのだが、大坂城には園池をつくらなかった可能性が高い。

大坂城内に園池がつくられなかった理由は、上町台地の北端に城を築いたことから、河川の水を引き上げることが困難だったためと考えられる。園池には雨水を利用することも可能だが、停滞した水は腐りやすく鑑賞するには好ましくない。飲料水のことが気になるが、現在の大阪城天守閣の南側に「金明水」と呼んでいる徳川期の井戸が存在している。おそらく秀吉の時代も同様で、飲料水は井戸から得ていたのだろう。

江戸時代には大坂城内に三代家光までは将軍が立寄ることがしばしばあったことから、御殿には数寄屋が建てられ庭園がつくられている。だが、十四代家茂まで大坂を訪れることがなかったために、数寄屋と庭園は撤去されてしまった。城代・城番・加番などは大名あるいは旗本が務めているが、一時的な任務だったためか住居も大規模なものではなかった。大坂城内で園池を持つ本格的な庭園をつくろうとしても、水源がなかったことが致命的だった。

戦国時代に生きた秀吉と家康は、中世の山岳地帯の山城を脱して小高い丘陵地に平山城を築くようになったが、防御の観点から平地に城を築けなかった。江戸城では当初は神田上水が、のちには玉川上水が引き込まれて、本丸・西の丸・二の丸・吹上に園池や流れがつくられているのは、上水(水道)の水源が江戸城よりも高い武蔵野台地上に存在していたことによっている(飛田『江戸の庭園』)。江戸で上水を引かざるをえなかったのは、海岸地帯を埋め立てて城下町を建設したことから、井戸を掘っても水は塩分を含んでいて飲料に適さなかったためで、これが大坂との大きな違いだった。

町奉行所と蔵屋敷の庭園

城代・城番は大名が多く下屋敷は大規模なものだったので、ここに江戸下屋敷のような広大な庭園が存在していても不思議ではないのだが、史料が見つからない。だが、東西町奉行所内の町奉行屋敷には、かなり形の整った庭園が存在していたことが当時の絵図面から知ることができる。西町奉行屋敷の庭園については樹木名までわかる詳細な図面があるだけでなく、発掘によって園池の遺構が確認されている。旗本出身の町奉行屋敷に庭園が存在していたことからすると、大名が任命されていた城代・城番の大規模な下屋敷に、庭園が存在していた可能性は高い。

各藩の米や農産物を一時貯蔵しておいた蔵屋敷では、小規模だったが庭園がつくられていた。参勤交代のために西国の大名は大坂を経由することになっていたことから、宿泊する藩主のために御殿を建て周囲を飾る必要があった。しかし、大坂の蔵屋敷というものは、江戸の大名屋敷とは違って大名が定住することはなく、滞在時間も制限されていたために華やかな社交の場にもならなかったことから、本格的な大規模な庭園が設けられることはなかった。

大坂が幕府の直轄地でなければ、城主は各藩でのように城内・城外に大庭園を構え、重臣たちは邸内に立派な庭園を持っていただろう。大坂では庭園を持つ武家屋敷の数が少なかったのは、江戸や各藩とは統治の仕方がまったく異なった幕府の直轄地だったことに起因しているようだ。

第4章 寺社の庭園

1 大坂の寺社の庭園

江戸時代の大坂の寺社

●徳川幕府の寺院政策

豊臣秀吉が天正十三年（一五八五）に天満の地を本願寺に寄進して寺内町の建設を強制したことか

ら、天満天神の東側（北区）に天満寺内町がつくられ、また大坂城の防御のために、上町《うえまち》の南側（天王寺区・中央区）の西寺町・生玉《いくたま》寺町・生玉筋中寺町・八丁目寺町・八丁目中寺町・八丁目東寺町などに、寺院が移されている（伊藤毅「近世都市と寺院」『日本の近世九』）。

江戸時代になっても秀吉の政策が継承され、一向宗の末寺以外の寺院は高津《こうづ》（中央区）・小橋《おばせ》・天満《てんま》村に集められ、阿波座（西区）・津村（中央区、以下同）・渡辺・三津寺・上難波《かみなんば》の墓地は、統合されて千日（中央区）に移された。また、天満の町屋の間にあった墓は、葭原《よしはら》村（北区）・浜村（東淀川区・北区）・梅田村（北区）に移設され、有事の際には軍兵の駐在施設や、外敵の侵入を防ぐ障害になるように計画された。

その一方で幕府は、慶長末年（一六一四）から元和初年（一六一五）にかけて宗教統制に着手している。学問を奨励し各宗派の本寺の権力を高めることで末寺の勢力をそぎ、本末制度を確立するという中央集権化によって、徳川幕府に従わせていった（『新修大阪市史三』）。

●大坂三郷の寺院と信徒

大坂の町人にとって、寺院とはどのようなものだったのだろうか。『難波雀』（延宝七年［一六七九］）の「諸宗寺数付」の項に、三郷の寺院を宗派に分類して次のようにその数を示している。

［天台宗］　天台宗　天王寺寺町　一ヶ寺
［浄土宗］　浄土宗知恩院下　八十六ヶ寺、浄花院知恩寺下　二十一ヶ寺、黒谷光明寺下　十九ヶ寺、粟生永観堂下西山派　三ヶ寺
［真言宗］　古儀真言宗　八ヶ寺　但生玉社僧、新仁和寺下同宗天満東寺町　一ヶ寺、古儀高野山発光院下　二ヶ寺、古儀仁和寺下　二ヶ寺　但三津寺生玉社僧
［禅宗］　禅宗妙心寺下　十四ヶ寺、曹洞宗　二十ヶ寺
［日蓮宗］　日蓮宗　三十ヶ寺、不受施派　三十四ヶ寺
［浄土真宗］　西本願寺下一向宗　九十六ヶ寺、興正寺下　同　十一ヶ寺、東本願寺下　同　六十七ヶ寺、仏照寺組　同　十一ヶ寺、本泉寺組　同　八ヶ寺、高田専修寺下　同　谷町二丁目　一ヶ寺、仏光寺下　同　十六ヶ寺、大念仏宗　三ヶ寺
　寺合四百二十六ヶ寺　内一ヶ寺生玉南の坊寺請状を出さず。

寺院の数は非常に多かったことがわかる。なかでも浄土真宗と浄土宗が多く、次に日蓮宗・禅宗が続いている。江戸後期の『手鑑』（『大阪市史史料六』）は、大坂三郷の寺院数を四二四ヵ寺としているから、江戸時代を通して三郷の寺院数はあまり変化がなかったようだ。

また、幕府はすべての人が家単位に特定の寺院に結びつくことを強要した寺請制によって、檀家制

度をつくりあげている。『摂津抄』採録の寛文五年(一六六五)の宗門改によると、大坂三郷の人口は二六万八七六〇人で、この宗派別内訳は次のようなものだった。

天台宗　八九一人、真言宗　八〇六三人、禅宗　五一二〇人、浄土宗　一〇万一四五七人、法華宗　二万三七三二人、西本願寺派　六万六三七五人、東本願寺派　六万三三三人、仏光寺派　二一七八人、高田門派　二二三人、大念仏派　三八八人

圧倒的に浄土教(浄土宗・浄土真宗)の信徒が多く、全体の八六パーセントにあがっている(『新修大阪市史三』)。大坂市中の真宗寺院の多くは町屋を借りて寺院としたもので、形態も町屋同様だった。それまでの宗派は商業を罪悪視していたが、真宗では現世的な営利行為を肯定する経済倫理を説いたことが、信者が増えた理由と考えられている。

●大坂の神社

滝沢馬琴が『羇旅《きりょ》漫禄』(享和三年[一八〇三]歴遊)の中で、

大坂にてしかるべき神社は、座摩、生玉《いくだま》、天満、高津、等なり。[略]只天王寺と住よしのみ懐古の地なり。

と述べているように、大坂の神社としては坐摩《ざま》神社（中央区）・生玉神社（天王寺区）・天満天神社・高津神社などが有名だったが、古くからの神社は住吉神社しかなかった。

元禄年間（一六八八—一七〇四）の『地方役手鑑』によると、大坂三郷の神社数は村々の氏神を除くと一五ヵ所で、その内訳は大坂町中が九ヵ所、生玉・西高津町が各一ヵ所、天満が四ヵ所だった。神社関係者の人数は、男三一六人・女二八八人の合計六〇四人ほどだったという。江戸幕府から所領が確認されて朱印状が与えられたのは、住吉・生玉・戎（今宮）などにすぎなかった（『新修大阪市史三』）。

大坂三郷の寺社庭園

●東本願寺難波別院の庭園

大坂三郷の寺社には、どのような庭園が存在していたのかを見てみよう。難波御堂・南《みなみ》御堂《みどう》とも呼ばれた東本願寺難波別院は、文禄四年（一五九五）に教如上人が渡辺の地（中央区道修町一丁目付近）に堂宇を建設したもので、慶長三年（一五九八）に難波村（中央区久太郎町四丁目）に移転し、慶長八年に一五間（一間は一・九一メートル）四面の本堂を建立している。元和五年（一六一九）に幕府は、冬の陣・夏の陣で破壊された大坂城の石材を、難波・津村両御堂の普請のために与えたことから

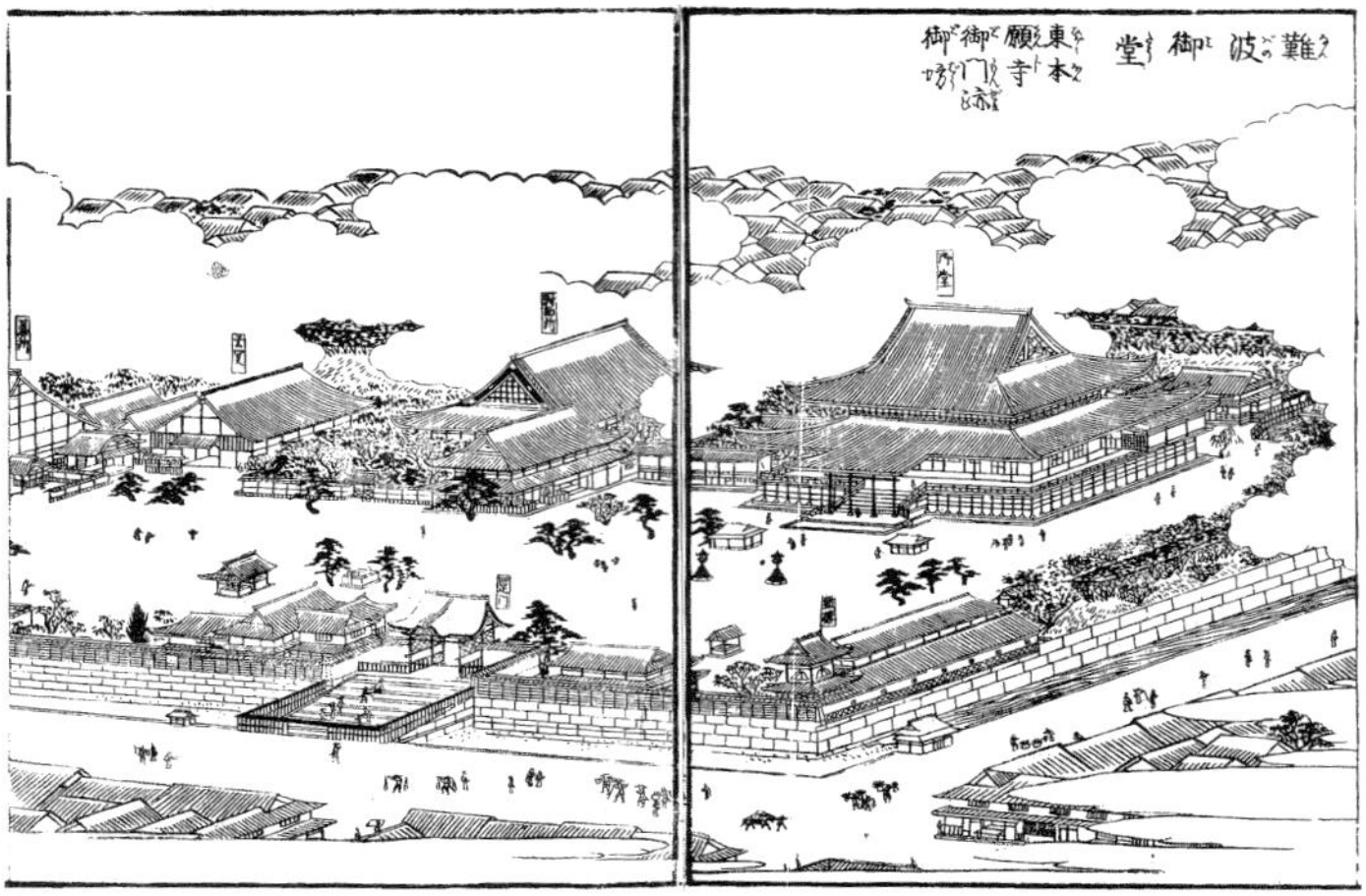

図4－1●江戸時代の灘波別院（南御堂）境内のサツキ（『摂津名所図会［4］』）

改築が行なわれた（『難波別院史』）。元禄年間（一六八八―一七〇四）の境内規模は「東八十四間六尺・西七十七間二尺・南七十八間一尺五寸・北四十三間三尺」で（『大阪編年史二六』）、『和漢三才図会《ずえ》（七四）』（正徳二年（一七一二）序）は本堂について「御堂高十六間　桁行二十二間　梁行二十間　二重屋棟」としている。

享保九年（一七二四）の妙智焼けで市中の大半が焼失したが、難波別院は難を逃れ享保十二年には諸殿も完備した。延享三年（一七四六）の「難波御堂御境内之図」（『難波別院史』）では、巨大な本堂が建てられているが、大きな園池はつくられていない。しかし、南西側の座敷周辺に空間がとられていて「庭」と記されているから、ここに小規模な庭園がつくられていたようだ。

写真4-1●難波別院（南御堂）の古い石垣

『浪花《なにわ》のながめ（一）』（安永七年［一七七八］）の「御堂杜鵑花《さつき》」の項に、

おうらの御堂の地内築山《つきやま》は、三方へ引廻し四季の草花植ゆ。中にもさつきの咲り《ママ》は、辺りまばゆき風景。

と記載されている。「おうら」は「お裏」のことで、難波御堂は「裏御堂《おうらみどう》」とも呼ばれていたことによっている（『摂津名所図会四』）。延享三年の図で「土手」と記載されている西側から北・南側へと延びる土塁が、「地内築山」と見られていたのだろう。土手には四季の草花が植えられ、特にサツキの花盛りの時には見事だったらしい。

『繁花風土記』の「年中行事」の五月の項に、

当月つゝじ・さつき・きりしま盛　久太郎町東御坊
［割注］三品とも甚《はなはだ》見事也。

とあるから、サツキだけでなくキリシマツツジなども植栽されていたようだ。『摂陽奇観（四九）』所収の「四季遊覧　花のしをり」（文政七年［一八二四］）でも、「さつき」の名所として「御堂土手」が挙げられている。庭園の築山《つきやま》ではなくて、境内の周囲の土手にサツキが植えられていたことを指しているのだろう。『摂津名所図会（四）』の図では右手の石垣の上に土が盛られ、低木が植えられているのが見える（図4―1）。現在、本堂の裏から南側にかけて古い石垣が残っていて（写真4―1）、南側に一部庭園があるのだが盛土やサツキは残っていない。

●建国寺の庭園

建国寺は現在の大蔵省造幣局の場所（北区）に位置していた寺院で、有名な茶室と庭園が存在していた。この寺の歴史は複雑で、豊臣期には織田信長の弟だった織田有楽斎《うらくさい》（一五四七―一六二一）の別荘だったが、大坂藩主松平忠明の邸宅になった時に、忠明が家康をまつる東照宮を勧請《かんじょう》して、元和三年（一六一七）に社殿を建造した。この別当寺として創建された九昌院が、安永七年（一七七八）に改称して建国寺になっている（『大阪府の地名Ⅰ』）。

文政十二年（一八二九）から天保二年（一八三一）まで西町奉行を勤めた新見正路《しんみまさみち》（一七九一―一八四八）は、文政十二年八月十七日に建国寺に城代が参詣することを伝えに出向いた際、

建国寺案内にて庭え出、織田有楽茶室等一覧、庭に船形石といへる大石これ有。

と日記に書いている（藪田貫編著『大坂西町奉行新見正路日記』）。家康をまつる東照権現《ごんげん》神社（別称は川崎御宮《おんみや》・川崎東照宮）に、大坂城代が参詣することが慣例になっていたようだ。建国寺には有楽斎が建てた茶席があり、庭園には船形石と呼ばれた大石が据《す》えられていたらしい。

江戸後期の『摂津名所図会大成（一二）』は、「川崎御宮」の項にこの庭園のことを、「御宮の後の方築山ありて林泉の風景美観なり」と書いている。『浪花百景』の歌川国員《くにかず》が描いた建国寺の庭園図には、園池に架かる土橋の先に燈籠があり、その横に大岩が置かれている（図4-2）。名称からすると船形石というのはこの大岩ではなく、園池の中に据《す》えられていた石のことだろうか。

有楽斎の茶室については『貞要集（四）』に、

　天満九昌院の座敷
　但織田有楽の囲□（茶室）建直し候得共、元の如く作り庭石杯《など》は直し候由。庭石は尤《もつとも》古きを用ゆ。

と述べ、三畳台目《だいめ》の茶室と座敷の図を掲載している（坂口筑母『茶人織田有楽斎の生涯』）。茶室は建て直したものだが、庭石などは元のように据えているとしている。だが、九昌院は大塩平八郎の乱で焼失し、明治四年（一八七一）に大阪造幣局が建設されたことから、現在は有楽斎の茶室のくつ脱ぎ石といわれるものだけが残っている。

図4−2●建国寺の庭園（『浪花百景』）

●広教寺の庭園

薩摩堀中筋町（西区立売堀四・五丁目）にあった広教寺は、浄土真宗西本願寺派に属す寺院で、寛永年間（一六二四―一六四四）にここに移ったもので、当初境内地は一万七〇〇〇坪（五・六二ヘクタール）ほどあったらしい（『大阪府の地名I』）。『摂津名所図会（四）』には、

この寺の書院の庭中真妙にして山水を縮《ちぢ》め風景いちじるく、古梅・古楊《こよう》あるは大樹の桜多く［略］四方市中なれども芳樹茂りて山林のごとし。

と、書院には風景を縮小した庭園が存在していたことが書かれている。おそらく石組を並べてつくった枯山水風の庭園だったのだろう。庭園にはウメやシダレヤナギの古木もあったがサクラの大木が多く、広かった境内は樹木が生い茂ってまるで山林のようだったという。図には境内全域が描かれているのだが、建物と樹木ばかりで庭園は見えない。広教寺が昭和三十六年（一九六一）に大阪府豊中市に移転したために、現地には庭園は残っていない。

●願泉寺の庭園

現在も残っている大阪市内の古い庭園としては、浪速《なにわ》区大国二丁目の願泉寺庭園がある（写真4－

写真4－2●願泉寺庭園の現状

2）。願泉寺は寺伝によると、推古天皇十一年（六〇三）に創建されたという。建久年間（一一九〇─一一九九）に天台宗に帰属したが、住職が蓮如（一四一五─一四九九）に帰依したことから浄土真宗に改宗している。応仁年間（一四六七─一四六九）に戦火で焼失し、永正四年（一五〇七）に現在地に再建されたとされている。

だが、天正十年（一五八二）に再び戦火で罹災し、慶長二年（一五九七）に再興されたが、寛永二年（一六二五）に類焼してしまい、正徳四年（一七一四）に建て直されている。書院と茶室（泰《たい》慶堂《けいどう》）は伊達政宗（一五六七─一六三六）の寄進と伝えられているが、第二次世界大戦の空襲で昭和二十年（一九四五）三月に焼失してしまった（『大阪府の地名I』）。

大阪府の名勝史跡に指定されていることの庭園は、

寺伝では正保年間（一六四四—一六四八）に正阿弥《しょうあみ》という人物が築造したとされているが、昭和初期に武者小路千家流茶道の宗匠《そうしょう》だった木津宗泉《そうせん》（一八六二—一九三九）が改修している。昭和十二年の庭園実測図を見ると、書院の正面に九〇坪（幅二五メートル・奥行き一五—二〇メートル）ほどの庭園が築かれている。南奥の築山手前に滝が設けられ小池に水が注ぎ込んでいるが、その先には枯山水の流れがつくられ、これらを囲むように飛石が打たれている（重森三玲『日本庭園史図鑑五』）。昭和の改修時に滝と流れを設けて飛石を加えたためか、江戸時代の趣きはわかりにくくなっている。

郊外の寺社の庭園

●四天王寺の庭園

大坂郊外の天王寺村（天王寺区）の四天王寺の歴史は古い。『日本書紀』は厩戸皇子《うまやどのおうじ》（聖徳太子）が建立したとする説と、推古天皇元年（五九三）の造営とする説を載せている。発掘調査からは、南大門・中門・塔・金堂・講堂が一直線に並び、回廊で塔・金堂を囲んだ伽藍《がらん》配置は、創建以来そのまま再現されていることがわかっている。出土瓦からすると金堂・塔・中門・南大門が飛鳥時代にまず建てられ、講堂と回廊が奈良時代前期に完成したと推測されている。

近世には大坂冬の陣で灰燼《かいじん》に帰したことから、幕府の援助を受けて元和九年（一六二三）に伽藍が

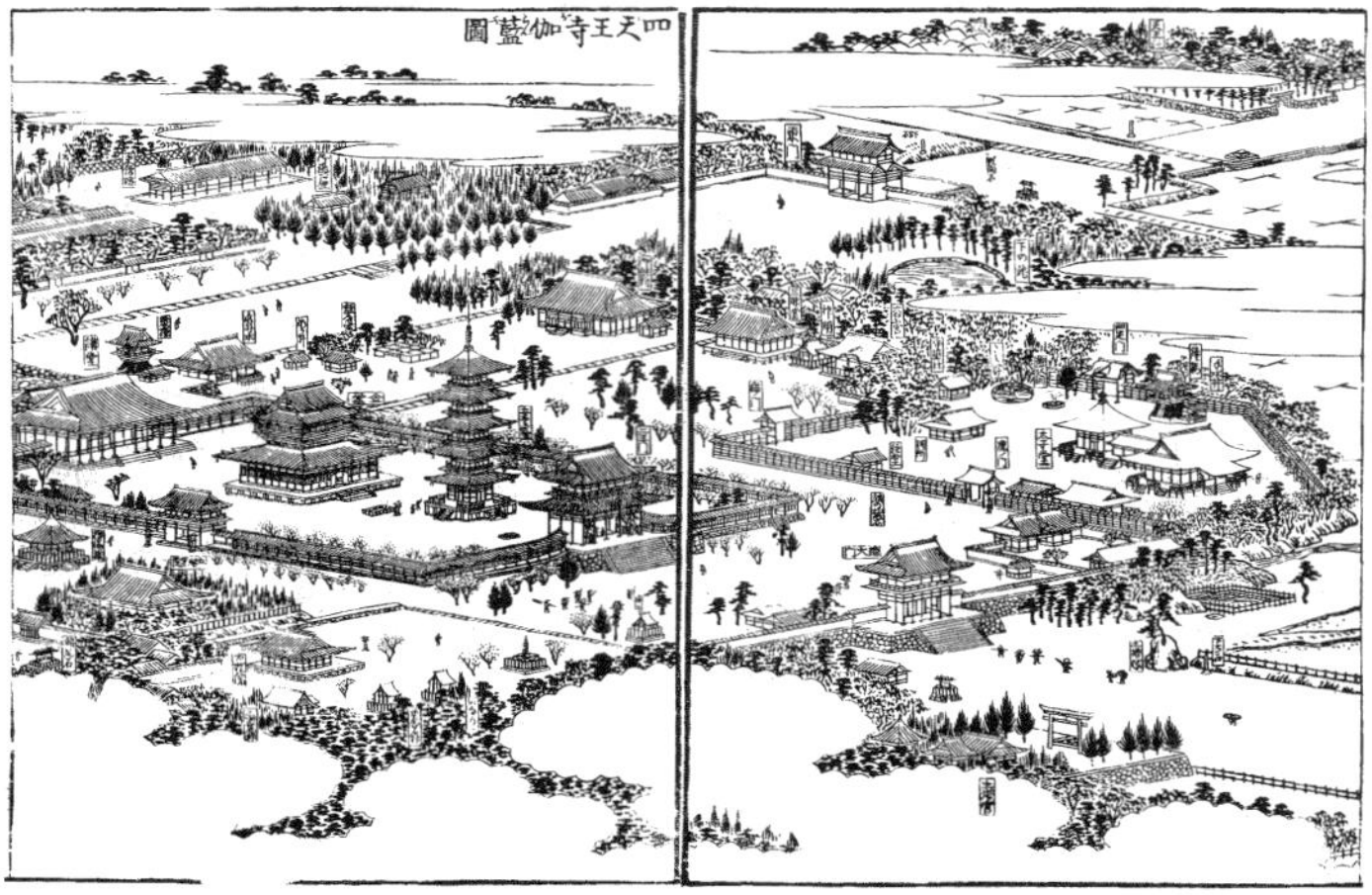

図4-3●江戸時代の四天王寺境内（『摂津名所図会［2］』）

再興され、江戸の寛永寺の末寺になった。この伽藍は享和元年（一八〇一）に落雷で炎上しているので、『摂津名所図会（二）』（寛政六―一〇年［一七九四―一七九八］）の四天王寺の図はそれ以前の状態を示していることになる（図4-3）。民衆の力によって文化九年（一八一二）に復興されたのだが、第二次世界大戦中に昭和二十年（一九四五）の空襲によって、伽藍のほとんどが焼失してしまった。昭和三十八年に新伽藍が建てられて現在に至っている（写真4-3、『大阪府の地名Ⅰ』）。

　四天王寺は大寺院なので庭園を持っていそうなのだが、奈良の古代寺院と同様に、創建時には庭園はつくられていなかったようだ。現在ある四天王寺本坊書院の「仏伝の庭」と呼ばれている枯山水と、書院と方丈の間の「補陀落《ふだらく》の

写真4－3●現在の四天王寺伽藍

庭」は、昭和五十六年に作庭されたものなので新しい（『大阪史蹟辞典』）。八角亭の所の池と瑠璃光《るりこう》の池の基になっているのは、木津宗泉の設計・施工監督で昭和七年に着工された庭園だった。

昭和十二年の庭園実測図には、管主居間・事務所・方丈客殿・座敷に囲まれた東側に、八〇メートルほどの長い流れを持つ、長さ三〇メートル・幅一五メートルほどの園池があり、さらにその背後に同じような形の流れと園池が重なっているように描かれている。園池は中央に中島を持つ形に連続されているので、二つの流れ込みを持つ園池から排水路が一つ出ているというべきかもしれない。図面は異様だが、写真で見る限りではまとまった美しい庭園だった（重森三玲『日本庭園史図鑑一九』）。現代の庭園は臨池亭の後ろにあった流れを途中でとめて、「瑠璃光の池」にしてしまっているという違いがある。

昭和七年以前に四天王寺の本坊に、庭園が存在していたかどうかが問題になる。現在の本坊方丈は江戸初期の元和九年の建立だが、当初は境内北側に位置する五智光院の南側前方に位置していた。江戸後期の文化十一年に、現在の本坊の西通用門の東側に曳屋《ひきや》され、さらに明治三十三年（一九〇〇）頃に現在の場所に移築されている。元禄（一六八八―一七〇四）頃とされる「境内古図」には、現在の本坊の位置に樹木が描かれているだけで、庭園は存在していない（『重要文化財四天王寺本坊方丈・本坊西通用門修理工事報告書』）。『摂津名所図会』の図も同様で、本坊の位置には樹木しか存在していない。

本坊に庭園がつくられたのはいつだったのだろうか。江戸後期とされる「四天王寺伽藍姿」や明治十二年の「四天王寺再建絵図」、あるいは明治三十年頃とされる「四天王寺見取図」にも、本坊の位置には建造物は存在していない。明治三十四年の「四天王大護国寺伽藍略図」になって、現在の本坊一帯に建物が建ち植栽が施されている（『重要文化財四天王寺五智光院修理工事報告書』）。方丈が移された明治三十三年以降に本坊が整備されているので、庭園がつくられていたとしたらこの年以降ということになる。

しかし、それまで四天王寺には庭園がまったく存在していなかったとは言えない。事務担当として公文所《くもんじょ》三綱職を務めた僧俗兼帯の別当秋野氏の坊に、庭園があった可能性が高い。秋野坊は四天王寺境内外の伶人《れいにん》町の旧大阪府立夕陽丘図書館の地に存在していたが、明治維新後に四天王寺から分離して移転したために、建物は取り壊されてしまったので、庭園が存在していたかどうかは確かめようがない（『大阪市文化財総合調査報告書二二』）。

●住吉神社の正印殿庭園

住吉神社（住吉大社）は住吉区住吉二丁目、南海電車の住吉大社駅と阪堺電車の鳥居前駅の東側に位置している。現在は住吉神社へは電車でも行けるわけだが、江戸後期の『羇旅漫録』には「心斎橋より乗出して、住吉明神へ参詣す」とあるから、市中から船で安治川あるいは木津川をくだり、海から住吉へと回ることも多かったようだ。

『住吉名勝図会（四）』（寛政六年［一七九四］）に「正印殿の図」というものがあり、玄関付きの梁間二間（三・八メートル）・桁行三間（五・七メートル）の本殿の背後に、中島を持ち要所に石組が施された園池が描かれている。園池は建物の大きさからすると幅五メートル、長さ二〇メートル以上あるだろう（図4－4）。江戸後期の『摂津名所図大成（七）』の「正印殿」の項にも、「庭前の林泉すこぶるよし。其余（そのほか）唐門・車舎《くるまや》・宝蔵等あり」と記されている。承応二年（一六五三）に作成された中井家旧蔵「摂津国住吉社絵図」（京都府立総合資料館蔵）には、正印殿の南側に中島を三つ持つ園池が描かれていて、園池は本殿と同じくらいの大きさに見える（『住吉大社歴史的建造物調査報告書［本文編］』）。正印殿とは一体何だったのだろうか。

後醍醐天皇の第七皇子だった南朝の後村上天皇（一三二八―一三六八）は、『斑鳩《いかるが》嘉元記』によると

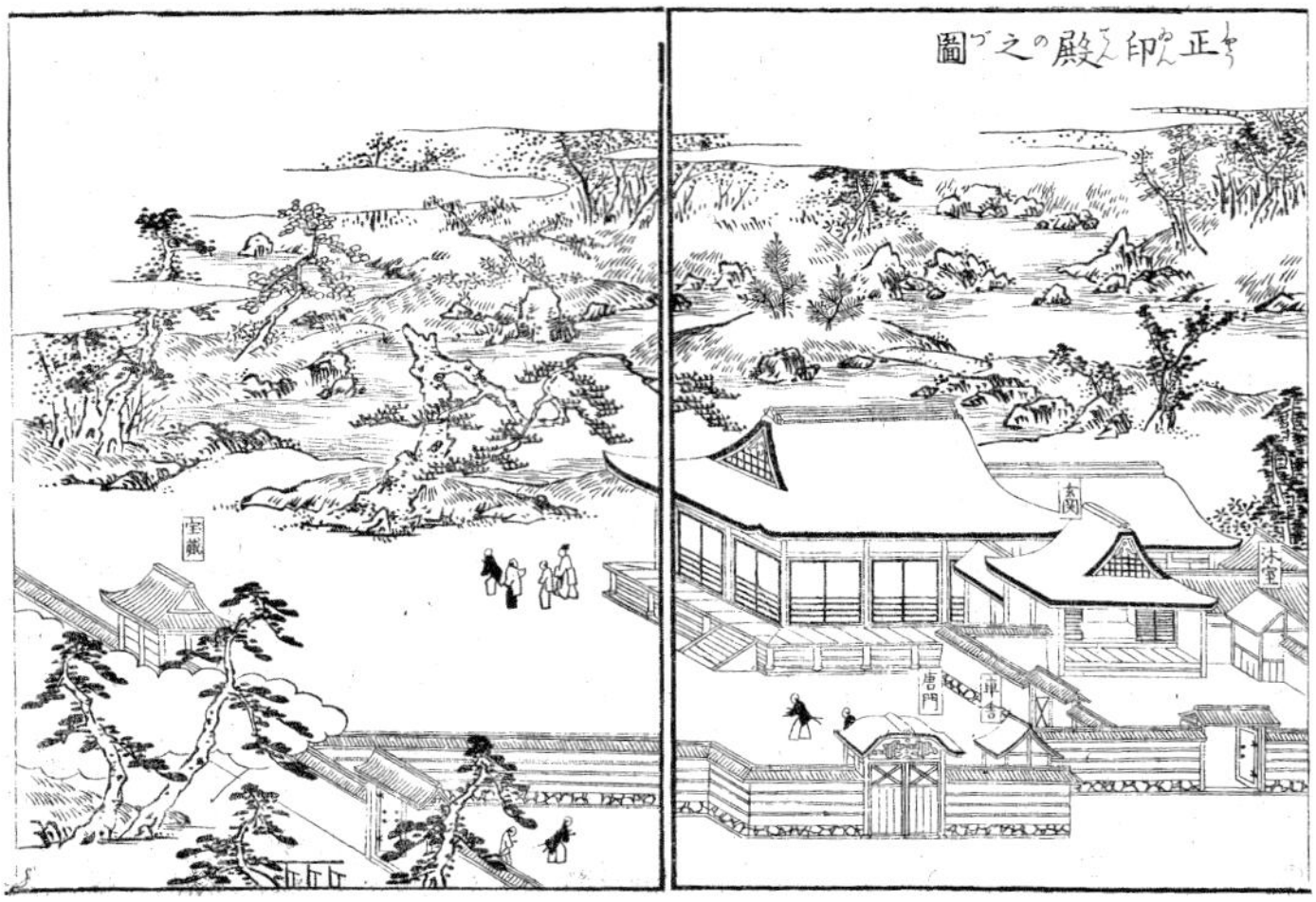

図4-4●住吉神社の正印殿の庭園（『住吉名勝図会［4］』）

正平七年（文和元、一三五二）二月二十八日に住吉に着いている。京都に入って政権を奪還するのが目的で、当初は住吉社の神主津守国夏の館を宿所としたが、住江殿《すみのえ》を修造して移り住み、閏二月十五日まで滞在して京都へ向っている。この住江殿の位置については、土師《はじ》惟朝の『住吉松葉大記（一二）』に、

> 今の本殿伶人《れいじん》（楽人）楽座の南辺、少き岳流れ延《のび》たるあたりを墨江山と云ひ、墨江殿此処にありしなど云ひ伝ふ。

とある。

京都に攻め上り一時は足利勢を破ったが、劣勢となった後村上天皇は京都から退いた。だが、再起を企てて正平十五年九月に再び住吉社に出向き、国夏のあとを継いで神主とな

った津守国量邸を宿舎にしている。十二月に一時京都を奪い返したが、南朝の軍勢は再び足利義詮《よしあきら》に破れてしまった。政権奪還の望みを果たさずに、正平二十三年三月十一日に後村上天皇はこの住吉行宮で死去している（木村武夫「大阪府下に於ける後村上天皇の御聖蹟」『大阪府史蹟名勝天然紀念物調査報告九』）。

『墨江紀略』（享保三年［一七一八］）は「社務家の正殿」を「正印殿」とし、本社の南二、三町に位置していたとしている。『摂津名所図会（二）』は「正印殿」について、

神主の館内に正印の御筥《みはこ》を安ず。上古より秘符して開く事能《あた》はず。ただし神鏡《みかがみ》ならんか。正体《みかたち》を知る者なし。

と述べている。

しかし、「正印殿」という名称は南北朝時代の史料にないことからすると、住吉神社の神主が住んでいたとされる場所に近世になって建物を建て、後村上天皇が所持していた「正印」を納めたことから、後村上天皇の居住場所を正印殿と呼ぶようになったのではないだろうか。

『住吉松葉大記』によると、元和元年（一六一五）の大坂夏の陣で豊臣方が住吉社に放火したために、「神主居館正印殿」も焼けたという（『住吉大社史下』）。前掲の承応二年（一六五三）の「摂津国住吉社絵図」に、正印殿本殿横の建物に「社務座敷」と書かれているのは、元和四年に将軍徳川秀忠が

写真4-4●正印殿跡の現状

住吉神社を造営した際に、社務所として再建したということなのだろう。正印殿の庭園がつくられたのも同時期ではないだろうか。

大和川が描かれていないことから宝永元年（一七〇四）以前とされる「住吉神社古図」には、「正印殿・唐門・風呂屋」と書かれた建物が描かれている（前掲『住吉大社歴史的建造物調査報告書』）。現在の住吉神社の本殿四棟は文化七年（一八一〇）に再興されているが、正印殿の改築を記した史料はない。正印殿の敷地は明治四年（一八七一）に出された社寺上地令で没収され、その後荒廃して畑地となって次第に住宅地化していったらしく、明治以降の境内図に正印殿は描かれていない。現在、住吉神社南側の住吉区墨江二丁目に、「住吉行宮《あんぐう》跡」として一六〇坪（五二九平方メートル）ほどの土地が国史跡として保存されているが（写真4-4）、周辺は住宅地化していて建物や庭園はまったく残っていない（『住吉神社史下』）。

図4−5●宝樹寺の庭園（『浪華の賑ひ』）

●宝樹寺の庭園

天王寺区城南寺町にある宝樹寺は、文禄年中（一五九二—一五九六）から現在地に存在しているが、江戸時代の町名は上本町筋八丁目東寺町だった（『大阪府の地名Ⅰ』）。『浪華の賑ひ』（嘉永四年［一八五一］序）は宝樹寺の庭園について、次のように述べている。

本堂の後の方《かた》僧坊の庭前に楓の大樹数株あり。紅葉の頃は詩歌《しいか》の雅客《がかく》競《きそ》ひ来りて遊楽す。

これだけでは僧坊の庭にカエデの大木があったということにすぎないが、掲載されている絵図では僧坊の横にハスが浮かぶ広い園池があり、中央に架かる土橋を渡ると奥の方まで巡れるようになっている（図4―5）。豊臣期に移転しているので広い敷地が得られ、園池をつくれたのだろうか。園池があったからカエデの紅葉が一層美しく感じられたのだろう。園池の水源は南東側（味原本町）に存在していた味原池《あじはらいけ》だったのではないだろうか。ただし、味原池は大正八年（一九一九）に埋め立てられてしまっている（『大阪府の地名I』）。このことが原因だったのか、現在の宝樹寺境内には建物が建ち並んでいて園池は残っていない。

●生玉神社の桃李庵庭園

秋里籬島《りとう》著『築山《つきやま》庭造伝（後編・下）』（文政十一年［一八二八］序）に、「大阪生玉宮地桃李庵《とうりあん》兆望の図」が載っている。市街地や大坂湾を臨む高台に二階建ての「不老館」があり、その手前に植栽と石組を施した園路が描かれている（図4―6）。桃李庵というのは一体何だったのだろうか。本文中には「桃李庵」と題して、

> 大坂生玉の森は市中より三十余歩高くして高津の台に等し。此桃李庵は境内の傍《かたわら》に高楼を営み、羹焼《あつものやき》を業《わざ》とす。浪花《なにわ》の人は勿論、諸国の賓客《ひんかく》此甘味に舌をふるはし、眺望に帰を忘る。

と説明している。

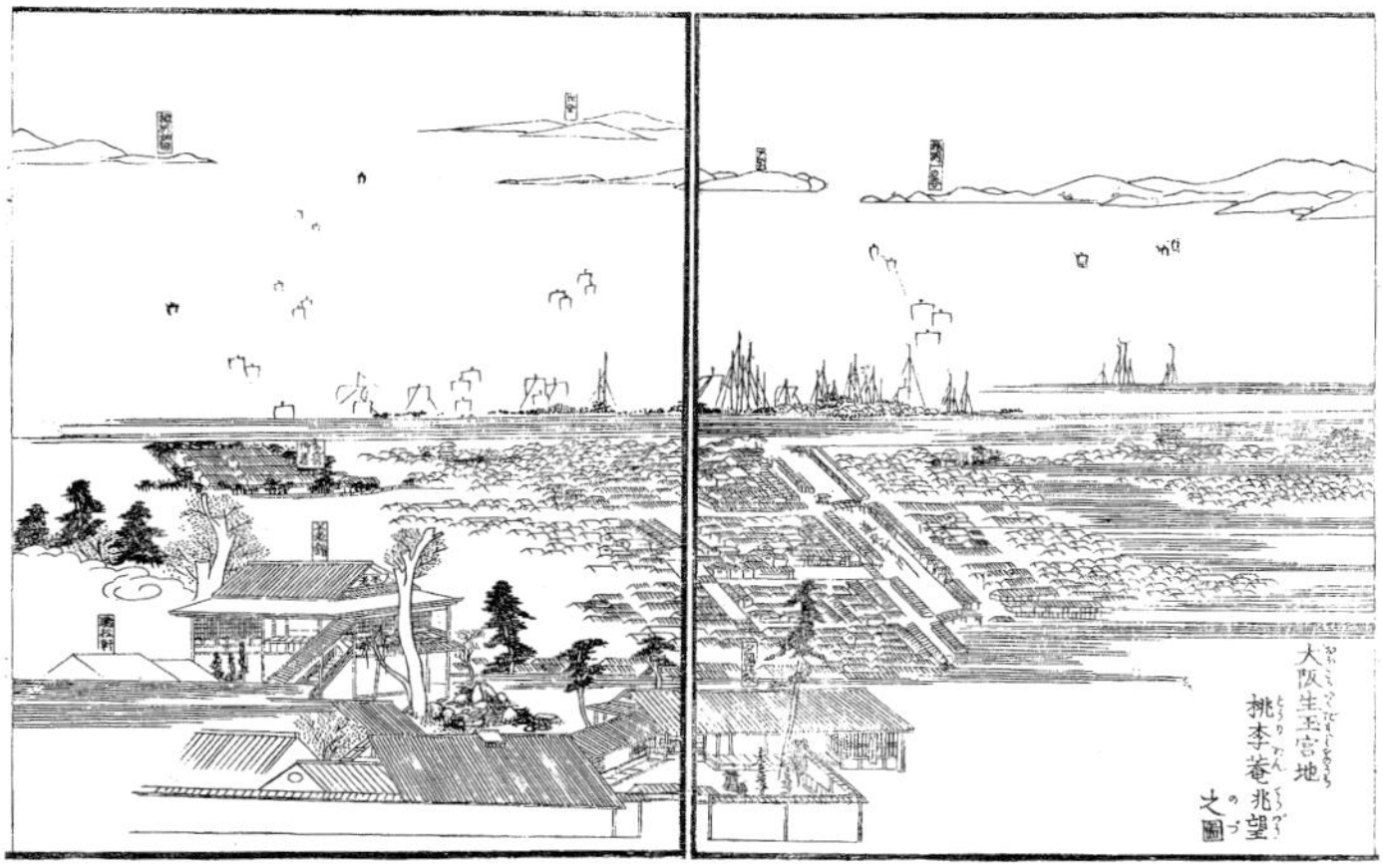

図4-6●生玉神社の桃李庵(『築山庭造伝[後編]』)

「境内の傍」とあるから、桃李庵は生玉神社(生国魂《いくくにたま》神社、天王寺区生玉町)内に営まれたものだったことがわかる。野菜や肉を入れて煮込んだ吸物《すいもの》を出していたということは、料理屋だったことになる。大坂だけでなく諸国の客をもてなしていたのだから、手広く営業をしていたということだろう。生玉神社が土地を貸すかあるいは自ら投資して、境内で料理屋を経営していたと考えられる。

図ではわずかしか庭園が描かれていないが、「庭中は神木の古木百尺の松樹えだをつらね」とされているから、古い樹木も多く趣《おもむき》があったようだ。神社境内に料理屋が営まれるようになったことは、江戸後期の文政期がどのような時代だったかを示している。

2 大坂の寺社の名花・名木

江戸前期の名花・名木

大坂の寺社には大規模な庭園は少なかったが、江戸時代の大坂の人びとは、季節ごとに寺院や神社の境内でさまざまな草花・花木を楽しんでいる。時代を追ってその状況を見てみたい。

江戸前期の人びとが花を楽しんでいた場所について、延宝八年（一六八〇）の山本洞雲著『難波十観』（『浪速叢書一二』）は、次の一〇ヵ所を取り上げている。

高津宮《こうづのみや》の梅・稲荷社の柳・東の御堂の海棠《かいどう》・四天王寺の糸桜（シダレザクラ）・宝縁寺の牡丹・洞岩寺の紫藤・生玉池《いくたまのいけ》の白蓮・明静院の菊・妙寿寺の楓・天満宮の松

高津宮（中央区）の創設は平安初期とされているが、現在地に移ったのは天正十一年（一五八三）という（写真4－5）。大坂夏の陣で焼失して、寛永年間（一六二四―一六四四）に再建されているから、半世紀ほどしかたっていないウメだったことになる（『大阪府の地名Ⅰ』）。博労《ばくろう》町の稲荷社というのは、

写真4-5●現在の高津神社

難波神社（中央区南久宝寺町）のことで、秀吉が大坂城を築いた時に現在地に遷宮している。しかし、現在はシダレヤナギは残っていない。

東の御堂は東本願寺難波別院（南御堂）を指している。カイドウは中国原産のバラ科の落葉低木だが、『実隆公記』の延徳二年（一四九〇）十月六日の条に「海棠樹」とあるから、室町時代頃に渡来したものらしく、江戸時代には人気があった（飛田『日本庭園の植栽史』）。四天王寺のシダレザクラは、詩の説明で塔前のものとされているように、「四天王寺屏風」（四天王寺蔵）でも五重塔の手前左右に一本ずつ描かれている。

宝縁寺は江戸時代の地図では、天満宮（天満天神）の北東に位置している。寺町の洞岩寺というのは、現在も天王寺区夕陽丘町に残る洞岩禅寺のことだろう。生玉神社は『延喜式《えんぎしき》（九）』（延長五年［九二七］）に掲載されている古い神社だが、秀吉が現在地に移築している（写真4-6）。東側表参道の両脇にあった池に生育するハスは有名だったが、第二次世界大

写真4-6●現在の生玉神社

戦後に埋め立てられて生玉公園に変わってしまった（『大阪府の地名Ⅰ』）。

詩の説明文では明静院は、四天王寺内に位置していた寺院とされている。中寺町の妙寿寺は、中央区中寺に現存している。天満にあった天満宮の歴史は古いが、現在地に移されたのは寛文年中（一六六一―一六七三）だから、マツは古木を移植したものか古くからあったものなのだろう。

江戸中期の名花・名木

江戸中期の花の名所については、安永六年（一七七七）版『難波丸綱目（二）』の「浪花名物寄」の項に、寺社や民家の名木が列挙されている（表4-1）。ウメの名所としては太融寺（北区太融寺町）近くにあった常安寺について、『浪花の梅（五）』（寛政十二年［一八〇〇］）に、「常安寺の地内に年ふりし古木の紅梅あり。梅塚といふなり」と説明されている。

表4－1●江戸中期の花の名所（『難波丸綱目［2］』より）

植物名	場　　所
梅	玉造石薬師・天満天神社内・あみだいけ・北野常安寺〈香の梅〉九でう竹りんじ
桃	□□道村・上□町北のばし
桜	〈糸桜〉生玉寺町りうせんじ・谷町すじ妙光寺・同藤次寺〈十三間桜〉すゞき町すぢ　〈八間桜〉上町、〈さくら〉住よし車がへし・同浄土寺・かすかで村・てんわうじ尼寺・同吉祥寺・西照庵　〈能因桜〉古曽部村金龍寺　〈いぼさくら〉札所惣持寺あたり　〈江戸桜〉むりやうじ　〈ひがんざくら〉てんわうじ洞岸寺・生玉銀山寺
山吹	いくだまりうせんじ・きよ水
柳	道とんぼり炭屋町浜・堀川ほりどめ・江戸ぼり四丁め・浪花やくし
藤	のだむら・いなり山・浦江村了とくいん・太ゆうじ・谷町ふじの橋・下寺町大せんぼう
杜若	住よし浅ざわ・浦江村了徳院
蓮	生玉弁天・天わうじ
萩	くちなは坂天瑞寺・住よし大海神・清水寺
菊	高津うへ木屋吉介・あみじま・其外うへ木屋所々
紅葉	〈うら咲のもみぢ〉天わうし鳥居門・八丁目てら町・伊丹方角い□□村　〈春紅葉〉尼寺むし谷・ふくしまよしや某
芦	難波村南池・塩町心さいはし東薬し堂
松	権現松　北野出口野中、相生松　島之内八まん社、さかろの松　ふくしま、駒繋松　一心寺北門、つるの松　ながら村、兜松　中の島やしき、笠松　住よし安立町なには屋、老松　天ま老松町人家のうら、船松　住吉かい道きし、亀松　たえのばし南詰、籠うけ松　上町お弓町あたり、こがね松　なんばむら、雲竜松　今宮
蘇鉄	堺妙国寺・道頓堀大和ばし
楠	島之内三津寺・住よし社内・□大寺地内
しやぼてん	玉つくり中町いなりうしろ・てんわうじ庚申堂南

「香の梅」についても、同書（四）に「九条村竹林寺（西区本田一丁目）地内に浪花の香《におい》の梅あり」として図も掲載しているから、かなり有名だったらしい。モモの名所は郊外の村の名が見えているが、これらは畑に果樹として植えられていたものだろう。

「糸桜（シダレザクラ）」になると寺院ばかりになっている。安永七年の『浪花のながめ（二）』には妙光寺のシダレザクラのことが、「姉川新四郎の植しさくらとて、見事なる糸桜の大木あり」と図付きで紹介されている。「桜」の欄に「さくら」と書かれているのは、八重ザクラのことと考えられる。『浪花の梅（二）』に「天王寺てら町月江寺を尼寺といふ。桜の名花多し」とあるから、「てんわうじ尼寺」というのは月江寺を指すのだろう。「十三間桜・八間桜・能因《のういん》桜・いぼさくら・江戸桜・ひがんざくら」などは、異なった種類の花が楽しめるように各地から集めた品種のようだ。生玉の銀山寺（天王寺区生玉寺町）のヒガンザクラについては、『浪花の梅（二）』に「彼岸《ひがん》桜の大木は裏の庭にあり。また本堂の前に浅黄《あさぎ》桜二本有。無類の名木なり」と説明されている。サクラを見物するために遠出をしたらしく、古曽部《こそべ》村（高槻市）の金龍寺の能因《のういん》桜や総持寺（茨木市）付近の「いぼさくら」が挙げられている。

ヤマブキの「きよ水」は四天王寺塔頭の清水院のことで、京都清水寺の本堂をまねて掛造りの堂舎を建立して、享保期（一七一六―一七三六）頃から新清水寺とも称している。「柳（シダレヤナギ）」は「浪花やくし（難波薬師堂）」以外は河川に近い場所があげられている。成長が早いシダレヤナギには、川端は適した場所だったようだ。

おそらく「いなり山」のフジは、第8章で述べる野田のフジと同様に、大木から垂れ下がっていたもので、その他の場所のフジは棚を設けて育てていたものだろう。フジについて『浪花の梅』は、月江寺・天瑞寺・大泉坊・大融（太融）寺といったいくぶん違った寺院をあげている。月江寺の図にフジ棚が描かれているから、市中の寺院には棚が設けられていたかもしれない。

「杜若（カキツバタ）」の欄の「浅ざわ」は、青蓮寺《しょうれんじ》村（住吉区）の南部にあった浅沢沼のことで、『万葉集』にも出ているカキツバタの名所だった。浦江村は北区・福島区に存在していた村落で、この了徳院もカキツバタで有名だった。生玉神社の門前南の北向八幡をまつる白蓮池と弁財天をまつる紅蓮池は、ハスの開花時期には見物客を集めていたらしい（『新修大阪市史四』、図4−7）。

『浪花の梅（二）』はハギの名所として生玉寺町の天瑞寺を挙げ、「庭前に宮城野の萩を始とし、名所の萩を数種植て」と説明している。また、三番村（守口市大日町）の東光院について、「庭の萩は名所の数種を植て秋は見物おびただしく」と述べている。ハギについてはまだあまり特定の寺院が存在していなかったようだ。キクについては植木屋の項で触れたので省きたい。

カエデは「うら咲のもみぢ」や「春紅葉」という種類があったとしている。アシの欄の「難波村南池」というのは、難波村の南側を流れていた鼬川《いたちがわ》の溜りを指すのだろうか。難波薬師堂跡の池には「片葉」のアシが残っていて名物になっていると、『摂津名所図会大成（一三下）』にある。

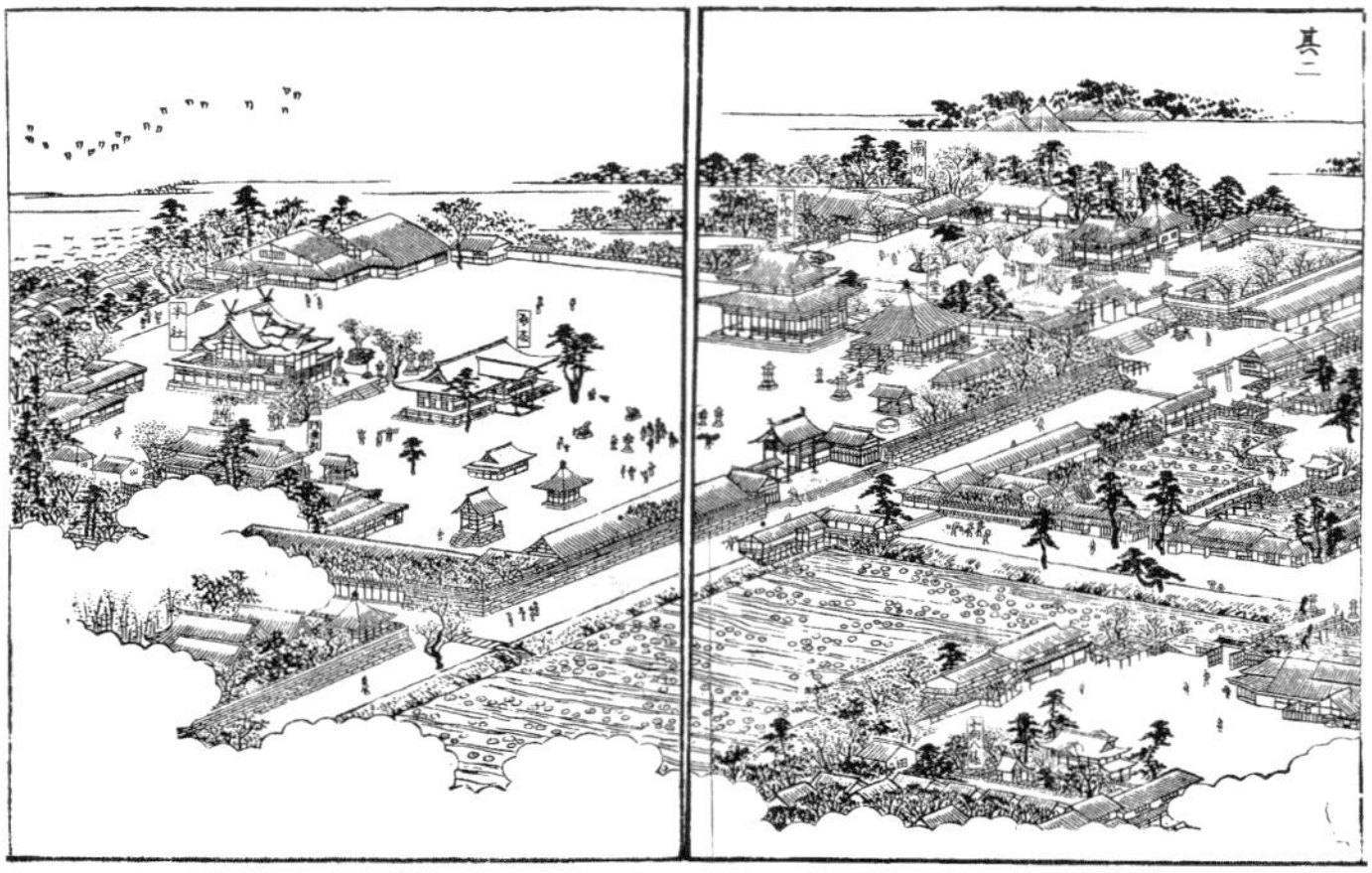

図4−7●江戸時代の生玉神社境内（『摂津名所図会［3］』）

マツは、「権現松」は寺社名、「相生松・さかろの松」は形状、「駒繋《こまつなぎ》松」は歴史というように、さまざまな事柄に由来するようだ。「住よし安立町なには屋」にあった笠松については、『浪花の梅（一）』に「寺町伝光寺の地内に大木の松あり。枝ぶりよく、なにはやの笠松にもおとるまじ」と比較されているほどだから、大坂では有名だったようだ。『浪花の梅（二）』に、「谷町妙法寺に大木の松有。門外より見ゆる名木なり」と説明されるように、大木であることが名木の条件にもなっていた。

ソテツはよく知られていている堺の妙国寺が挙げられているが、道頓堀大和橋近くにも植えられていたようだ。三津寺のクスノキについては『浪花のながめ（三）』の「楠の大木」の項で、珍しいほどの大木だったことが述べられている。「しゃぼてん」と当時呼ばれていたサボテンは、形が奇妙で異国情緒があることから、江戸時代の人びとに結構好かれていたようだ。

江戸後期の寺社の名花・名木

江戸後期の寺社の名花・名木は、浜松歌国著『摂陽奇観(四九)』に収録されている「四季遊覧花のしをり」(文政七年[一八二四])から知ることができる(表4-2)。花の見頃の時期が書かれているが、旧暦なので一月ほど加えると、現在の新暦(太陽暦)になる。

ウメの満開時期は白梅が一月二十五日頃で、紅梅が二月一日とずれている。高津神社は江戸前期から、天満宮は江戸中期から著名なものだったが、生玉神社の近くに存在した梅屋敷は第6章で述べるように、文化元年(一八〇四)頃に江戸亀戸《かめいど》の梅屋敷を模して貸し座敷として建てられたものだった。モモは品種によって開花時期が違っていて、名所として大坂城の東南の畑と「うぶゆ(産湯)」があげられている。産湯は天王寺区味原本町にあった味原池の南に湧出していた清水のことで、付近はモモ畑が多かったことから桃山とも呼ばれていた(『大阪府の地名I』)。

サクラは多くの場所があげられているが、江戸中期から続くものは隆専寺しかない(図4-8)。いたる所で植えられるようになったということだろうか。シダレザクラの満開時期は三月十一日から十

表4-2●江戸後期の花の名所（「四季遊覧　花のしをり」より）

植物名	場所・花の時期
梅	天満宮社地（1月25日さかり）・同弁てん社（同月、紅は2月1日）・高津社（1月26日）・玉造いなり社（紅梅2月1日）・うめ薬師（1月26日）・梅やしき（1月28日より）
桃	金城辺より東南畑・うぶゆ・真田山・野中くわんおん・をばせ・稲田・桃山（おくて咲3月8日、なかて3月15日、わせ3月16日此頃さかり）
糸桜	くちなは坂上洞岸寺・いくだまてら町隆専寺・同高井角道善寺・東門寿法寺・住吉神宮寺・天王寺元三大師・尼寺月光寺・をばせ寿光寺・ながら寉満寺（各3月11日より同17日に至る）
桜	しよまん毘沙門堂・同愛染堂・天王寺山内・一心寺内（各3月20日）、安井天神山（3月23日）・生玉社地（同21日）・尼寺前吉祥寺（同20日）・住吉社地（3月20日）・同慈恩寺（車がへし3月21日）・南たなべ村［花木数百本、あさぎさくらあり］法楽寺（3月20日より23日至る）・新町［文政三年よりうへる］（3月18日より28日に至る。花の間道中あり）・桜ノ宮（3月16日、同21日さかり、残花28日に至る）
山吹	一重　うぶゆ（3月8日）、八重　隆専寺（同21日）
卯の花	露天神うら（4月8日）
藤の花	北の太融寺・野田村・尼寺月光寺・天満社（各4月5日）、浦江聖天宮（白ふぢ4月8日）
牡丹	高津吉助・北の菊清・同西の菊清（各4月8日）
杜若	浦江・赤川・茨すみよし（各4月10日）
さつき	御堂土手・なんば村（5月6日より15日に至る）
蓮花	生玉北向八まん池・同弁天池・天王寺池・同南大門池・同かがみの池・なんば瑞龍寺池・住よし池・諸寺院池（各6月23日）
萩	三番村・円頓寺・今宮・住吉神宮寺（8月24日より閏8月1日にいたる）
菊	諸家に作りて人をしるすにいとたらず（9月23日より10月1日さかり）
紅葉	東高づ宝樹寺（9月16日）・東門寿法寺（同17日）・同大木（同15日）・西照庵（同16日）・城北大道村

図4-8●隆専寺のシダレザクラ（『摂津名所図会［2］』）

七日だが、他のサクラは三月二十日以降と遅く太陽暦にすると四月後半になるから、八重ザクラが多かったようだ。ヤマブキは一重《ひとえ》が三月八日、八重《やえ》が同二十一日というようにかなり時期がずれている。江戸中期から続く隆専寺のヤマブキは八重だったことがわかる。

露天神の裏が、「卯の花（ウツギ）」で有名になっているのは面白い。フジでは月光寺・天満社・聖天宮の名が新たに挙がっている。月光寺は天王寺区生玉寺町に今も残る月江寺のことだろう。『摂津名所図会（二）』には、月江寺のフジ棚が描かれている（図4-9）。フジは紫が白より少し早いらしい。

第1章で見たようにボタンで名高かった高津の吉助は大坂では有名な植木屋で、「北の菊清・同西の菊清」も北野に店を構えていた植木屋だったと考えられる。

「杜若（カキツバタ）」の項の浦江は同所の了徳院のことで、江戸中期から有名だった。赤川というのは旭区の一部で、『淀川両岸一覧（上）』（文久三年［一八六三］）の「赤川」の項

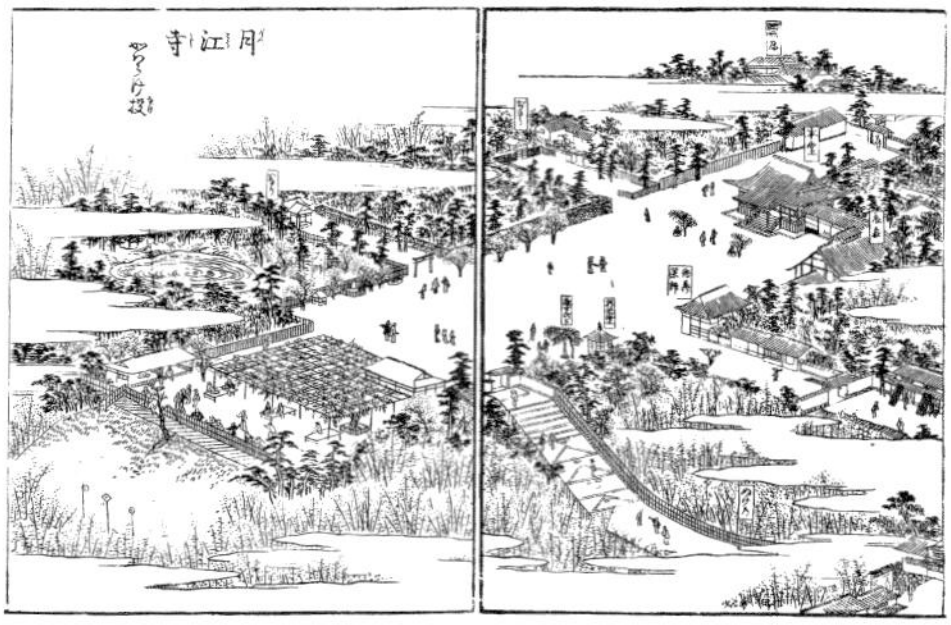

図4－9●江戸時代の月光寺（『摂津名所図会［2］』）

に、「一比《ひところ》杜若に名高かりしが、今は絶たり」とある。サツキについては東本願寺難波別院の他に「なんば村」が挙げられているが、『浪花の梅（四）』に「なんば村［略］此地の民家の庭に大いなる杜鵑花《さつき》あり」と述べられているものだろう。ハスは江戸中期には生玉神社と天王寺だったが、場所が増加していて寺院ばかりでなく神社にも植えられている。ハギは評価が定まっていなかったためか、「三番村・円頓寺・今宮・神宮寺」が新たに名所になっている。キクは各所で栽培されるようになったのか、「諸家」とだけ書かれている。カエデは「宝樹寺・寿法寺・西照庵」が新しい名所になっているが、西照庵《さいしょうあん》は名高い料亭だった。

表4－2には遠方の場所を除いたが、「桜」の頃には総寺寺（茨木市）、小曽部村（高槻市）の金龍寺《こんりゅうじ》、有馬の湯山、兵庫の生田《いくた》社・地蔵院、京都の嵐山・御室《おむろ》・平野神社・長楽寺・鷲尾《わしのお》麓集屋・清水寺・祇園社（八坂神社）、奈良の多武峰・初瀬などが挙げられている。「紅葉」の頃には、牛竜山大威《だいい》

徳寺《とく》（岸和田市）、箕面山《みのおお》、長岡、京都の高雄・通天橋（東福寺）・栂雄《とがのお》・真如堂・嵐山・小倉山が記されている。春のサクラや秋のモミジの時期には、大坂市中の人びとはかなり遠出をしていたようだ。

3　寺社の庭園と植物

大坂の寺社の庭園

大坂の寺社の庭園はわずかだろうと思っていたが、調べてみてもやはり少なく、難波別院・建国寺・広教寺・願泉寺・住吉神社・宝樹寺・生玉神社しか見つからなかった。寺社の庭園が少ないのはどうしてなのだろうか。

京都の寺社は伝統があり、知恩院・仁和寺・妙心寺・西本願寺・東本願寺などのような本山が多いうえに、檀家や町が寺社を支えていて各地からの参拝客も多かった。江戸の場合は将軍・大名が寄進者となって、寺社の創建・維持に大きな援助を果たしている。京都も江戸も、住職が寛《くつろ》ぐためと檀家の大名などを接待するために、大庭園が必要とされたのだろう。だが、大坂は有力な武家の信徒が少なかったから、寺社にとっては厳しい状況だった。大坂には四二〇ヵ所ほどの寺院があったが、末寺が多かったために大規模な庭園は少なかったようだ。

天王寺区の下寺町一・二丁目や生玉町・生玉寺町・夕陽丘町に残る寺院の敷地は、間口五〇メートル、奥行一〇〇メートル程度のものが多い。源聖寺（下寺町二丁目）には明治三十三年（一九〇〇）の境内配置図が残っているが、長さ一五メートル・幅五メートルほどの園池が描かれているにすぎない。境内図の本堂が慶長九年（一六〇四）の建立とすると、園池は江戸時代のものという可能性がある。境内に本堂・書院・庫裏《くり》が建ち墓地が設けられると、庭園の余裕はほとんどなくなるというのが、寺町の小規模な寺院の実状だったのではないだろうか（大阪市文化財総合調査委員会編『夕陽丘の寺院と寺町調査報告書』）。しかし、宝樹寺の場合は広い園池がつくられているので、寺町の寺院も成立時期によっては広い敷地が与えられていたと考えられる。

神社も決して経営が楽だったわけではないことは、生玉神社に桃李庵が建てられて料理屋になっていたことからもわかる。文政期という活気のある時期で町人たちも盛んに物見遊山に出かけているが、世俗的な商売を境内で行なっていたのは、神社を維持していくための資金を捻出するためだったのだろう。

大坂の寺社の植物

『難波十観』の著者山本洞雲は、大坂三郷とその近辺の寺社の名花・名木を選んで、身近に楽しめることを誇っていたように見える。それぞれの寺社の歴史からは、江戸時代に新たに造営されたものもあるが、大規模な寺社のいくつかは豊臣秀吉の時代に現在地に移転したものだったことがわかる。防御の面からも城下町建設に欠くことのできない要素とされた寺院が、大坂の町人たちの憩いの場所になっていたことになる。

寛永十七年（一六四〇）にキリシタン信仰を禁止するために、各人が帰依者であることを寺院に証明させる宗門改めが始められているが、宗門改めが寺院への参詣を強要したわけではない。寺社側にすれば人件費や建物の維持経費を得るために、境内美化をして参詣客を集める必要があったので、江戸中期・後期には名花・名木のある寺院が増加したのだろう。

寺社は人びとを呼び集めるために、境内で祭礼や各種の興行を催していたが、植物を植栽するのもその一つの手段だった。季節的に見ると春は正月から冬は十月まで、大坂の町人たちは毎月のように花木・草花を観賞しに市中や郊外の寺社に出向いている。娯楽が少なかった江戸時代には、季節ごとの植物の開花や秋の紅葉は、見逃すことができない楽しみだったといえる。だが、あわただしい現代では、自動車や電車を使って遠出することばかりを考えるためか、身近な寺社で草花や花木を楽しむ余裕はなくなってしまっている。

第5章　町人の庭園1

1　大坂の町屋の庭園

大坂の賑わい

延宝七年（一六七九）の『難波雀《なにわすずめ》』の序文には、次のように書かれている。

夫《それ》摂陽大坂は、扶桑《ふそう》（日本）東西のちまたにして、渡海人馬の往来は昼夜の分ちもなく、百工万商の作業《さくぎょう》は縦横に充満せり。誠に謂《いう》べき繁栄の地なり。

日本の東西の辻みたいなもので、船や人馬の往来ははげしく、商工業は非常に盛んだという感じがした、というのが当時の大坂の町のにぎわいだったのだろう。一層具体的には、安永五年（一七七六）に江戸へ出向いたオランダ商館の医者ツェンペリー（一七四三―一八二八）が、『江戸参府随行記』（高橋文訳）に、

海岸に臨みかつ国のほぼ中央に位置した大坂は、地の利を得て国の最大の貿易都市の一つとなっている。国中のあらゆる地方からあらゆる物が信じ難いほど大量に供給されるので、ここでは食料品類が安く購入でき、また、富裕の画家や商人が当地に住みついている。

と書いている。大坂は国の中央に位置しているということを、江戸時代の人間は強く感じていたようだ。豊富で安価な物資の供給が、大坂の町の賑わいを盛り上げていたのだろう。富裕の画家というのは誰のことかわからないが、富裕な商人が大坂に居住していたことは間違いない。

各地の品物を扱う問屋として『難波雀』に、「京俵物問屋・長崎問屋・江戸買物問屋・江戸大廻し船問屋・同大廻し樽問屋」があがっているように、京都と長崎の品物を専門に扱う問屋と、江戸へ物

品を運送することを専門とするかなりの数の問屋があった。このほかの地方の物産を扱う問屋としては、

京薪《たきぎ》買・熊野炭・備後表・平戸鯨油《げいゆ》・土佐材木・尾張材木・紀伊国材木・北国材木・阿波材木・肥前いまり焼物・備前焼物・薩摩・紀州五器・北国肴《さかな》

などが存在していた。西国諸国から炭・材木・焼物などの物資が大量に入っていたことがわかる。問屋が扱ったそのほかの物品としては、

紙・木綿・布・木《き》わた（綿）・たばこ・塩・煎茶・鉄・木蝋《もくろう》（ハゼノキから採った蝋）・鮫《さめ》・薪《たきぎ》・炭・節刀（刀）・あい玉（染料）・唐木《からき》（熱帯産の材木）・舟板・船・木地《きじ》（椀《わん》などの材料）・砥石《といし》・銅ふきや（銅の精錬具）・ほしか（イワシの脂を抜いて乾かしたもの）・生魚・塩魚干肴《ほしざかな》・鳥・熨斗《のし》（アイロンとして使用）・鰹ぶし・八百屋物

などがあった。しかし、正徳四年（一七一四）に、大坂に入荷した貨物は一一九種・代銀（代金）二八万六六五六一貫余り（約四〇九万三七〇〇両）で、大坂から出荷した貨物は九一種・代銀九万五七九九貫余り（約一三六万八五〇〇両）で、出荷額は入荷額の約三三・五パーセントに過ぎない。残りの約六六・五パーセントは、大坂市中で消費されたことになるから、大坂は諸国の物産の集散地だった

が、大消費都市でもあったことになる（大阪都市協会編『まちに住まう―大阪都市住宅史』）。

大坂の人口

大消費都市とされる大坂には、一体どれだけの人が住んでいたのだろうか。最初に大坂市中の範囲を知っておく必要がある。江戸時代に大坂三郷《さんごう》という言葉は、本来は町方組織としての北組・南組・天満組をいったものだが、大坂市中を指す言葉として使われるようになった。

各町とも次第に拡張されていくので地域を厳密には限定できないが、おおまかには北組の北限は大川・堂島川で中之島（北区）を含み、南は本町筋、東は谷町筋、西は木津川となっていた。現在の北区の一部と中央区の北半分と西区の北東部分ということになる。南組は北組の南側に位置していて、南は道頓堀、東は谷町筋、西は木津川だったから、現在の中央区の南側と西区の東半分近くになる。天満組は北は溝之側筋《みぞのかわ》（北区）まで、南は大川・堂島川で堂島（北区）を含み、東は淀川、西は曽根崎村（北区）あたりが境界になっていたようだ。ただし、町人居住地の周辺の寺町や武家屋敷は、三郷には含まれていなかった（『大阪府の地名I』）。

大坂三郷の人口は、大坂城・町奉行所・蔵屋敷の武士人口や部落人数を除くと、寛永十一年（一六三四）は四〇万四九二九人だったが、寛永末年の大飢饉や大坂城の再建と街づくりの完了のためか、寛文五年（一六六五）には二六万八七六〇人に減少している。人口の内訳は男一四万一一三五人・女一二万七六二五人で男女数に差が少ないのは、安定した社会になったということだろう。その後は次第に増加し、明和二年（一七六五）には四二万三四五三人に達している。これは全国の市場発展の中で、大坂が「天下の台所」という地位を確立した時期と合わさっている。だが、経済活動の低迷のためか次第に減少し、江戸末期の文久二年（一八六二）には三〇万一〇九二人になってしまった（『新修大阪市史四』）。

『地方役手鑑《てかがみ》』（『大坂編年史六』）によると元禄十六年（一七〇三）の三郷の人口は、北組が一三万二二八九人、南組が一五万四〇四八人、天満組が四万九九二一人だった。北組と南組は面積的にも同じような規模だったが、天満組は面積が狭く人口も少なかったことがわかる。

近世都市のなかで多くの人口を持っていた都市としては、大坂のほかに江戸・京都があった。町人の人口は江戸が享保十六年（一七三一）に五五万人、京都（洛中）が正徳五年（一七一五）に三〇万人ほどだった。江戸前期・中期頃には、金沢・名古屋は六万人を越えているが、広島・岡山は三万人程度、姫路・福井・徳島・福岡・熊本・高田・久保田（秋田）は二万人ほどだった（小野晃嗣『近世城下町の研究・増補版』）。

三郷の町屋

●三郷の町割

大坂の町人の人口は江戸の次に多かったわけだが、どのような町割がされ、町人はどのような家屋に住んでいたのだろうか。船場地域は北は大川、東は東横堀、西は西横堀、南は長堀に囲まれた部分で、方四〇間（七六・四メートル）の街区で構成されていた。個々の街区は東西に通る溝をはさんで南北に区画され、北または南側の通りに向けて間口を開いていて、町屋敷の標準的な奥行は二〇間だった（伊藤毅『近世大坂城成立史論』）。こうした屋敷割りは豊臣期に城下町が形成された時に実施されたもので、冬の陣で壊滅した後に以前の屋敷地が踏襲されたことが、これまでの発掘調査で明らかにされている（森毅・豆谷浩之「考古学から見た船場の成立と展開」『大坂城と城下町』）。

しかし、貞享四年（一六八七）の「新撰増補大坂大絵図」（『城下町古地図散歩四』）を見ると、大坂城から南の谷町筋までの区画はさまざまで、谷町筋から東横堀までの北組部分は、区画は大きかったり小さかったりで統一性がない。天満組部分では、南側は細かく不規則だが、北側は大まかに区分されている。正確な実測図ではないのだから、町並みが同じ形に区分されていても不思議ではないのだが、わざわざ形を変えて区画を表現しているのは、区分の仕方が異なっていたことを示しているのだろう。

家屋の売買については『大坂三郷町中御取立承伝記』（『大坂編年史四』）によると、元和六年（一六二〇）には町年寄から惣年寄をへて奉行所に伺いを立て、町に売買価格の二〇分の一の「帳切銀」を納めると、奉行の印が押された証文がもらえるという手順になっていた。だが、大坂で医師をしていた岩永之房の『鐘奇斎《しょうきさい》日々雑記』によると、天保十三年（一八四二）に次のような通達が出されている。

近年町々借家人は勿論、家持共義、家屋敷持候よりは借家住居の方勝手宜敷《よろしき》と、吝嗇《りんしょく》の心得違より起、相応に金銀相蓄《あいたくわえ》候者も、追々借家人に相成候事の由相聞、〔略〕

持ち家よりも借家の方が楽だという考えも出るほど大坂には借家が多く、借家の中でも長屋が多いことが特徴になっていた。

●町屋の建築規制

正保四年（一六四七）に出された「大坂町中諸法度《はっと》ならびに追加」（『徳川禁令考五八』）に、町屋の建築についての規制が示されている。「三階仕るべからず、ならびに身上に過ぐ結構なる作事しまじき事」というように、三階建てと贅沢な建物の建造を禁止している。元禄四年（一六九一）二月に江戸へ出向く際に大坂を通ったオランダ使節の医官ケンペル（一六五一―一七一六）は、大坂の町屋について『江戸参府旅行記』（斎藤信訳）に次のように書いている。

家屋は、国の規定によって二階建てばかりで、各階は高さが一間半（二・九メートル）または二間（三・八メートル）を越えてはならない。家は松材で建てられていて、漆喰《しっくい》や石灰の壁で塗られている。外からは戸口と開いている二、三枚の引戸を通して商品を売っている店や前房が見えたり、また見える所で細工をしたり工芸品を作ったりしている。［略］［よい造りの］家の屋根は平らで高くなっていて、漆喰で固定した黒く焼いた平たい瓦が載っているが、一般の庶民の家は、すべて薄板葺きに過ぎない。

建物はすべて二階建てで、屋根は裕福な家は瓦葺、庶民の家は板葺きだったらしい。店では商品を売ったり工芸品を生産したりしていたようだ。もう少し具体的に町屋を見てみよう。

『近世風俗志』の町屋

喜田川守貞著『近世風俗志三』（慶応三年［一八六七］編）は、京坂と江戸の町屋の違いについて詳しく述べている。町屋を規模によって「巨戸・中戸・小戸」の三種類に分類し、「巨戸《きょこ》」は表と奥に

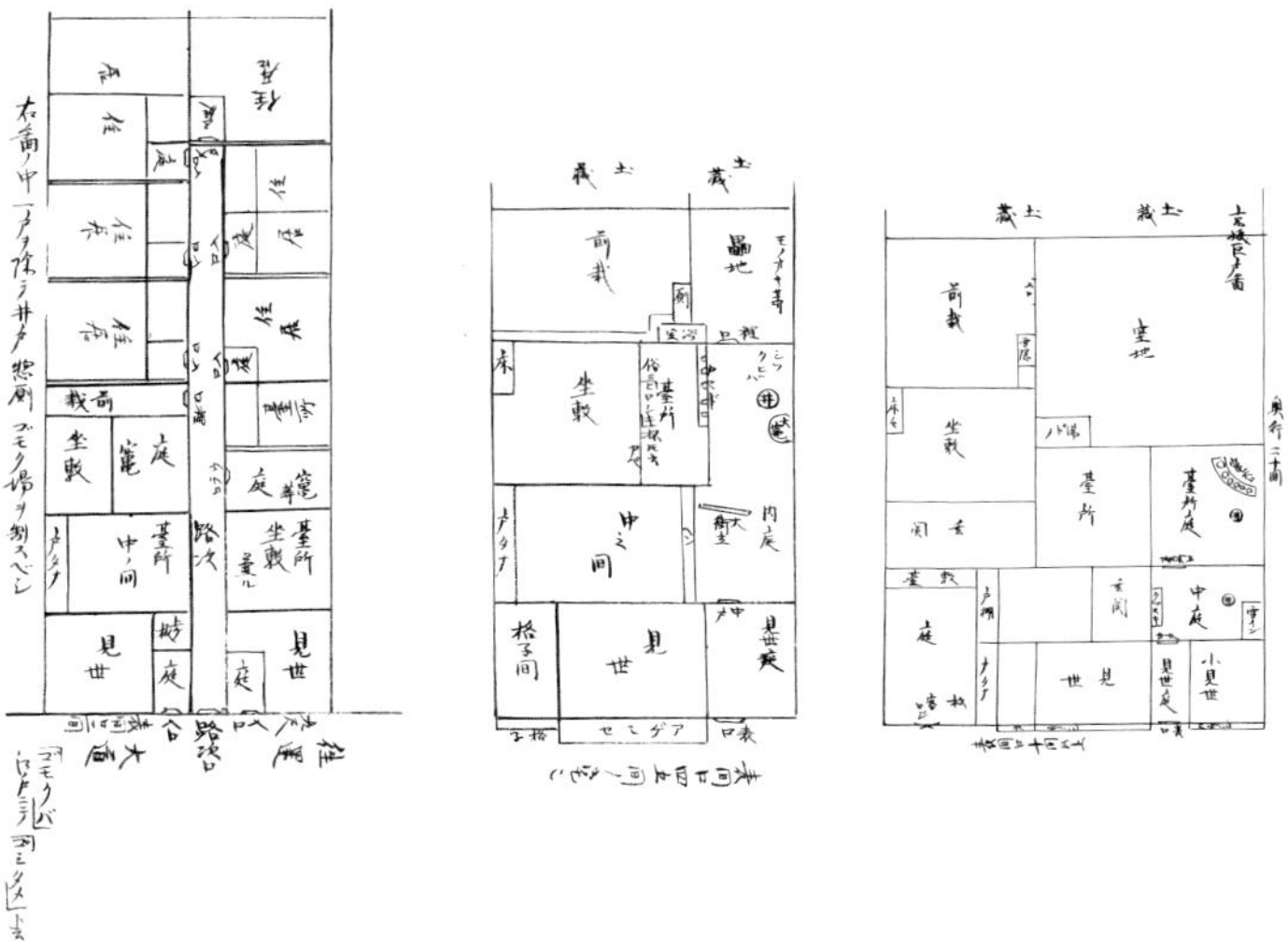

図5-1●大坂の町屋（『近世風俗志［3］』右から巨戸・中戸・小戸）

それぞれ一棟建てている大規模な町屋、「中戸」は表から裏に通じる通り庭に沿って部屋を配置した町屋、「小戸」は表側に店が並ぶが、中央に路地を設けて左右に長屋になっている借家を並べた町屋としている（図5-1）。

　巨戸・中戸・小戸の道路側には、「見世（店）」があり、奥に座敷・台所・便所・浴室があるという構成になっていた。巨戸・中戸には、小座敷・離れ座敷・茶室が建てられたり、庭園が設けられたりすることもあった。守貞は庭園のことを次のように説明している。

　中以上多少後薗《こうえん》あり。俗に前栽《せんざい》、あるひは壺の内と云ふ。江戸にてはただ「庭」とのみ云ふ。

敷地の奥行きが長かったことから、部屋に光りを取り入れ風通しをよくするために、奥の蔵との間に空間が必要だったのだろう。庭は「前栽」ともいわれていたように、植物を植えたり庭石を置いたりすることで、わずかだが自然に触れて風情を味わうこともできたようだ。前栽という言葉は平安時代から使われていた言葉で、寝殿の周辺に植えた草花などや植えてあるその場所を意味していたのだが、江戸時代の大坂では植物が植えてある中庭を指すように変化している。

大坂市中の民家の庭園について前掲書でケンペルは、

家の後ろには坪［坪庭のこと］がある。［略］きれいな植木や石や、その他の飾り物で人目をひく小庭園である。

と述べている。

豪商の邸宅の庭園

大坂町奉行だった久須美祐雋《くすみすけとし》（一七九六―一八六四）が、安政三年（一八五六）頃に書いた『浪花《なにわ》の

風』（『日本庶民生活史料集成八』）に、

都《すべ》て当地の豪家のもの、所持の別荘抱地《かかえち》抔《など》の家作、いづれも良材を用ひ精工を撰《えら》み、尤《もっとも》美を尽《つく》して結構に営《いとな》めり。［略］豪家は鴻池屋《こうのいけや》善右衛門当時第一と称すれども、旧家に於ては天王寺や（屋）五兵衛に勝るものなし。［略］また平野屋五兵衛抔も旧家にて［略］

とあるから、江戸後期の鴻池屋・天王寺屋・平野屋といった豪商は、江戸の大名のように別荘や抱地を持っていて、その建物は贅沢なものだったことがわかる。大坂の豪商たちは喜田川守貞がいう巨戸を、いく軒も買収して邸宅を建てているので、その庭園を見てみよう。

●鴻池家の庭園

［本邸の庭園］

摂津国鴻池村（兵庫県伊丹市）で酒造を始めた鴻池屋は、濁り酒を清酒にすることに成功したことで、元和五年（一六一九）には大坂の内久宝寺町に店舗を出すようになり、酒運送から海運業にも乗りだしている。さらに両替商を始めて、延宝二年（一六七四）には今橋二丁目（中央区今橋二丁目）難《なに》波橋《わばし》西北角に店を移した。

江戸では小判などの金貨が使用されていたが、大坂では丁銀《ちょうぎん》・豆板銀などの銀貨が用いられていたことから、江戸と商取引をするには銀貨を金貨に替える必要があったので、両替商は利益が得られる業務だった。当時、有力な両替商の多くは、高麗橋・今橋・北浜といった船場北部に店を構えていた。

当初は表口九間（一間は一・九一メートル）・裏行二〇間だったが、延宝六年に西隣りの家屋敷（表口九間・裏行二〇間）を銀二七貫目で購入して増築を行なっている。貞享二年（一六八五）にはさらに、今橋二丁目北側の家屋敷（表口七間半・裏行二〇間）を銀三〇貫目で買いたし、のちに間口一〇間半の隣地を買い入れて、合わせて間口三六間の地を本邸とした（宮本又次『鴻池善右衛門』）。

本邸は天保八年（一八三七）の大塩平八郎の乱で焼失し、のちに再建されたが昭和二十三年（一九四八）に大阪美術倶楽部の所有になっている。嘉永元年（一八四八）の「今橋本邸居宅惣絵図」（鴻池合資会社資料室蔵）を見ると、敷地を次々に買い足していった形跡がうかがえる（大阪歴史博物館編『豪商　鴻池』、図5-2）。南東側の玄関奥の「十五畳・九畳半」の座敷前が主庭だろうか。南東側の「八畳」と西側の「十六畳半」の座敷の前にも「庭」という記入がある。図には描かれていないが、庭園はおそらく植栽ばかりではなく、飛石が打たれ燈籠や石組が置かれていたのだろう。

［別荘の庭園］

諸藩は蔵屋敷の米・産物などの蔵物を売却して得た収入で、藩の財政をまかなっていたのだが、参勤交代などによって支出が増加したことから、蔵屋敷に出入りしていた町人から今後見込まれる蔵物

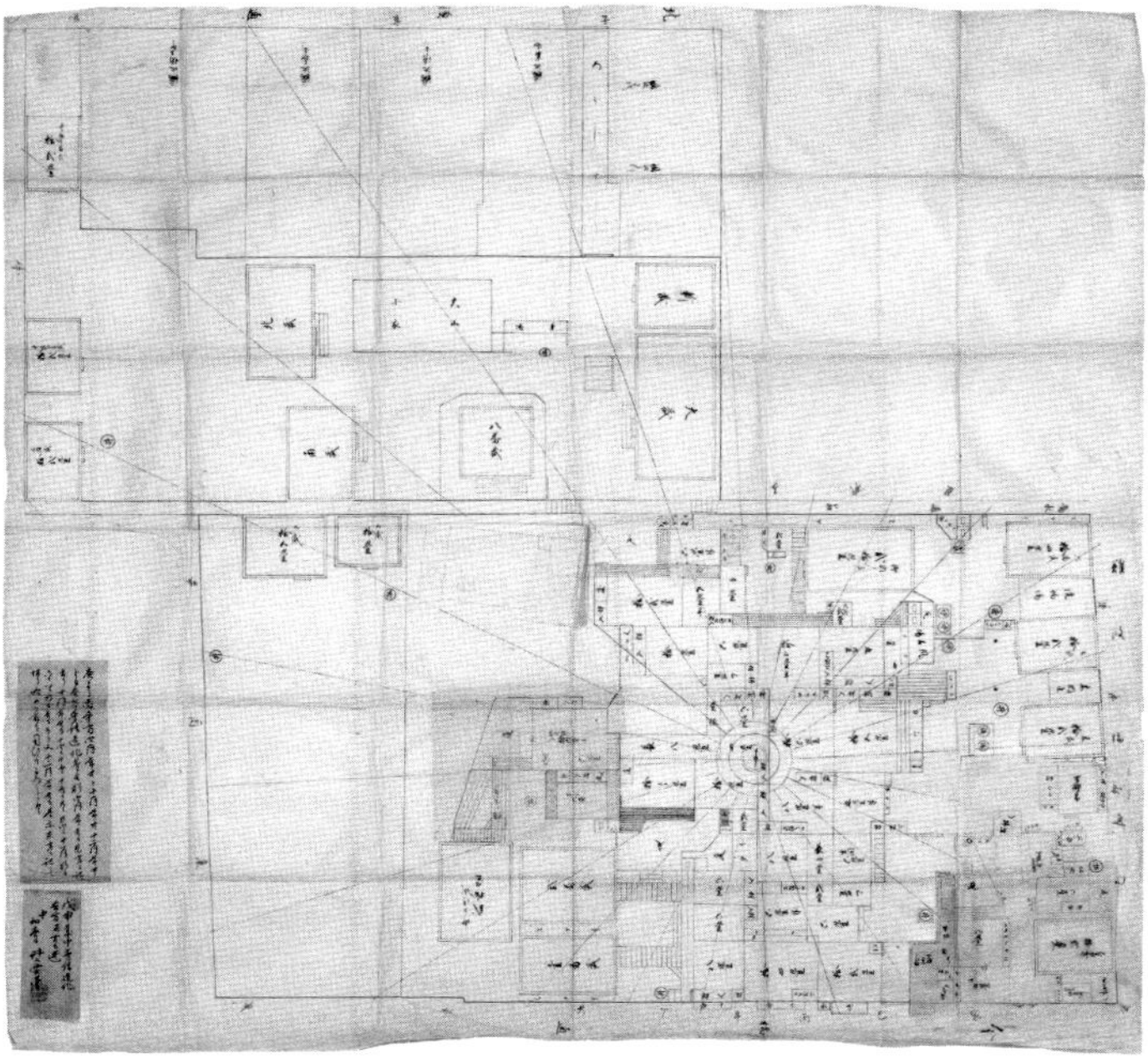

図5-2●鴻池家の今橋本邸（「今橋本邸宅居宅惣絵図」）

を担保として、必要とされる金銀を前借するのが通例となっていった。こうした大名貸しを鴻池家は、早くから始めたようで、古いものでは延宝三年（一六七五）の文書が残っている。大名貸しは元禄年間（一六八八―一七〇四）には、尾州（名古屋徳川藩）・紀州・越前・加賀・薩摩・仙台・熊本など三二藩に及んだという。

　両替商と大名貸しで財力をたくわえていく中、鴻池屋は寛文五年（一六六五）には内久宝寺町（中央区）、元禄二

写真5-1●鴻池家の瓦屋町別荘の庭園

年（一六八九）には京町堀四丁目（西区）と海《かい》部《ふ》堀川町（同）、同九年には天満九丁目（北区）と十丁目、同十二年には中之島常安裏町（北区）、同十六年には難波橋筋の東南角（中央区）、宝永元年（一七〇四）には平野町一丁目（中央区）、享保三年（一七一八）には難波橋筋（中央区）より西の屋敷、同九年には瓦屋町天神橋筋東側（中央区）の屋敷を購入している（前掲『鴻池善右衛門』）。

瓦屋町の屋敷は別荘として使用されていた所で、寛政五年（一七九三）の「瓦屋橋屋敷絵図」（鴻池合資会社資料室蔵）では、北西側に広い縁側を持つ座敷などがあり、北側には土蔵、東側には貸家が建てられているが、中央部分は白紙になっている。明治以降に撮影された庭園写真（大阪歴史博物館蔵）には、中島から大きな石橋が架けられているかなりの面積の園池が写っている（写真5－1）。写真の庭園は明治になってから改変が加えられたかもしれないが、江戸時代も同形態の園池が存在していたと考えられる。船場の中心部にあった本邸は、居住家屋と蔵が建てられていたために余裕がなかったが、瓦屋町の別邸はくつろげるように広大な園池を造営したようだ。ただし、大坂町奉行だった久須美が『浪花の風』で述べているように「善右衛門が別荘のみは、規則に外《はず》れしことなき故」、罰せられることはなかった

●住友家の庭園

慶長十五年（一六一〇）頃に大坂屋久左衛門と丸銅屋次郎兵衛が、西横堀炭屋町（中央区）に吹所（精錬所）を開設したといわれている。銅は長崎での貿易の主要輸出品だったことから、幕府の統制・保護下に置かれていたが、長堀・道頓堀沿いに次々に銅吹屋が出現して、大坂は工業都市的な性格を帯びるようになった。

銅吹屋の中でも有名なのが住友家（泉屋）だった。住友友以は父親政友から銀・銅の吹き分けを行なう精錬技術を習得して、寛永十三年（一六三六）に長堀南岸の鰻谷《うなぎだに》（長堀茂左衛門町、中央区島之内一丁目）に吹所を設立し銅の精錬を始めた。元禄三年（一六九〇）には鰻谷店は本拠地になり、明治八年（一八七五）まで続いている。十七世紀前半に銅は、輸出を制限された金銀にかわって輸出品目の首位となったことから、元禄三年に四代友芳が別子銅山（愛媛県新居浜《にいはま》市）、寛延二年（一七四九）

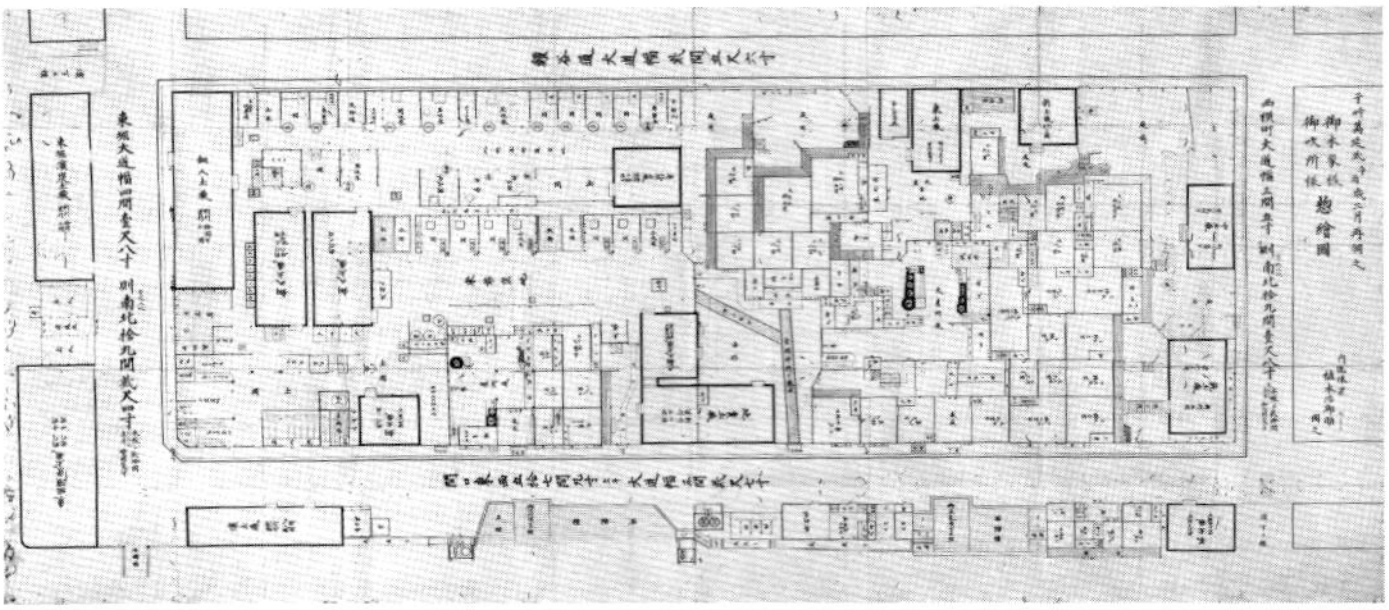

図5-3●住友家の鰻谷の邸宅（「御本家様御吹所様惣絵図」図は下が北）

に立川《たつかわ》銅山（同所）を開発し、住友は三井と並ぶ大財閥となった（宮本又次『豪商列伝』ほか）。

鰻谷の銅吹所については、「御本家様御吹所様惣絵図」（住友史料館蔵）が残っている（図5-3）。敷地の北側の長堀の岸に、かなり長い石階段が設けられているは、銅鉱石と精錬に使う炭の運搬のためのようだ。敷地規模は「間口東西五十七間九寸（一〇九・一四メートル）」「南北十九間二尺四寸（三七・〇二メートル）」あり、東半分が銅の精錬工場で西半分が住宅になっていた。

住宅の南東側の七畳の座敷前とその西横の十五畳二間の前に「庭前」とあるから、ここには小庭園がつくられていたのだろう。南西側の十二畳半の座敷前にも「庭前」と書かれていて、その西側に小さな園池が描かれている。その北側の二つ土蔵の間にも「庭前」と書かれていて、横に「泉水」と記された池がある。

文化年間（一八〇四―一八一八）の「御本家御居宅絵図」

を見ると、北側の長堀から水を引いて精錬工場の「水溜」や住宅内の台所へ回すだけではなく、各所の園池にも送り込んでいたことがわかる。狭い場所だが園池もあって、庭園としては形が整っていたのかもしれない。住宅部分は数軒分の民家の面積しかなく、建物と土蔵の間の空地を利用しているので、庭園全部を合わせてもそれほど大規模なものではなかった（住友史料館編『「住友長堀銅吹所と住友家住宅」の設計と演出』）。

明治維新後、銅吹所を立川へ移し、明治八年（一八七五）に本店を大阪の富島（西区）へ移転させ、鰻谷を住友家居宅に改めている（『大阪史蹟辞典』）。庭園史家小沢圭次郎は大正四年（一九一五）に「明治庭園記」（『明治園芸史』）で、長堀通（鰻谷）の住友邸について、

大阪にて謂《い》う所の、土一升金一升といふ場所に在るを以て、其規模は甚大ならずと雖《いえど》も、樹石精《せい》佳《か》なり。

と述べ、園池には一枚石の石橋が架かり、左右の欄干のかわりに銅製の竜が置かれ、茶室の周囲にはマキの林があったとしている。園池が掘られていた場所は精錬所が存在していた部分だろうか。だが、この居宅は昭和二十年（一九四五）三月の空襲で焼失してしまった。

町屋の庭園

●人形作りの家の庭園

『浪花の梅（一）』（寛政十二年［一八〇〇］）に、

のど町といへる所に人形を製する家の庭前に山吹の花おびただしく、盛りのころは遊人集り、うつくしき娘が人形のやうに姿をかざり、おやまおぼこ人形（少女姿の人形）の花の色をくらべ、千金をつむとも此ながめには増るまじ。

とある。「のど町」という所の人形を製作する家の庭前には、たくさんのヤマブキが咲き、花盛りの頃には美しい娘が人形のように着飾って、花をつけた少女姿の人形と競い合う眺めはすばらしかったという。庭園の状況は、

築山《つきやま》の樹木に岩石の間に小石白砂をまく。道をあゆむは盆石の中を行がごとし。

というように、築山の樹木や庭石の間には小石や白砂がまいてあって、まるで盆石の中を歩いていくように感じられたという。『繁花風土記（上）』（文化十一年［一八一四］）の「年中行事」の三月の項に、

図5-4●野堂町の人形作りの家の庭園（『浪華百事談』）

「当月末山吹花盛［略］生玉のど町　人形屋　立春より八十日計《ばかり》庭前なれども見事」とあるので、ヤマブキの名所としても有名だったことがわかる。

『浪華百事談』（明治二十八年頃［一八九五］）の「人形屋の山吹」の項では、さらに詳しい説明がされている。文政・天保年間（一八一八―一八四四）、野道町小橋の墓の谷の北に、和泉屋《いずみや》新三郎という張り抜きや塗り人形をつくる工匠が住んでいたが、旧家で裕福だったことから住宅は広かったらしい。主人は活発な性格の人だったが、趣味人で書画骨董を収集していたという。

　庭中も美麗に作り山吹数株を栽《う》え、又仮山《かざん》（築山）あり。四季の草木も多く植て、山の下は河原となし、此処に至れば市中にあらざるの思ひをなせり。

庭には山吹が植えられ、築山が築かれていたのが目立ったが、四季折々に咲くさまざまな樹木・草花も植栽されていて、築山の下は河原のような枯山水風に作られていたようだ。添えられている図(図5-4)では、庭門を入ると大座敷があり、傍らには大きな石燈籠が据えられている。その背後にはマツを植えた築山が三つ連続して設けられていて、枯れ流れには木橋が架けられている。しかし、主人は嘉永《かえい》の頃(一八四八―一八五四)に没して、次の代には転居してしまい、その後庭園は火災のために消滅したという。

所在地は「のど町」「野道町」と書かれていることからすると、平野郷《ひらのごう》町《ちょう》の「野堂町《のどうちょう》」(平野区平野本町・平野東)のことになる。『浪花の梅』の刊行年代からすると、寛政十二年にすでに和泉屋の庭園はできていたようだ。人形を置いた庭園を公開したのは、人形を製作していた店の宣伝を兼ねていたのだろう。

●学問所の庭園

[含翠堂の庭園]

平野は戦国時代に栄えた都市で、環濠に囲まれた内部は碁盤目状に区画されていた。江戸時代には

写真5-2●含翠堂跡の石碑（平野市町三丁目）

綿作と繰綿が主な産業で、享保十七年（一七三二）には家数は一八九六軒、人口は一万四〇一人になっている（『大阪府の地名I』）。野堂町と同様に平野郷町を構成していた町の一つに、市町《いちまち》（平野区平野市町）があった。現在の平野市町三丁目に、漢学塾として含翠堂《がんすいどう》が享保二年（一七一七）に創設された。杭全《くまた》神社の南西方向の国道二五号線沿いに、含翠堂跡と書かれた石碑が設置されている（写真5-2）。

当初は邸内の古木のマツにちなんで老松堂と名付けられたが、のちに改称されたという。郷民によって学問所が建てられ、明治になるまで維持されたということは、自立心の強い人びとが多い裕福な町だったという感じがするが、十七世紀後半から日本の経済発展は限界に達していたことから、地歩を固めた百姓・町人たちは守りの体制に入り、生活道徳の規範を儒学に求めるようになったという状況にあったらしい（脇田修・岸田知子『懐徳堂とその人びと』）。

京都古学派の伊藤東涯（一六七〇―一七三六）も、ここに

図5-5●含翠堂の授業の様子（『摂津名所図会［1］』）

招かれて講義を行なっている。『摂津名所図会《ずえ》（一）』（寛政六年―十年［一七九四―一七九八］）には東涯の授業風景が描かれているが、年代的には合わないので想像図ということになる（図5-5）。しかし、背景の飛石が置かれバショウが植えられている庭園の様子は、刊行年代に近い頃の実景だろう。郊外だったためか敷地に余裕があって、庭園も広かったように見える。

［懐徳堂の庭園］

大坂三郷内にも儒学塾がつくられている。享保九年（一七二四）に町人の有志によって尼崎《あまがさき》町一丁目（中央区今橋三丁目）に建てられた懐徳堂は、儒者の三宅石庵《みやけせきあん》（一六六五―一七三〇）が学主になっている。懐徳堂の敷地は表口六間半（一一・四メートル）、奥行二〇間（三八・二メートル）だった。当初の図面では茅葺屋根の講堂の周囲には、庭門から小石を敷き詰めた延段《のべだん》が井戸まで続き、縁側には手水鉢《ちょうずばち》が置かれている。描かれてはいないが、おそらく井戸の背後には植栽が

写真5－3●懐徳堂跡の石碑（中央区今橋３丁目、日本生命本店本館）

存在していたのだろう。

しかし、この建物は大火のため焼失してしまい、寛政八年（一七九五六）に再び造立されている。再建後の配置図を見ると、講堂の奥にかなりの面積の「庭」が設けられ、講堂の縁側から眺められるようになっている。飛石・石組・植栽などがあったはずだが、残念ながら詳細はわからない（前掲『懐徳堂とその人びと』）。懐徳堂も町屋の一つだったが、ここでは採光のためというよりは塾生の気晴らしのために、庭園がつくられていたようだ。

現在は跡地を示す石碑が、日本生命本店本館の南面に埋め込まれているだけだが、淀屋橋近くの商業地に塾を建てたことに、大坂商人の心意気が感じられる（写真5－3）。

●新町遊郭の茨木屋幸斎の庭園

遊女を呼んで遊ぶ場所だった遊郭の揚屋《あげや》の経営者が、どのような生活をしていたかを示す史料が残っている。浜松歌国

図5–6●新町の茨城屋幸斎宅の庭園（『浪華青楼志』）

（一七七六—一八二七）が『浪花文庫』（『大阪市史史料三』）の「新町茨城屋幸斎事実」という項に、新町遊郭（西区新町）の佐渡島町の茨城（木）屋幸斎という者が、身の程もわきまえない贅沢をして、居間には宮殿のように金箔を張った襖《ふすま》や水晶をはめた障子を入れ、日々の食事は宴席のように山海の珍味を盛っていたと書いている。

着る物にも贅《ぜい》を尽くし、能舞台を建てて猿楽に興じていたことから、享保三年（一七一八）に贅沢な生活をしてはならないという通達に反したとして、奉行所によって捕縛され財産没収の上、大坂三郷から追放されている。奉行所の調べによると、幸斎の店に所属する遊女としては太夫三七人、引舟三七人、天神四二人、禿《かむろ》三七人、そのほかにも局女郎《つぼねじょろう》などが数多くいたという。

『浪華《なにわ》青楼志』（『浪速叢書一四』）によると、幸斎（四郎三郎）の邸宅は吉原町大西にあり、「十字街《つじ》吉原町」の突き当たりが入り口になっていたようだ。庭園については、

西行当りまで仮丘《つきやま》なるが故に、山やしきと呼ぶ。庭中佳景［略］

仮丘の景最《もっとも》美なり。

と、西側まで続く築山の景色が美しかったと記している。掲載されている図では、左側が住居で能舞台まで備わっていて、大座敷と「かこい（茶室）」の前面には、庭園へと続く園路が設けられている。右側にはかなりの規模の園池を掘り、池に臨んだ亭に対岸から木橋を架け、園池の周囲の築山にはシバを張ったりクマザサを植えたりしている（図5-6）。図が粗雑なので暗い雰囲気だが、築山のシバの緑や園池の水面が明るく感じられた庭園だったのだろう。

闕所になった町人の庭園

「闕所《けっしょ》」というのは、規則を破った者に対して田畑・家屋敷・家財などを奉行所が没収することを意味した。『月堂見聞集《げんもんしゅう》（九）』の享保元年（一七一六）十二月の条に、闕所とされた町人の屋敷のことが書かれている。罰せられた町人がどのような庭園を持っていたのかを見てみよう。

江之子島東之町（西区）の吉屋九兵衛の屋敷は、表口は一五間六寸（一間は一・九一メートル）と大きく、奥行は北一〇間・南五間六寸あり、土蔵三ヵ所と納屋一ヵ所が存在していたが、罰せられてこの屋敷と建具・庭木・手水鉢などが没収されている。また、吉屋が九条村（西区）に持っていた屋敷も表口三三間、裏行は北側二八間四尺一寸・南側二七間二尺八寸と広く、ここにも庭木・飛石があった。また、心斎橋町（中央区）の美濃屋甚右衛門は屋敷を三ヵ所持っていたが、それらには合わせて土蔵二ヵ所と穴蔵一ヵ所があり、庭木・飛石が置かれていたという。

これらの庭園の庭木・飛石などがどのように処分されたかは、『月堂見聞集（八）』に記されている京都での闕所の結果から類推できる。

銀座中村内蔵之助《くらのすけ》下立売《しもだちうり》屋敷こぼち、ならびに樹木・飛石等入札これ有り。当月二十五日迄これを望む者見分 仕《つかまつ》り候。則ち入札持参し、地屋敷落札百七十二貫三百目、札主押小路《おしこうじ》いせや弥兵衛。飛石・樹木落札八貫二百目余、札主［原本脱字］

闕所になると奉行所は建物を壊させ、屋敷地と庭園の飛石や樹木を入札で売却していたことがわかる。銀座年寄だった中村内蔵之助の下立売の屋敷地は「百七十二貫三百目」、飛石・樹木は「八貫二百目」で落札されている。落札金額からすると、庭園は小規模なものに思えるが、敷地は広かったようだ（『京都の歴史五』）。

2　茶道の流行と庭園

大坂の茶の湯

大坂の町人の間で庭園がつくられるようになった理由として、抹茶《まっちゃ》をたて簡単な食事を出して客をもてなした茶の湯の流行が考えられる。千利休が確立した茶の湯は、大名だった古田織部・小堀遠州へと伝わる一方、利休の孫だった千宗旦《そうたん》の息子たちは表・裏・武者小路の三千家を立て大名に仕えた。また、宗旦の弟子だった杉本普斎《ふさい》・山田宗徧《そうへん》・藤村庸軒《ようけん》・久須美《くすみ》疎庵たちは、新興の都市住民に茶の湯を広げていった（『日本の近世一一』）。

『難波雀』（延宝七年［一六七九］）には「茶湯者」という項があり、

島町　市川春斎　　本町一丁目　帯屋自斎　　あつち町　桑原宗喜

と茶の湯を教える者の名があがっている。『改正増補　難波丸綱目』（延享五年［寛延元、一七四八］）では、「諸師芸術部」の項に「茶の湯者」があり、次の名前が見える。

平野町二丁メ　多田宗菊　尼崎町　内元喜西　長ホリ問ヤバシ　内元夕休
南カヂヤ町　常安寺　南カヂヤ町　宝泉寺　舟コシ町　青木宗鳳
島町　山田嘉兵衛　安土町一丁メ　松田智休　北新町　大口如軒
高原　上野宗吟　安堂寺町心斎ハシ東ヘ入　岩田舊岩

どのような流派なのか不明だが、教える人数が増加していることは、大坂の町人の間に茶の湯が広まっていったことを示している。

第二次世界大戦でみな焼失してしまったが、第4章で取り上げた木津の願泉寺（浪速区）には、伊達政宗が遺した三畳台目《だいめ》の茶席泰慶堂《たいけいどう》、一心寺（天王寺区）には家康が遺したといわれる八窓席《はっそうのせき》、中央区淡路町二丁目には元禄七年（一六九四）に建てられた二畳台目の義心亭、天王寺区餌差《えさし》町には京都西翁院の淀看《よどみ》の席を写して文政九年（一八二六）に建造した唯松庵があった（前掲『まちに住まう』）。

当初は武家の間の茶の湯が寺院へ広まったようだが、和泉町鴻池家の三代目当主だった道億が、元禄―享保期（一六八八―一七三六）には、大坂の町人茶の湯の中心人物になっていることからすると（『新修大阪市史四』）、次第に町人の間に浸透していったようだ。『反古籠《ほごかご》』（『大坂編年史一二』）によると、文政二年（一八一九）六月十二日に大地震で、大坂の有力な商人だった加島屋の本宅が被害を受けて、石燈籠の火袋が割れることがおきている。

此時加島屋久右衛門本宅に在原寺《ありわらでら》と云ふ名物の石燈籠有、倒れて火袋さけたり。惜むべし〳〵。

石燈籠は夜間の照明として必要だったが、奈良の寺院名を持つ「在原寺」という名物を収集していたことからすると、これは茶事に関わるものだったと考えられる。燈籠まで由緒があるものを収集していたということは、商人の間で盛んに茶の湯が行なわれたことから、茶室の周囲には露地もつくられていたことを物語っている。

淀屋と茶の湯

大坂の豪商淀屋が追放されたことも、江戸前期に町人の間で茶の湯が流行していたことが原因になっているようだ。宝永二年（一七〇五）五月に大坂を代表する豪商だった淀屋三郎右衛門は、家財を没収され大坂から追放された。「淀屋三郎右衛門闕所の事」（『大坂編年史七』）によると、没収された金銀財宝としては「から渡りいんす（印子、純金で作った品物）のには鳥」が最初にあげられている。中国から輸入された純金の鶏の置物ということで、贅沢品の筆頭とされたようだ。

そのほかに玄宗皇帝の掛軸や雪舟・雪村の山水画、中国製の金細工の碁盤や金銀の碁石、金で作った石に銀の鍍金《めっき》をほどこした中国製の手水鉢などがあり、金は一二万両余り、銀は八万五〇〇〇貫目もあった。没収された家屋敷は、大坂に表口一町四方の家一二ヵ所と表口一八間の家三〇軒、伏見に家三〇ヵ所、京都に家五〇ヵ所、堺にも家五〇ヵ所があり、そのほか各地に田畑を多く持ち、大名への貸し銀《がね》は一億貫目余りだったという。

「淀屋系図」(『大坂編年史七』)によれば、淀屋の初代常安(元和八年[一六二二]没)は豊臣氏の時代に大坂に出て材木商を営んで財をなし、元和五年には中之島の開発を行なっている。二代目の言当(个庵《こあん》、寛永二十年[一六四三]没)は、小堀遠州や京都男山の滝本坊にいた松花堂昭乗らと友好関係にあったというから、茶の湯が趣味だったのだろう。

五代目三郎右衛門(通称は辰五郎、享保二年[一七一七]没)が闕所となった理由については、『皇都午《ご》睡《すい》(三ノ上)』(『大坂編年史七』)によれば次のようだった。若い辰五郎が遊郭通いをするので、母が心配して親しい老医に忠告してもらったところ、辰五郎の放蕩《ほうとう》がおさまった。そのお礼に医者に家に伝わる茶壺を贈ったのだが、医者は茶事に興味がなかったために商人に売ってしまった。茶壺が人手に渡っていくうちに、淀屋はこのような贅沢品を持っていると奉行所に訴える者があった。辰五郎側はそのような茶壺は持っていたことがないと否定したために、さらに追及が行なわれて身分を越えた贅沢をしているということになり、処罰されたという。

二代目の言当が茶の湯に凝《こ》っていたことから、代々当主が茶事を好むようになり、金銀細工がほど

写真5-4●淀屋の屋敷跡の石碑（淀屋橋南詰め）

こされた茶壷が家宝になったのではないだろうか。淀屋の屋敷については、淀屋橋の南西側の土佐堀沿いに屋敷跡を示す記念碑が置かれている（写真5-4）。

煎茶の流行

●大坂の煎茶

煎茶は日本黄檗《おうばく》宗の開祖となった隠元隆琦《りゅうき》（一五九二―一六七三）が、中国から日本にもたらしたものだったが、作法《さほう》が定められたのは幕末で、それまでは自由な形を楽しむものだったらしい。元文《げんぶん》三年（一七三八）に宇治田原で煎茶の製法が工夫され、品質が優れたものが大量に生産されるようになったことから、煎茶は一般にも広まることになった。煎茶の流行によって狭い草庵風の茶室よりも、庭の景色も取り入れたのびのびとした数寄屋が好まれるようになっていった（『新修大阪市史四』）。

明和・安永期（一七六四―一七八一）には、池大雅・高芙蓉《こうふよう》・木村蒹葭堂《けんかどう》などを中心とする煎茶愛好グループが、大坂・京都の文人たちの間で結成されている。寛政末年（一八〇一）になると煎茶会が盛んに行なわれ、上田秋成・青木木米《もくべい》・田能村竹田《たのむらちくでん》らも参加している（有坂道子「都市文人」『身分的周縁と近世社会五』）。

●花月庵の庭園

文政十一年（一八二八）の序を持つ秋里籬島《りとう》著『築山庭造伝（後編・中）』に、

花月庵は東横堀の西岸の高楼なり。淀川の枝流《しりゅう》は居ながら結ぶ。眺望の所は高津の台なり。生玉の森を霞に浮び、南には瓦屋橋を帯る。

と花月庵の説明が書かれ、「花月庵玉川庭《ぎょくせんてい》の図」が掲載されている（図5－7）。東横堀の西岸に花月庵を建てたのが、田中鶴翁だった。鶴翁は天明二年（一七八二）に大坂清水町（中央区）の酒造業者の子として生まれたが、黄檗山万福寺の聞中禅師から煎茶の教えを受け、文化七年（一八一〇）頃に煎茶家として独立している（『新修大阪市史四』）。

図中の文章によると、庭内には中国西湖《せいこ》の柳や宮城野《みやぎの》の萩が植えられていたという。「神潜《しんせん》せき霊報石を置て煎茶の玉川庭の全なる庭格を備へ」とあるから、煎茶の理想とする「玉川庭」を念頭にお

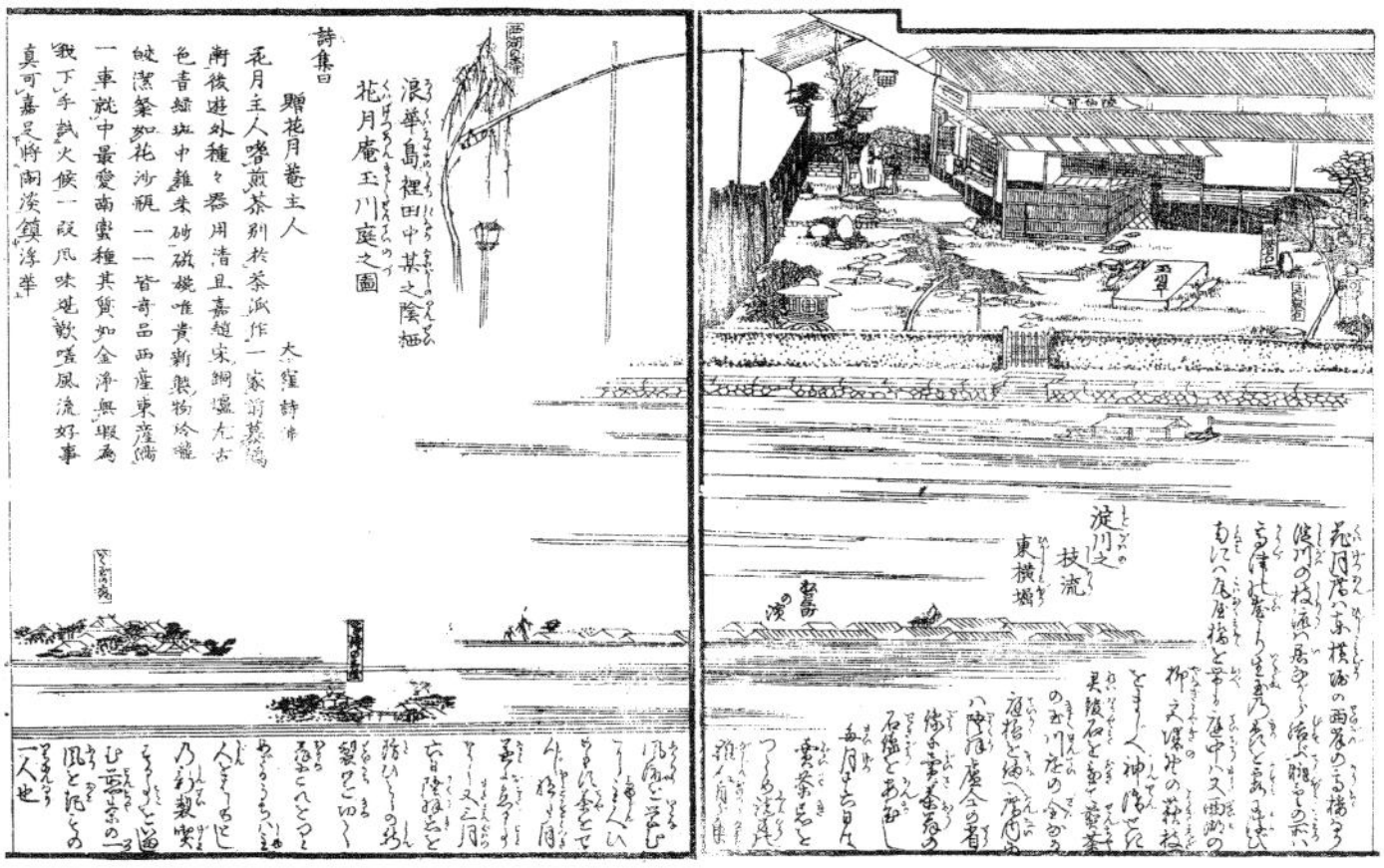

図5-7●花月庵の玉川庭の図（『築山庭造伝［後編・中］』）

いて作庭していることがわかる。庵内には『茶《ちゃ》経《きょう》』の著者である唐の陸羽《りくう》と、黄檗《おうばく》宗の僧侶で煎茶道の祖とされる売茶翁《ばいさおう》（一六七五―一七六三）の像が置かれていた。

玉川庭について秋里は同書（後編・上）の「玉川庭の事」の項で、次のように述べている。陸羽が茶を飲むことを始めたが、蘆舎という人物が飲み方を定めて「通仙式」と名付け、玉川のほとりで友人と茶を楽しんでいたところ、客が皆茶を一品携えて訪れたことからそれぞれの茶を味わうことになり、「玉川式」が生まれたという。この故事から、

　庭中に流水を垣入《かきいれ》、粧《よそおい》をなし、二石を主として造《つくる》を煎茶家となして玉川庭と云《いう》よし、寮草段の庭の記に見えたり［二石とは全図

の通り神潜石《しんせんせき》、霊報石《りょうほうせき》の二組なり」。としている。流れが玉川を意味し、神潜石・霊報石という二石が煎茶を楽しむ主人と客を表しているらしい。

大坂の水

茶の湯・煎茶には水が重要だったが、大坂の場合はどうだったのだろうか。大枝流芳は日本最初の煎茶論とされる『青湾茶話』の中で、次のものを挙げている（『新修大阪市史四』）。

合法水（四天王寺西門の西の湧泉［天王寺区］）・在栖清水（新清水寺下の湧水［同区］）・柳之水（難波村の井水［中央区］）・難波水（南瓦屋町の井水［同区］）・愛宕《あたご》水（内久宝寺町の井水［同区］）・黄金水（大坂城内の井水［同区］）・淀川

四天王寺付近の合法水を「浪華第一の水」としているから、上町台地の地下水は良質だったことになる。最後の「淀川」は現在の淀川からは想像できないことなのだが、江戸時代に大坂市民は井戸の水質が悪かったために、淀川の水を汲《く》んで飲料水にしていたという。

一方で『東区史（四）』は、大坂の清水の代表として「粉河町通りの善安筋の愛宕清水（中央区）、千日の堀井の水（同）、道頓堀の秋田屋の水（同）、天満天神社内の天神の水（北区）」をあげ、これらを茶道家は使用していたとしている。淀川や掘割の影響なのだろうか、低地でも良質の地下水の湧出が一部にはあったようだ。

幕府による取締り

幕府は贅沢の禁止ということから、茶室を対象に取締りを行なっている。鐘奇斎《しょうきさい》とも号した岩永文禎は、道修町四丁目（中央区）で医者を開業していたが、茶道にも堪能だった。彼の日記『鐘奇斎日々雑記』によると、天保十四年（一八四三）六月二十九日に大坂町奉行所から「茶席」について、

家続に補理《つくろいおさめ》候分は其儘《そのまま》、数奇屋と唱《となえ》、別に取補理候分、茶道指南のものは、稽古場の義（儀）に付取払に及ばず、其外の分は取払申すべく候。

という通達が出されている。茶の湯の流行で数奇屋風の茶席を、離れとして構える者が多かったようだ。茶道を教える場合は許されるが、それ以外は取り払うように命じられている。鐘奇斎にとっても衝撃だっただろう。

3 町人と庭園

大坂町人の活気

多くの人びとが物資の購入と販売を行なう商業活動に従事していただけでなく、各地から原材料を入荷して、加工して製品として出荷していたことも、江戸時代の大坂の特徴だった。そのため大坂市中の町屋は居住家屋であるとともに、商品の製造と販売を行なう工場にもなっていた。大坂の賑わいというのは、自ら製造・販売するという活気からも生まれていたといえるだろう。

安政五年（一七七六）に大坂を訪れたツェンペリーは『江戸参府随行記』の中で、大坂の町屋の店舗のことを次のように述べている。

ほとんどすべての家は、一階の前面部が道路に向いて開いた仕事場か、大きな商人の店舗であり、たくさんの品物が外に掲げられていて、購買者の意欲をそそっている。大坂は国中で一番楽しい町なので、大勢の金持ちがここに住んで、その金を使う。従って、日本の大坂はヨーロッパのパりであり、そこには一〇〇〇にものぼる面白い気晴らしの場がある。

大坂のことを「ヨーロッパのパリ」とまで激賞している。江戸時代の大坂は商品と娯楽にあふれた魅力的な都市だったようだ。

大坂町人の庭園

一般的な町屋の建物は、奥行があることから採光と風通しのために、前栽と呼ばれた小規模な庭園空間を設けていた。しかし、贅沢は禁じられていたためか、三郷の中の町屋には大規模な庭園はなかったようだ。一般的な町人の場合、郊外の店では商売の宣伝をかねて庭園を公開したり、奇抜な庭園をつくったりして客集めを行なう者もいた。また、民間の学問所では、塾生の気晴らしのために庭園を築いたりしている。豊かな商人たちは郊外に別荘を構え、石組を配置し樹木を植栽している例が多く見られるが、なかには園池を持つ本格的な庭園を造営していた所もあった。だが、家屋や庭園に金銭をかけすぎて、財産を没収される町人たちもいた。

大坂の町人たちが庭園をつくるようになった契機の一つに、茶道の流行があったようだ。茶の湯のために建てられた茶室の周囲に露地がつくられたり、煎茶のために座敷の前面に石組や樹木を施した庭園がつくられたりしている。茶道の影響を受けて家主の美意識が高まり、その指示を受けた植木屋は工夫を凝らすことで技術力が高まり、庭園は洗練されたものになっていったのだろう。

第6章　町人の庭園2

1　大坂の料理屋の庭園

大坂の料理屋

食い倒れの町といわれた大坂には、どのような料理屋が経営されていたのだろうか。庭園が付属していた料理屋は存在していたのだろうか。あったとすれば、その庭園を町人たちはどのように楽しんでいたのだろうか。大坂の町人の活動を料理屋という観点から見ていきたい。

●大坂の繁栄

大坂が食い倒れの町と言われるようになるのは、延宝から元禄（一六七三―一七〇四）にかけてだったらしく、都乃錦の『元禄曾我』（元禄十五年［一七〇二］）に、「大坂は喰《くい》て果るとかや」と記されている。この時期に文学・芸能分野が興隆したのも、大坂が全国的な商業流通の中心地になり、京都を経済的に淩駕《りょうが》したことに起因しているという（渡邊忠司『近世「食い倒れ」考』）。

江戸時代に客の求めに応じて料理を出す店という意味で使われていた言葉としては、『虚実柳巷《さと》方言《なまり》』（寛政六年［一七九四］）では「料理亭」、『繁花風土記（上）』（文化十一年［一八一四］）では「料理茶屋」、『近世風俗志（五）』（慶応三年［一八六七］編）では「料理茶屋・割烹《かっぽう》店・料理屋」などと書かれているが、現代でも一般的に用いられている「料理屋」をここでは使うことにしたい。

ドイツ人だがオランダ商館の医師で博物学者でもあったシーボルト（一七九六―一八六六）は、文政九年（一八二六）に江戸に行く途中に寄った大坂のことを、次のように書いている（斎藤信・金本正之訳『シーボルト　日本三』）。

大坂では［略］すべての生活必需品を第一の産地から取り寄せるので、一般に生活費は安い。それがあらゆる種類の娯楽を豊富にこの地に集める原因ではあるが、将軍が住む江戸城下をおおっているあの行き過ぎた贅沢や、その過剰から生じた倦怠《けんたい》の悪習に染まることもない。それゆえ大衆的な娯楽場は江戸の場合よりいちだんと輝かしい光彩を放っている。

大坂は西国の各地から物資が入荷していたので物価は安く、余暇を楽しむ余裕が大坂の町人にはあったようだ。文政期（一八一八―一八三〇）の江戸は退廃した雰囲気がただよっていたが、大坂は健全な都市に感じられたらしい。大坂の料理屋などの繁栄を、シーボルトは江戸とは違って堕落ではなくて活気だとしている。

●大坂の有名な料理屋

『所以者何《しょいしゃが》』は大田南畝《なんぽ》が、寛政十三年（享和元年〔一八〇一〕）に大坂のことを聞き取ってまとめたものだが、「料理茶屋のうち名高き家々は誰ぞ」という南畝の質問に、戯作者の田宮仲宣が答えていることをまとめると次のようになる。

［天王寺］　福屋又平・西照庵・恵海・伊八

［清水］　浮瀬四郎右衛門・清水久兵衛・平野屋三郎兵衛

［生玉野堂町］　貴徳斎

［生玉社内］　宇陀屋甚右エ門・綿屋・都倉屋・藤屋
［道頓堀］　新屋・敷場・大庄・西大庄
［北野］　播磨屋宇兵衛・今喜
［天満］　小山屋
［そのほか］　木津仁・魚太［四軒］・四ツ喜・玉川・鮒伊・鯉亦・八百嘉・塩久・阿波善・はな善
［網島］　鮒宇・鮒甚・大三

大坂市中にはこのほか、小さな料理屋が一〇〇軒ほどあるとしている。

●「大阪料亭の今昔」では

林春隆の論考「大阪料亭の今昔」（昭和十年［一九三五］、『上方五一』）は短いものだが、江戸時代の大坂の料理屋は庭園を持っていたことが書かれている。江戸時代の大坂の料理屋は、市中のものと郊外のものに区分することができるという。船場にあった木津仁・北福・魚仁・二重堺吉・森吉・船山などの料理屋は、商家の顧客接待のために設けられたもので、店の構えは表口は質素なものだったが、店の中は華美を極めたものだったらしい。これに対して、「遊山気分や雅会などにゆく料亭は大抵郊

表6－1●大坂市中の料理屋と郊外の料理屋（『繁花風土記［上］』［文化11年（1814）序］より）

市中の料理屋			
北久宝寺町堺筋	木津仁	江戸堀五丁目南堺	中　吉
（江戸堀五丁目）同町東	堺　久	備後町二丁目	堺　吉
北浜一丁目　浜に席あり	天五郎	道修町一丁目	二重源
うつぼ油掛町	金　子	江戸堀布屋町	尼　弥
土佐堀玉水町	塩　久	安土町三丁目	魚　太
高津西坂町	梅　勘	安堂寺町四丁目	同　店（梅勘）
南本町一丁目	阿波太	淡路町通中船場町	同　店（阿波太）
道修町四丁目	尼五郎	堂島永来町	池　卯
博労町すじ金田町	けな儀	堂島桜すし中町	池　太
石　町	丸　太	天満五丁目	葛　喜
郊外の料理屋			
清　水	浮　瀬	尼　寺	西照庵
天王寺	福　屋	住吉新家	三文字屋
住吉新家	伊丹屋	安土町	なにはや
北　野	播　夘	網　島	鮒　夘
野堂町	貴得斎	馬場先	養老軒
清　水	ひら三	一心寺前	清水久兵衛
小堀口	まつ屋	いく玉	大　吉
生玉門内	利倉屋	天下茶屋	まつ小
難波村	豆茶屋おく田屋	難波村	大津湯

外町はづれにあつて」と、庭園は主に郊外の料理屋に付属していたことを指摘している。

江戸後期の『繁花風土記（上）』は、料理屋を市中と郊外に分けて表6－1のように列挙しているので、これが「大阪料亭の今昔」の元になっているようだ。しかし、これだけでは料理屋の庭園がどのような形態だったのかはっきりしない。料理屋の庭園がなぜつくられたのか、どのような特性があったのか、廃《すた》れていった理由は何かなどを、さらに追求することによって、商業都市としての大坂の特色を明らかにしてみたい。

四天王寺周辺の料理屋の庭園

大坂三郷郊外の料理屋を地域ごとに見てい

こう。高台西側の景勝地だった相坂・天神阪・清水坂・愛染坂・口縄《くちなわ》坂など、天王寺区夕陽丘町・伶《れい》人《にん》町から下寺町へ下る坂筋に、煮売家・茶屋・料亭などが並ぶ行楽地的な町並みが形成されていた（『新修大阪市史四』）。

●高津の浮瀬

江戸後期には最高の料理屋とされていた浮《うか》瀬《むせ》は、清水寺の下（天王寺区伶人町の大阪星光学院内）に位置していた。芭蕉が死の直前の元禄七年（一六九四）に訪れ「松風や軒をめぐつて秋暮ぬ」の句を残しているが、浮瀬の名が見られるのは謡本《うたいぼん》『浮瀬』（宝永三年［一七〇六］）が最初とされている（坂田昭二『浮瀬』）。この頃に開業したものなのだろう。二階の座敷からの眺めは名高く、『浪華の賑ひ』（嘉永四年［一八五一］序）に、

遙《はるか》に西南を見わたせば海《わたの》原《はら》往《ゆき》来《か》ふ百《もも》船の白帆、淡路島山に落かゝる三日の月、雪のけしきは言もさらなり。

と説明されているように、大坂湾の光景が楽しめた。

秋里籬《り》島《とう》著『摂津名所図会《ずえ》（二）』（寛政六―十年［一七九四―一七九八］）には雪景色の浮瀬が描かれているが、二階建ての各階にかなり広い座敷を持つ建物が二棟見える（図6-1）。冬なのに障子を開

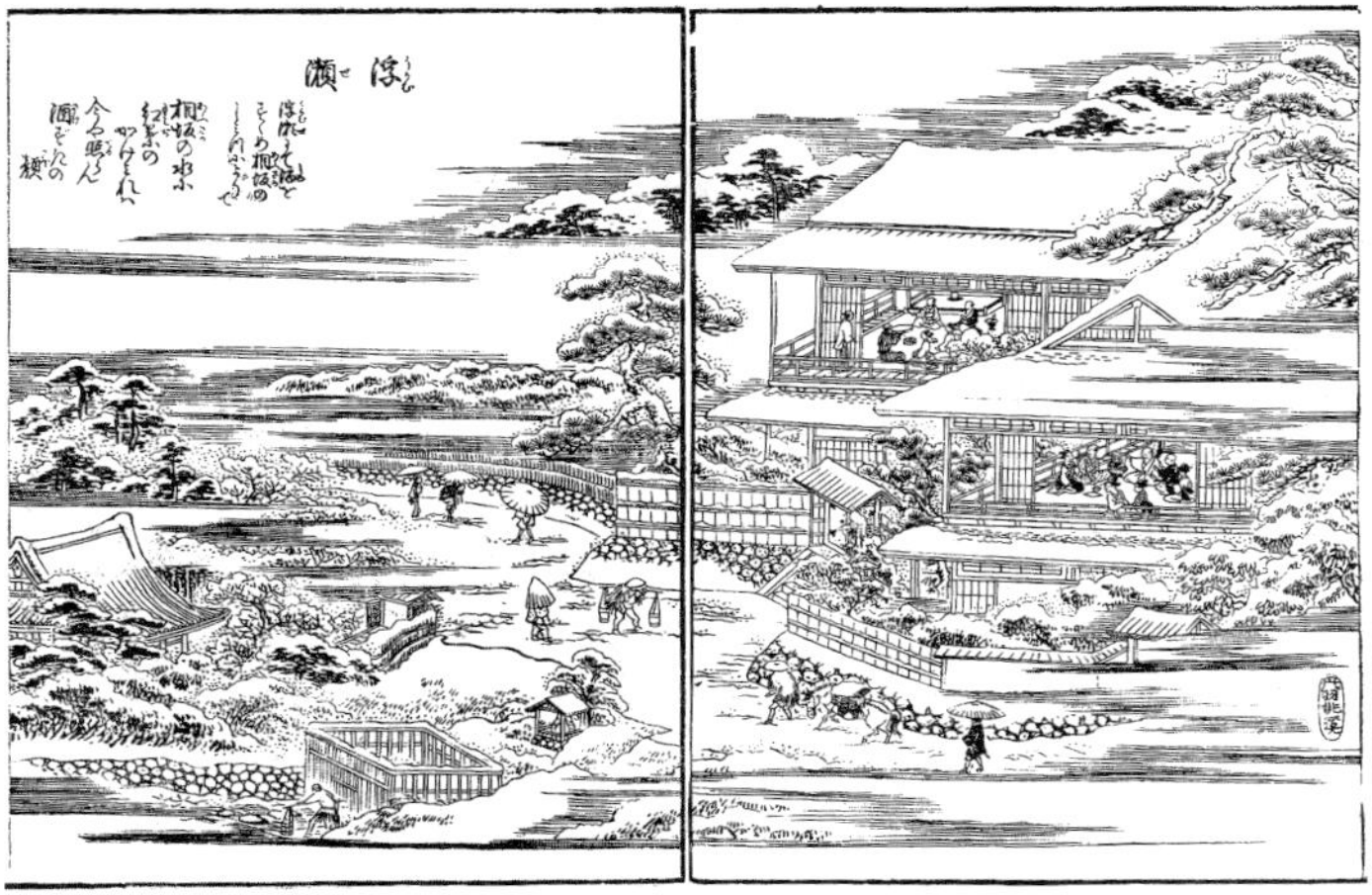

図6-1●浮瀬の外観（『摂津名所図会［2］』）

け放しているのは、雪景色を楽しむためだろう。庭園について『浪華の賑ひ（二）』は、「庭中には花・紅葉《もみじ》の木々、春秋の草々を植て、四時《しいじ》ともに眺めに飽ざる遊観の勝地なり」と述べている。サクラ・カエデなどの樹木や草花を植えて、四季の変化が味わえるようになっていたらしい。

　オランダ商館長が町奉行の役人たちを接待するのにも浮瀬は使われたらしく、オランダ商館の職員だったドゥーフは、文化三年（一八〇六）年と同七年に江戸に行き途中大坂に立寄っている。

謁見《えっけん》がすべて終わると、浮瀬（ウカシミ）という茶屋で、商館長は日本人の役人のために、陽気な宴会を催した。ここでは一同が遠慮なく楽しみ、私は今もなお、大いに満足してこれを思い出す。

と懐かしそうに書いている（永積洋子訳『ドゥーフ日本回想録』）。

●天王寺の福屋

福屋については明治二十五年（一八九二）から二十八年の間に書かれた『浪華百事談』に、

一心寺の少し東北側に、近年まで福屋又平といへる割烹舗あり。古きものにて正徳元年（一七一一）開業のよし。

とある。福屋の位置は現在の天王寺区逢坂一丁目辺りで、四天王寺西門前の相坂筋にあった。江戸中期からの開業で明治二十年頃までは存続していたことになる。この庭園について江戸後期の『浪華の賑ひ（二）』は、

席上・庭前の好み風流にして、四時ともに遊客間断なくいと賑《にぎわ》はし。前に天神山ありて瞻望《せんもう》よし。別《わけ》て弥生の花の頃は爛漫《らんまん》たる光景又言べくもあらずかし。

と記している。天神山（安井天神の山）が借景となっていて、春にはサクラが爛漫と咲くのが眺めら

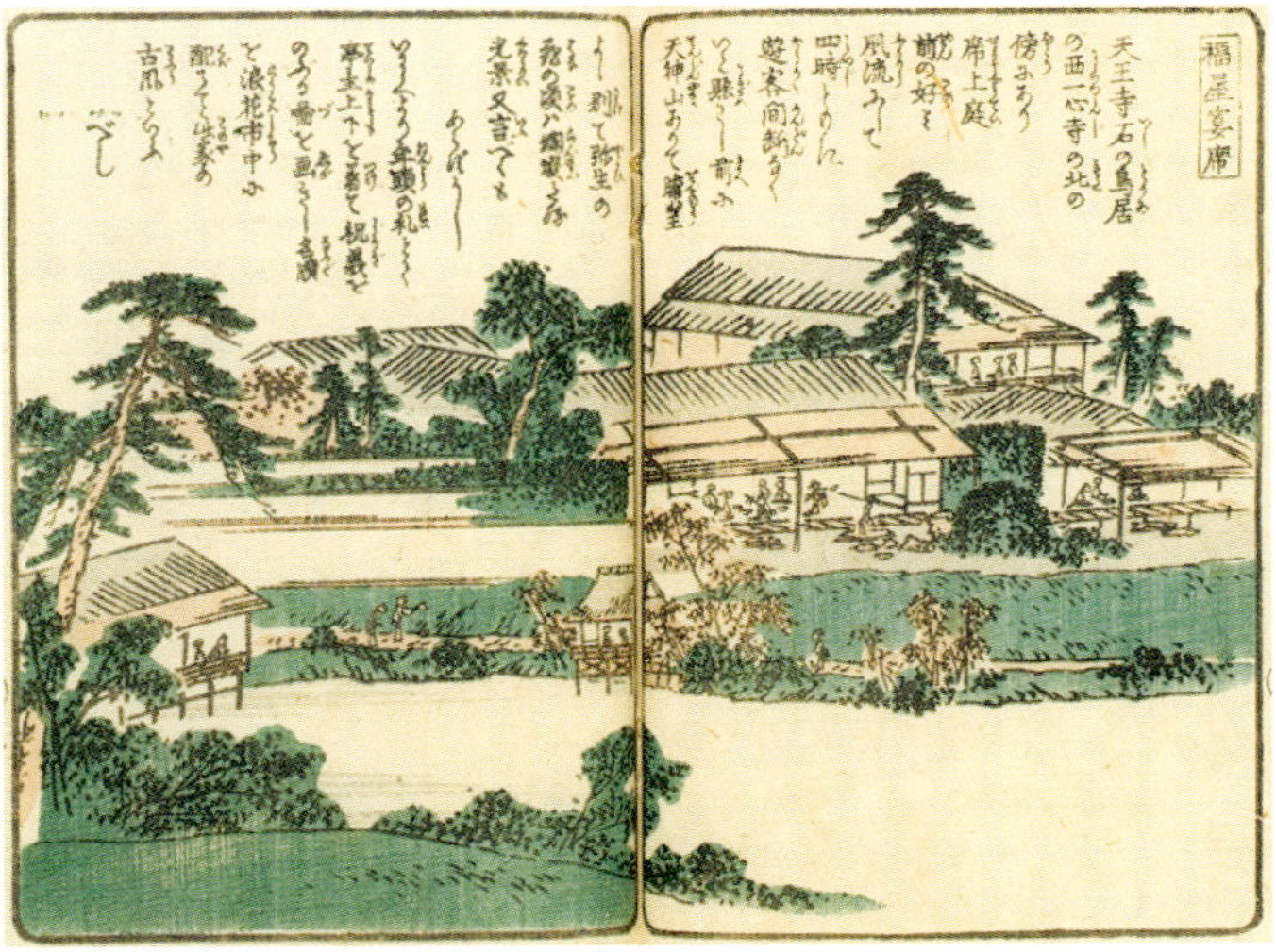

図6-2●天王寺の福屋の庭園（『浪華の賑ひ』）

れたことから、福屋はにぎわっていた。掲載されている図には貸し座敷として、後方に二階建ての建物、前面に長い平屋の建物があり、手前の斜面下には池に臨む高床の建物二棟が設けられている（図6-2）。『浪華百事談』には「其庭芝生にて泉水を作り、天神山を仮山の如くなして、風景よき宴席にて」とあるから、園池の前面には天神山が築山のように見えていたことになる。

『所以者何』には「福屋又平［割注］去々年（寛政十一年［一七九九］）より紀州様御休の本陣に成申候」と書かれている。紀州徳川藩主が江戸への行き帰りに福屋で休息したというのだから、料理屋としては食事がよかったばかりでなく、建物や庭園

図6-3●河堀口の松屋の庭園（『摂津名所図会［2］』）

も立派だったということになる。

●河堀口の松屋

河堀口《こぼれぐち》は四天王寺の南東部、現在の天王寺区北河堀町・南河堀町・大道二―五丁目などに当たる（『大阪府の地名Ⅰ』）。『摂津名所図会（二）』に「小堀口　松屋亭」と題した絵図が掲載されている（図6-3）。間口の広い茶店の背後に、舟を浮かべた広々とした園池と築山を設けた庭園が描かれている。池際には接客用の離れが建てられ、池には土橋や八つ橋が架けられ、後方の築山の麓には四阿《あずまや》が設けられている。

江戸後期の『繁花風土記』に「郊外料理茶屋」として松屋の名があるのは、回遊式の大規模な庭園を持っていたことから有名になったのだろう。だが、『浪華百事談』は「松屋は庭中美景にして、人も賞せしとぞ。されど休業して、明治の始の頃すでにあらず」と明治初期には消滅したと述べ、経営者は浄瑠璃の竹本長登太夫《ながとたゆう》（三代目［一八〇〇―一八六四］か）だったことを書き添えている。

生玉神社周辺の料理屋の庭園

●尼寺の西照庵

西照庵《さいしょうあん》は天保十一年（一八四〇）の「浪花料理屋家号《やごう》付録」（脇田修監修『図説大坂　天下の台所・大坂』）という番付表では、最高位の東の大関浮瀬に並ぶ西の大関とされている。『摂津名所図会大成（四）』によると、天王寺古城跡に建てられたという月江寺（天王寺区生玉寺町）の裏門の西側に位置していた。座敷からは大坂の町と西の海までが一望でき、夕陽が沈む美しい光景が眺められたことから「西照庵」という名が付けられたという。

同書は庭園について、「庭中の林泉宴席の風流心を尽せり。其趣き京師《みやこ》の円山《まるやま》に彷彿《ほうふつ》たり」と、京都東山の安養寺塔頭《たっちゅう》の庭園に似ていることを指摘している。安養寺塔頭の貸し席が一つの規範になっていたのだろうか。具体的には、

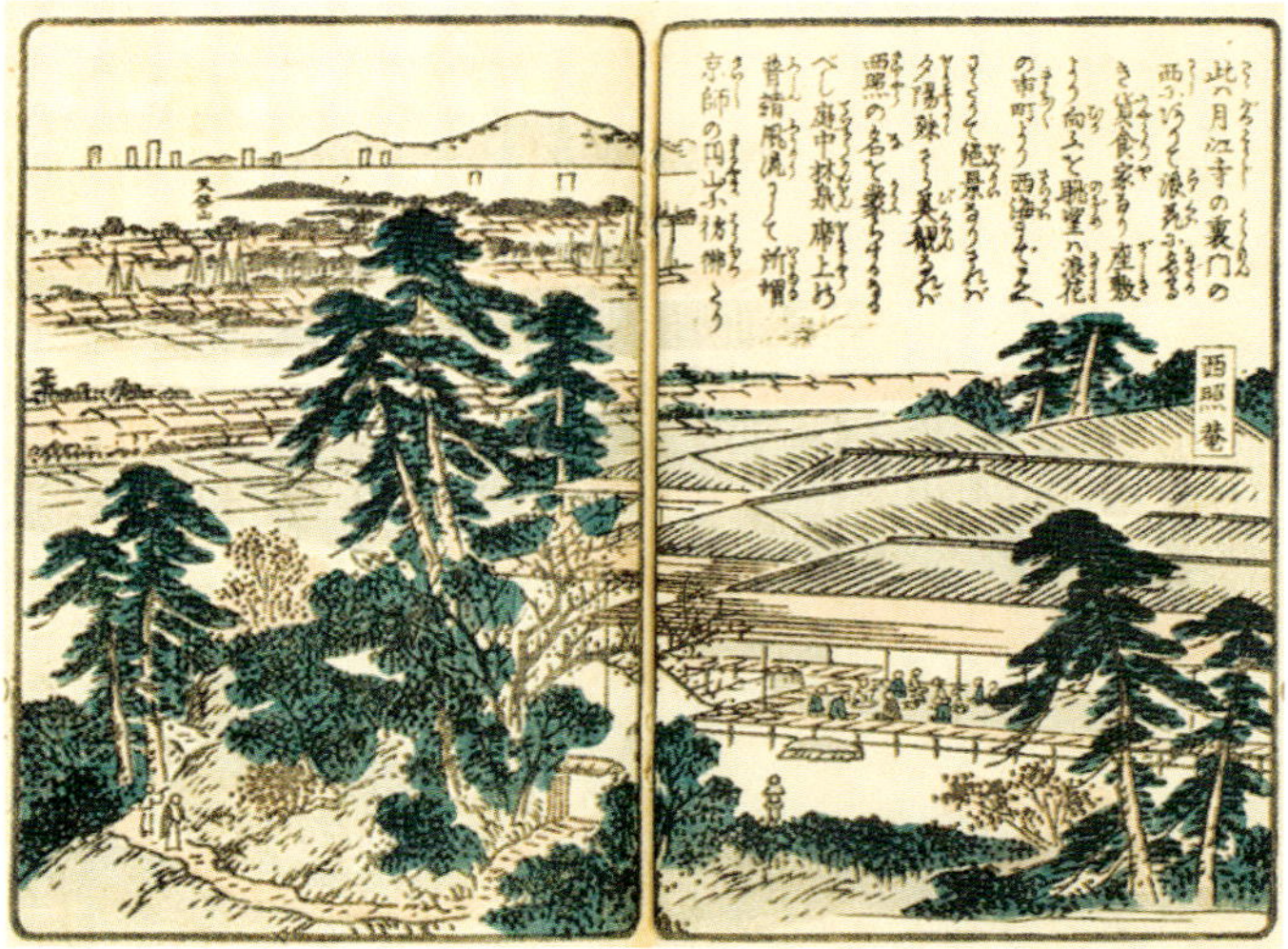

図6－4●西照庵の庭園（『浪華の賑ひ』）

庭面《にわも》には桜楓萩など多く、且《そのうへ》かねて菊を造りて晩秋の上旬より花壇をしつらひ、大菊およびさま〴〵の細工菊を飾りて賓客《ひんきゃく》もてなすゆへ、殊更《ことさら》に繁昌なり。

と述べている。サクラ・カエデ・ハギなどが庭園には植えられていたが、花壇には大型のキクの花やキク人形のような細工物が飾られていたらしい。

『浪華の賑ひ（二）』（嘉永四年［一八五一］序）は同様の西照庵の由来を記しているが、台地上に幾棟もの客席が建ち並び、マツの高木と落葉広葉樹・常緑広葉樹が庭を取り囲んでいる図も掲載している（図6－4）。この図から、西側後方には天保山と

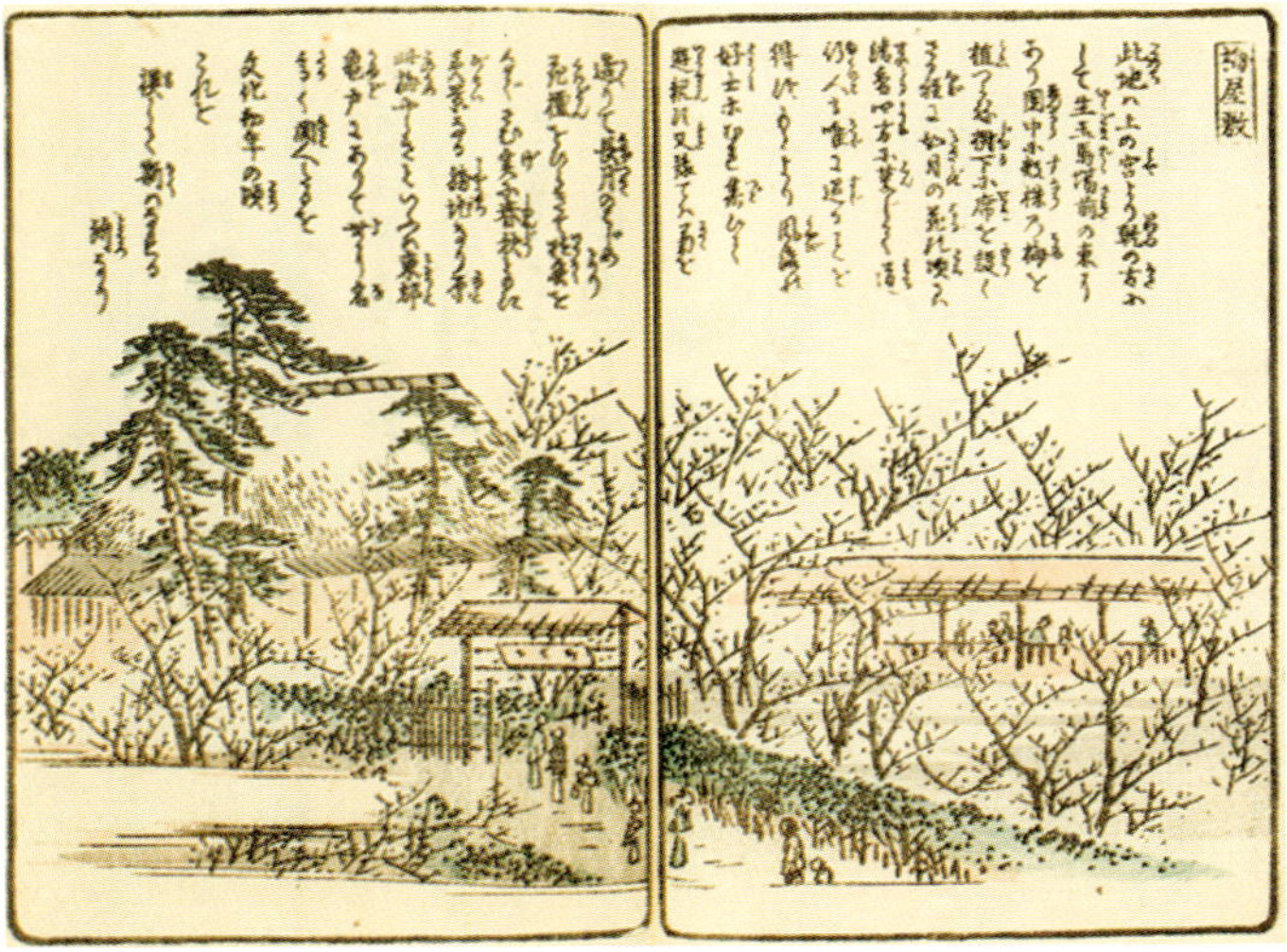

図6-5●梅屋敷の庭園(『浪華の賑ひ』)

海が眺められたことがわかる。『浪花の梅(三)』には「西照庵といへる料理屋の庭に谷あり。昔の有栖川《ありすがわ》の流れといへり」と書かれているから、旧有栖川の渓谷を庭園の中に取り入れて、地形の変化を見せていたのだろう。

●生玉神社付近の梅屋敷

梅屋敷の場所は『摂津名所図会大成(四)』によると、「高津《こうづ》・生玉《いくたま》両社の東にありて荒陵山《てんのうじ》にも遠からず、頗《すこぶ》る便宜《びんぎ》の地方《ところ》」だったというから、現在の天王寺区生玉町の東に位置していたのだろう。営業開始時期については、「文化のはじめ東都亀戸《かめど》の梅やしきを摸《うつ》して開《ひら》ける所にして」と説明しているので、文化元年(一八〇四）頃に江戸亀戸《かめいど》の梅屋敷を参考にして建てたものだったことがわかる。

庭園の状況について同書は、

園中に数株《すちゅう》の梅《むめ》を植つらね樹下に宴席を設く。さる程に如月《きさらぎ》（旧暦二月）花の頃には清馨《せいきょう》四方《よも》に薫《くん》じて往還の老若《ろうにゃく》たゞに過ることを得ず。［略］此に集《つど》ひて詩を賦《ふ》し歌を詠じ、或は連歌《れんが》・俳諧《はいかい》・狂歌おの〳〵好める遊興に楽しみ［略］

と述べている。『浪華の賑ひ（初篇）』も同様の文章を載せ、垣に囲まれた中に数多くのウメを植栽した庭の図を掲載しているが、ウメに混ざって萱葺きの主屋と横長の客席も見える（図6－5）。しかし、ウメだけでは商売として成り立たなかったらしく、「菊を造りて長月《ながつき》（旧暦九月）のはじめより花壇をひらきて」というように、秋には花壇に多くのキクを植えて人を集めている。

北新地の料理屋の庭園

松川半山（万延元年［一八六〇］頃没）が描いた「浪華北新地在瓢麦亭《ひょうばくてい》の図」と題した着彩一枚刷りの絵は、広告として印刷されたもので、瓢麦亭の全貌が描写されている（図6－6、大阪引札研究会編『大阪の引札・絵びら』）。『浪花百景』では「北瓢亭」とされているが、瓢麦亭が本来の店名だろう。

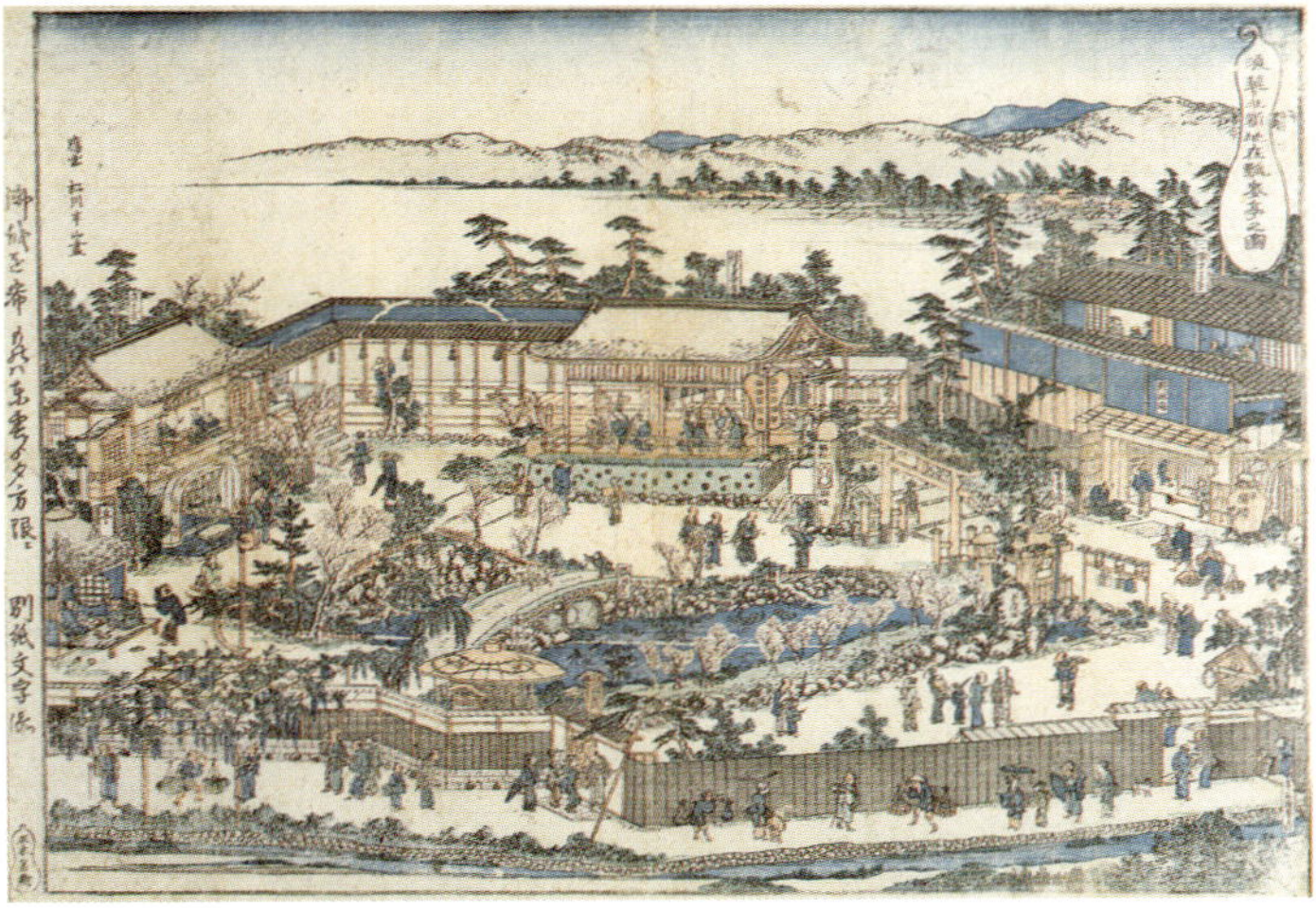

図6-6●北新地の瓢麦亭の庭園

宝永五年（一七〇八）に開発された北新地（北区）は、曽根崎新地とも呼ばれた所だった。中央の入り口を入った正面には、石積護岸を持つ園池がつくられ、左側に「亭」と二階建ての座敷が見られる。それに続く回廊の中央には「絵馬茶店」と名付けられた茶店があり、右側の「料理場」の奥には「二階ざしき」が設けられている。庭園内には「蛇瓢《じゃひょう》弁天」という社や鳥居が置かれ、不思議な空間がつくり出されているのは、少しでも客を増やそうとして考え出した演出なのだろう。

難波新地・難波村の料理屋の庭園

難波新地は明和元年（一七六四）に土地造成が始められた所で、現在の中央区千日前一丁目・難波一―四丁目に当たっている。新地の繁栄策として料理屋や遊郭が許可されたことから、三郷に住む人びとの行楽地としてにぎわった。

本来の難波村は、現在の浪速《なにわ》区難波中・元町・湊町・桜川・稲荷・立葉《たてば》・木津川・塩草・芦原・久《く》保吉《ぼよし》と中央区千日前・難波千日前・難波一帯を含むもので、非常に広いものだった。『浪花百景』が難波村の赤手拭《あかてぬぐい》稲荷について、「西に武庫山、東に生駒の高峰、広く民家を払ふの眺望、四時《しいじ》の遊客井筒弁当を携え慰むるの勝景なり」と記していることからすると、難波村には民家が少なく田畑が広がり眺望がすぐれていたので、難波新地の繁栄が契機となって次第に料理屋が建つようになったのだろう（『大阪府の地名Ⅰ』）。

●難波新地の松の尾

松の尾は難波新地の一隅にあったことから、芝居帰りの客で昼夜にぎわっていた。天保年間（一八三〇―一八四四）の成立とされる『街能噂《ちまたのうわさ》（二）』（『浪速叢書一四』）には、

わづか十年に成かならぬ身上で有りヤスガ、誠に運の善男《いい》で有りヤス。また此度《このたび》普請も広げるといふことでありヤス。

とあるから、江戸後期に営業を始めて増築を重ねていったようだ。

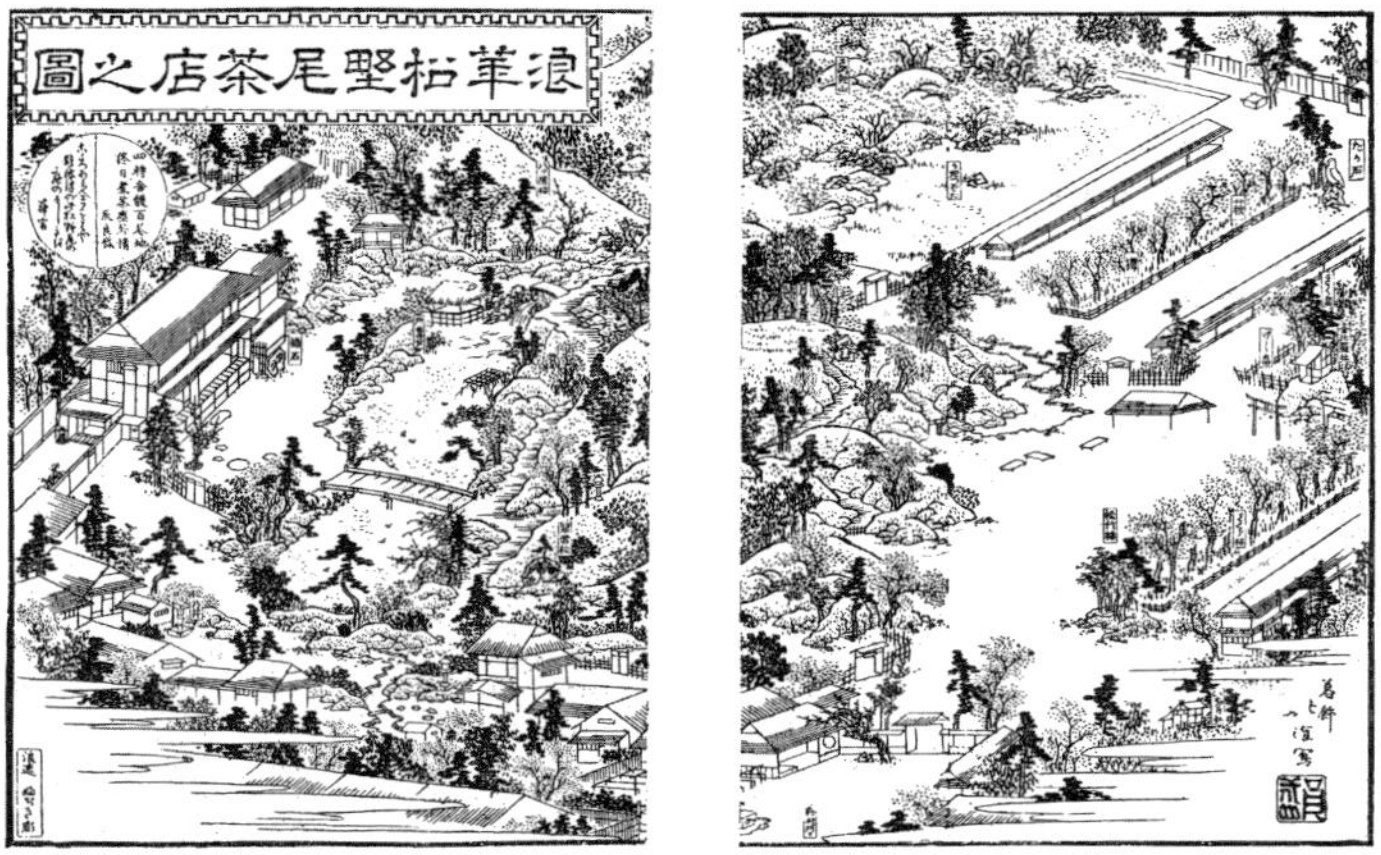

図6−7●難波新地の松の尾の庭園（『摂陽奇観［54］』）

同時代の『摂陽奇観（五四）』（『浪速叢書六』）には、

> 松の尾茶亭、大和屋弥三郎宅。座敷庭前四季の草花夥敷《おびただしく》、誠に花実長者。諸侯の御休息所に相成、五葉亭と称号し、市中の貴賤《きせん》群集す。

と記されている。掲載されている図からすると、広大な敷地には多くの建物が設けられていた（図6−7）。中央右上には「かきつばた」を植えた池とそれに続く園池があり、カキツバタの池の傍にはサクラが列植され横にハギが植えられている。その横には「きく畠」と「けし畠」が設けられ、築山部分は奥が「さつき山」で、中央の最も高い所は「月見台」になっている。

『街能噂』よると宴会用の貸し座敷には、「菊の間・さつきの間・池の亭・小山の亭・滝の亭」など、庭園と関連した名称がつけられている。貸し座敷の代金は一—二朱（一朱は一六分の一両）ほどだったという。「五、六月は毎晩蛍を二貫づゝはなすといひやすが、一夏には十両から十四、五両も入さうで有りヤス」という具合に、夏には大量のホタルを庭園に放って客を呼び寄せている。

●難波村の大津湯

江戸時代の思い出を明治になってまとめた『浪華百事談』に、「大津湯」という項目がある。所在地がわからないのだが、天保三年（一八三二）に作られた「浪華名所独《ひとり》案内」（巻頭）では、大津湯の位置は道頓堀の南側の難波村（浪速《なにわ》区）になっている。湯気を出さないように引戸をつけた「戸だなぶろ」という浴室を持つ風呂屋だったが、素人料理を出す料理屋でもあった。ここの庭園はかなり趣向が変わっていた。

此家は内に前栽《せんざい》を設けず、道路をへだてゝ空地に、丸太にて柵をつくり、其中に種々の樹草をうゑて、楼より眺むる園とせり。

というように、大津湯では敷地の中に庭園をつくっていない。二階に小座敷がいくつもあったことから、道路を隔て空地に柵を設けて、その中に樹木や草花を植えて建物から眺めるように庭園を築いている。隣地の庭を楽しむ奇抜な借景技法といえるだろう。

風呂屋で料理屋だった店とは何だったのかを、『浪華の賑ひ（二）』は次のように説明している。

この所は薬湯《くすりゆ》の養生所にして、温泉にはあらずといへども、其《その》功能多しとて湯治する人間断《かんだん》なく、居間をかりて飲食をなし音曲を楽しむもの多なり。されば諷《うた》ふあり、舞あり、鼓《うつ》あり、弾《ひく》あり、踊るありて、其賑はしきこと［略］

大津湯は名前のとおり風呂につかって疲れをいやす保養所的な場所だったから、食事ができる郊外の料理屋として知られるようになったようだ。

●難波村の一方楼

江戸後期の『摂津名所図会大成（八）』が一方楼について、

此《この》家は難波村中《そんちゅう》の中央にありて、江南随一の貨食家《りょうりや》也。宴席広く美を尽し庭前の林泉風流なればば［略］

と述べているように、難波村の中央に位置していたが、大坂南部では最大の規模で庭園は風流だったらしい。また、「諸祝儀《しゅうぎ》の饗応《ふるまい》、講内の参会、謡《うたい》・狂言・乱舞の出会《でかい》など、平生《つね》にありて許多《あまた》の集《しゅう》

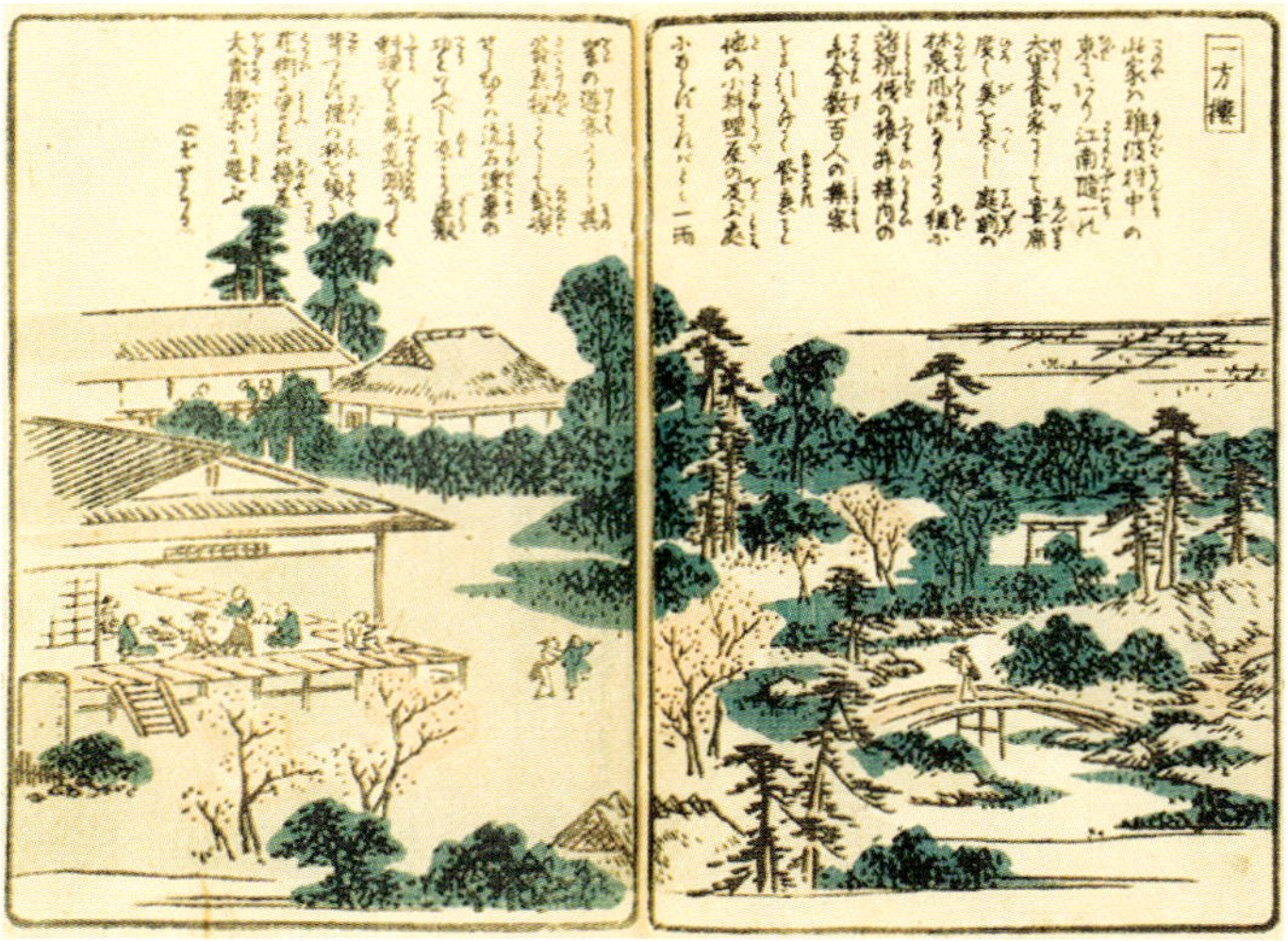

図6-8●難波村の一方楼の庭園（『浪華の賑ひ』）

客《かく》を引うけてもてなす」と、祝儀・講・趣味の会など多人数の会合に利用されていたことを記している。

『浪華の賑ひ（二）』が掲載している図によると、大座敷からやや離れた所に園池が設けられていて、池に架かった橋を渡って背後の築山一帯を散策できるようになっていた（図6-8）。植栽の数の多さから見ても、庭園はかなり広かったようだ。

住吉新家の料理屋の庭園

『住吉名勝図会（一）』（寛政六年〔一七九四〕）に、住吉新家《しんけ》の町並みが描かれている。元は住吉社領だった住吉新家というのは、住吉神社西側の紀州街道沿いの両側の土地のことで、現在の住吉区長峡《ながお》町に当っている『大阪府の地名I』)。

大坂三郷から住吉神社へ向かうこの途中には、豊臣秀吉が休息したと伝えられる天下《てんが》茶屋があった。『住吉名所図会（一）』と『摂津名所図会（一）』には、天下茶屋の庭園の様子が描かれている。

『住吉名勝図会（一）』の図から住吉新家には、紀州街道をはさんで三文字屋《さんもじや》の向いに伊丹屋《いたみや》・昆布屋・丸屋が存在していたことがわかる。『摂津名所図会（一）』に、

両側に貨食《りょうりや》の家列《つら》なり。三文字屋・伊丹屋・昆布屋・丸屋など荘《ざしき》を風流に営み、鱗魚の鮮《あざ》らけきをもつて饗応《もてな》し、女奴《かよいおんな》は粧粉を施し、［略］酒を勧めて声をかしく拍子どり、末客は［略］まづ墨江《すみのえ》の大神《おおんみかみ》に慶《よろこ》びの祝詞《のっと》を捧《ささ》げて、この酒旗《しゅき》に来り、［略］

と記載されているように、住吉神社の帰りに人びとが立ち寄ることを狙って建てられた料理屋だった。三文字屋・伊丹屋・昆布屋・丸屋などは座敷が風流で、海に近かったことから魚料理が美味で、給仕の女性たちもいてにぎわっていたようだ。

●伊丹屋と三文字屋

伊丹屋の図が『摂津名所図会（一）』に掲載されている（図6-9）。かなり広い座敷を持つ建物が四棟描かれている。左側の高床の座敷前には玉石を敷き詰めた枯山水らしいものが作られていて、座敷

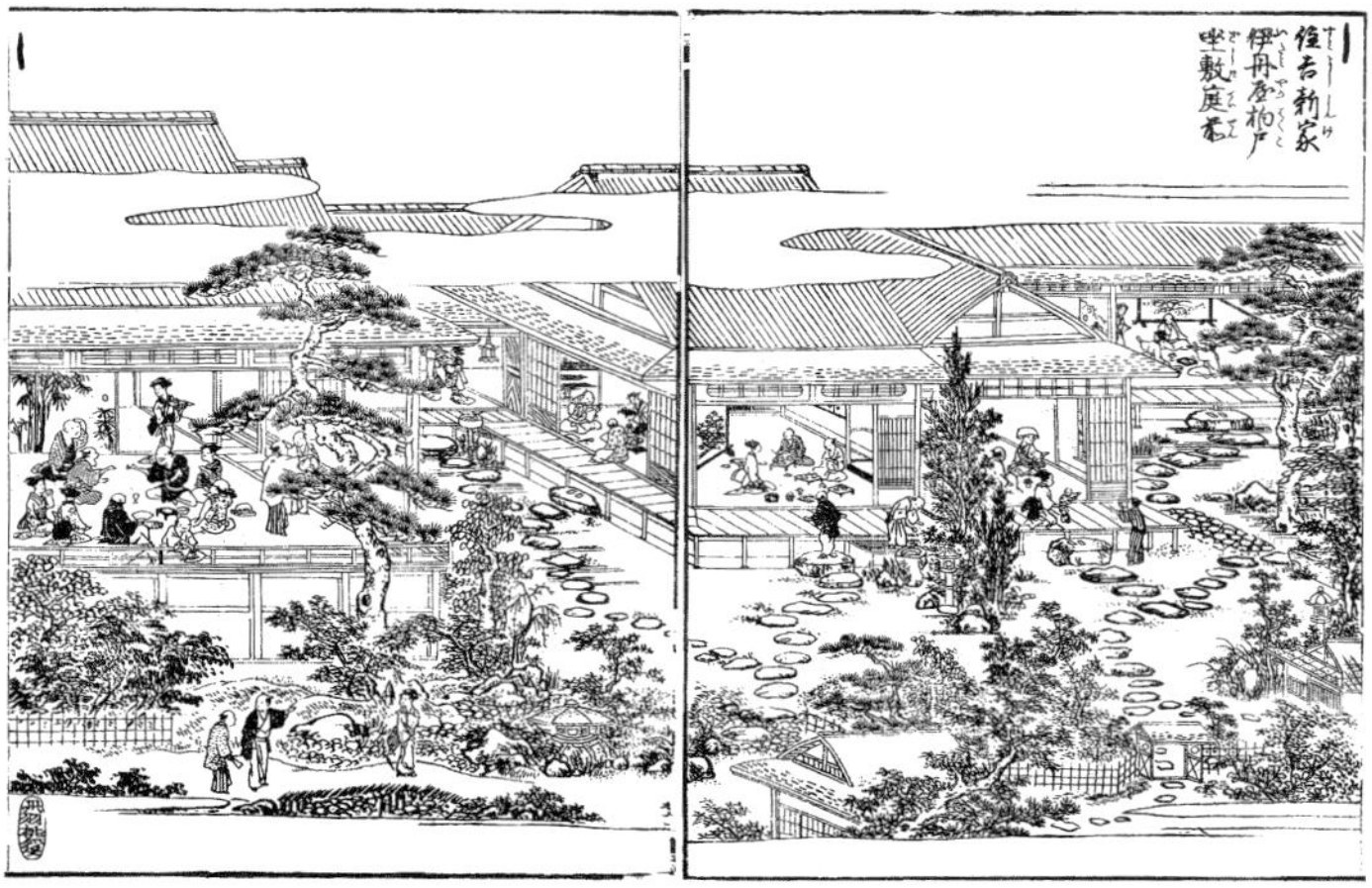

図6-9●住吉新家の伊丹屋の庭園（『摂津名所図会［1］』）

から飛石伝いに歩いて土橋を渡れるようになっている。手前の建物は茶室だろうか。植栽としては高木のマツのほか、数多くのさまざまな樹木が見られる。

一方、『住吉名勝図会（一）』の三文字屋の図では、座敷から続く飛石の先には大きなマツを配した庭園が描かれている（図6-10）。客は武士だったり町人だったりしているが、それぞれが各部屋に分かれてくつろいでいる。

『虚実柳巷方言《さとなまり》（上）』（寛政六年［一七九四］）にも、「料理亭」として「三文じゃ　いたみや」と出ていることは、二軒とも営業年数がそれなりにあったということなのだろう。

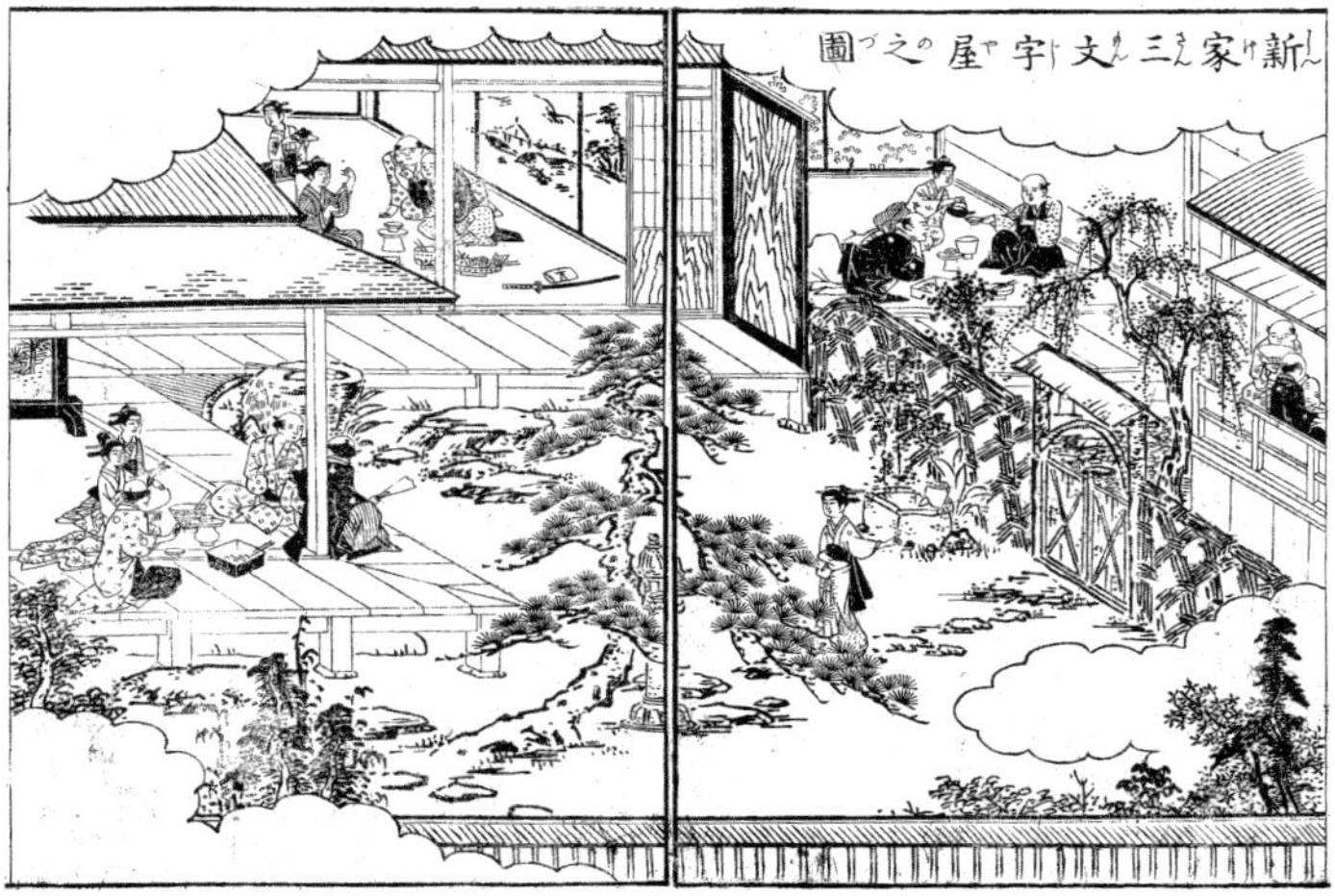

図6-10●住吉新家の三文字屋の庭園（『住吉名勝図会［1］』）

郊外の料理屋が持つ意味

大坂の料理屋についてまとめると、表6-2のようになる。大坂の料理屋の歴史について林春隆は、「大阪料亭の殷盛を極めたのは宝暦・明和（一七五一－一七七二）の頃で文化（一八〇四－一八一八）より後はやゝ保守時代であつた」としている。創設年代は浮瀬が十七世紀末年頃、福屋が正徳元年（一七一一）と早い。これらが宝暦・明和の繁栄期をつくり、江戸中期末の『摂津名所図会』に掲載されている松屋・伊丹屋などが文化年間に隆盛を誇ったものなのだろう。『浪華の賑ひ』（嘉永四年［一八五一］）には、梅屋敷・西照庵・福屋・一方楼などの広大な庭園が描かれ

表6-2●大坂の郊外の料理屋一覧

名称	所在地	営業年代	庭園の特色	その他
浮瀬	高津（天王寺区）	1694年頃—1869年	サクラ・カエデ、春秋の草花	大坂湾眺望
福屋	天王寺（天王寺区）	1711年—1880年頃	園池、借景（天神山）	安井天神に隣接
松屋	河堀口（天王寺区）	—1794年—1868年頃	大規模な回遊式庭園	
伊丹屋	住吉新家（住吉区）	—1794年—	枯山水的な庭園	住吉神社前
三文字屋	住吉新家（住吉区）	—1794年—	飛石	住吉神社前
梅屋敷	生玉（天王寺区）	1804年頃—	多くのウメ・キク（花壇）	
松の尾	難波新地（中央区）	1830年頃—	回遊式庭園	ホタル狩り
大津湯	灘波村（浪速区）	—1832年—1851年—	隔てた場所に庭園	風呂・料理
西照庵	尼寺（天王寺区）	—1840年—1890年頃	サクラ・カエデ・ハギ・キク（花壇）	大坂湾眺望
一方楼	難波村（浪速区）	—1851年—1890年頃	園池・築山	南部で最大規模
瓢麦亭	北新地（北区）	—1860頃年—	小園池・亭	神社風建物

ていることからすると、江戸末期にも郊外の料理屋は繁盛していたようだ。

大坂の郊外だったからこそ、広大な敷地を確保することが可能だったといえる。市街地から郊外までは楽に歩いて行ける距離であり、市街地のはずれに設けられた料理屋からは郊外の風景を眺め楽しめたという点では、都市と農村が理想的な共存関係にあったように見える。人びとが心を和ませ交流を楽しんでいたということからすると、大坂郊外の庭園を持つ料理屋は、江戸時代の大坂文化を形成する一翼を担っていたことになる。

郊外の料理屋は明治以降はどうなったのだろうか。篠崎昌美著『浪華夜ばなし』（『朝日文化手帳一九』）の「大阪の食通紀聞」の項に、「明治初期において早くも没したものに清水坂の浮瀬、天王寺逢坂の福屋、［略］中期ごろ姿を消したものに中寺町西照庵［略］庶民向の難波の「一方亭」と述べられている。明治になってから江戸時代の老舗が消滅していった理由としては、各藩の蔵屋敷の武士が大阪を去ったことや贔屓《ひいき》筋だった商人が没落したこと、欧米化したことから洋食が好まれるようになったことなどが考えられる。

だが、『明治大正大阪市史（一）』（昭和九年［一九三四］）は、

明治後期に就《つ》いていへば［略］見晴らし席貸にては玉造真田山の呑春楼《どんしゅんろう》と桃山の産湯楼《うぶゆろう》とが知られてゐた。

として、新しい郊外の料理屋を説明している。大正九年（一九二〇）の「大阪市街地図」（林景造発行）などでは難波新地・天王寺周辺は市街地化しているが、新しい料理屋は都市化されずに残っていた東側周辺に建てられている。都市化が進行して市街地が拡大していったことも、江戸時代の郊外料理屋の存続を困難にしていったようだ。

2　大坂の遊郭の庭園

新町遊郭とは

女性の人権を無視した遊郭という制度は、現在からすると好ましいものではないが、江戸時代には社交的な遊び場所として一つの文化を形成していた。新町遊郭につくられた庭園から当時の状況を探ってみたい。現代では遊郭といってもわからなくなっているが、江戸時代の遊郭の遺構としては、京都に島原遊郭の揚屋だった角屋《すみや》が残っている。建物は重要文化財に指定されるだけあって、室内の壁や障子にも粋《いき》というものが感じられる。

大阪では飛田《とびた》新地（西成《にしなり》区山王三丁目）に、大正時代（一九一二―一九二六）に建てられた遊郭の建物が、料理屋として営業されているので中を見ることができる。まず、玄関に入ったところに大きな反橋《そりばし》が置かれているので、最初から驚かされる。内装はきらびやかで、便所まで日光東照宮のような装飾が施され、中庭には二階まで達する巨大な立石が一石、象徴的に据《す》えられている。四畳半程度の隠微な感じがする狭い部屋もあるが、宴会をするための大座敷もつくられている。遊郭は欲望のはけ

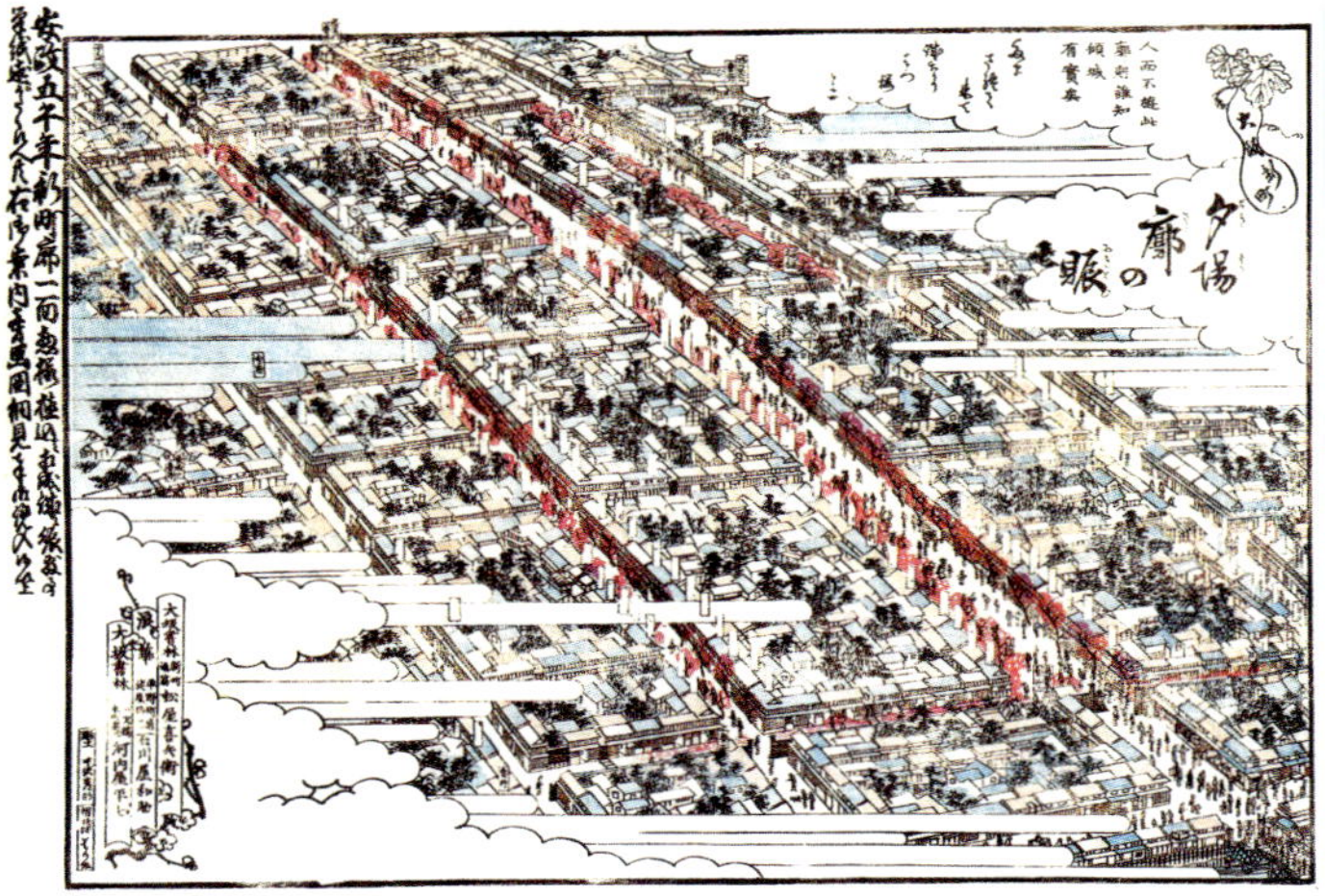

図6-11●新町遊郭の全景（「北陽細見記」）

口だっただけではなく、町人たちの集会の場でもあったようだ。

弘化元年（一八四四）二月二十一日に奉行所から三郷惣年寄《そうどしより》に対し、町人たちが遊所などへ諸大名の家来を招いて、金銭の貸し借りの相談だと称して酒を飲み食事をしているのは、まったく奢侈《しゃし》そのものなので慎むようにと厳重に通達していることからも、商談の場としても利用されていたことがわかる（『大坂編年史二一』）。

新町は江戸の吉原や京都の島原、長崎の丸山に並ぶ有名な遊郭だったことから、江戸時代の遊び人たちは、

> 京島原の女郎に、江戸吉原の張《はり》（意気地）をもたせ、長崎丸山の衣装を着せ、

大坂新町の揚屋《あげや》にてあそびたし、

と『澪標《みおつくし》』（宝暦七年［一七五七］、『浪速叢書一四』）の「揚屋無双《あげやのぶそう》」の項にあるように、遊郭で豪遊することを夢に見ていた（図6-11）。大坂新町の揚屋の建物は他にまさっていたらしい。

新町遊郭の来歴

新町遊郭の成立について『色道大鏡《しきどうおおかがみ》』（延宝六年［一六七八］）は、

大坂の遊郭は、慶長年中（一五九六―一六一五）までは、西堀の東、今の伏見呉服町の旧地にありて、又一町と号す。是より道頓堀に遷《うつ》されて、此に居る事十余年、其后《そののち》寛永第八辛未《しんび》年（一六三一）、道頓堀より今の新町に遷さる。

と述べている。慶長年中までは町の中に存在していたが、町はずれの道頓堀へ移され、さらに新町に移されたという。だが、『大坂濫觴《らんしょう》書一件』（『大坂編年史四』）などは、元和二年（一六一六）の大坂市中の区画整理時に、一ヵ所に集められて新町がつくられたとしている。

創設時期には諸説あるが、大坂の各所に存在していた遊郭を次第に幕府は新町に統合していき、瓢筆町・佐渡島町・吉原町・新京橋町・新堀町・九軒町《くけんちょう》が新町遊郭と総称されるようになる。位置・規模について『摂津名所図会（四）』は、「新町傾城廓《けいせいくるわ》は、新町橋の西方《にしほう》四町をいふなり」としている。位置的にはほぼ現在の西区新町一・二丁目、地下鉄の四ツ橋駅の北西側付近にあたる。明暦三年（一六五七）に東大門が設けられたためもあるのだが、問屋が並ぶ順慶町通（中央区南船場）を西に向かうと、東大門に通じる新町橋があるということは、三郷からは行きやすい場所に置かれていたことになる。

『澪標』の奇妙な絵

『澪標』の頁をめくっていくと、これは一体何なのだろうという絵に出会う。等角透視図法に近い形で、同じような建物の中に似たような格好をした人物が描きこまれた、左右連続の上下二段の奇妙な絵が、一二頁にわたって掲載されている。二階を省いて一階部分だけを描いたものなので、舞台装置のような異様な感じを受けるのだろう。絵の表題に「九軒町・佐渡島町・新堀町」という町名が書かれているので、新町遊郭の光景ということがわかる。

最後の住吉屋和吉の図中には、「惣《すべ》て揚屋の分、二階ざしきあれども百分一の絵図ゆへ、これを略し侍る」と説明されている。描かれているのは遊女を呼んで遊ぶ揚屋《あげや》で、原図は一〇〇分の一の縮尺だったことになる。『澪標』のこれらの図が、どのような意味をもっているのかを見ていこう。

新町遊郭の遊女と揚屋

●遊女の区分

初めは昼間だけ営業して宿泊することは許されていなかったが、享保年間（一七一六―一七三六）には昼夜の営業が許されて、新町は不夜城の賑わいを見せるようになる。しかし、資金が少ないと楽しくは遊べなかった。井原西鶴の『好色一代女（二）』（貞享三年［一六八六］）に、

有銀《ありぎん》五百貫目より上のふりまはしの人、太夫《たゆう》にもあふべし。二百貫目迄の人、天職（天神《てんじん》）くるしからず。五十貫目迄の人、十五《かこい》（鹿子位《かこい》）に出合てよし。

と書かれているように、遊女には太夫・天神・鹿子位・端女郎《はしじょろう》の区別があり、それぞれ料金が異なっていた。遊女を呼んで遊ぶ場所にも格差があって、揚屋・天神茶屋・鹿子位茶屋・店付茶屋の区分が存在していた。『澪標』の図は、これらの内の太夫を呼べる揚屋だけを描いたものということになる。

図6−12●花魁道中（『摂津名所図会［4］』）

●揚屋と太夫

『繁花風土記』（文化十一年［一八一四］序）によると、太夫が出入りする店が「揚屋」で、天神が出入りする店が「茶屋」だった。太夫が禿《かむろ》や新造（新入りの遊女）をつれて、揚屋へいく途中の様子が「花魁道中《おいらんどうちゅう》」と呼ばれていた（図6−12）。元禄十五年（一七〇二）の『摂陽見聞　筆拍子（六）』（『大坂編年史六』）には、新町遊郭の揚屋と太夫の名が次のように記されている。

〈高島屋内〉あづまぢ　〈いづみや内〉あふち・かるも・みよしの　〈ふじや内〉よしだ・つつのゐ・やしほ・みやまち　〈こゐしや内〉しきぶ・大くら　〈槌屋《つちや》内〉たかた　〈木屋内〉さと・きんご　〈茨城屋内〉よしの・琴うら・かほる・小くら　〈よしの屋内〉あげまき・あふよ〈たなばや内〉むらさき・いつた・浮ふね　〈わかばや

内〉小太夫〈あふぎや内〉若むらさき・はなやま・もろこし〈大坂屋内〉やゑぎり・ゑぐち

太夫の人数は以上の二九人（一人名前が欠落）、この他に引舟が二九人、天神が五四人、鹿子位が四四人、端女郎《はしじょろう》とも呼んだ局《つぼね》女郎《じょろう》は六六七人もいたという（『新修大阪市史三』）。元禄十三年に京都島原では、太夫一二人、天神六人、鹿子位七〇人、端女郎二一九人だったというから、新町の方が繁栄していたことになる（『京都の歴史五』）。

しかし、新町内の揚屋は江戸前期（十七世紀）後半の『色道大鏡』によると、九軒町九軒、佐渡島町一七軒、阿波座町六軒、吉原町三軒の計三五軒だったが、江戸中期（十八世紀）初頭の『摂陽見聞筆拍子』では揚屋が二八軒で茶屋が四九軒、中期中頃の『澪標』になると揚屋の数は九軒町で六軒、新堀町・佐渡島町でそれぞれ三軒に減少している。

紋日の趣向

『澪標』の揚屋の絵をよく見ていくと、すべての店に庭園が描かれている。敷地の三分の一ほどが庭園になっている所もいくつかある。樹木の高さを三―五メートルと考えると、庭園はかなりの広さになるだろう。庭園様式も飛石と燈籠を置いただけの平庭《ひらにわ》的なものから、築山《つきやま》や園池を設けた本格的

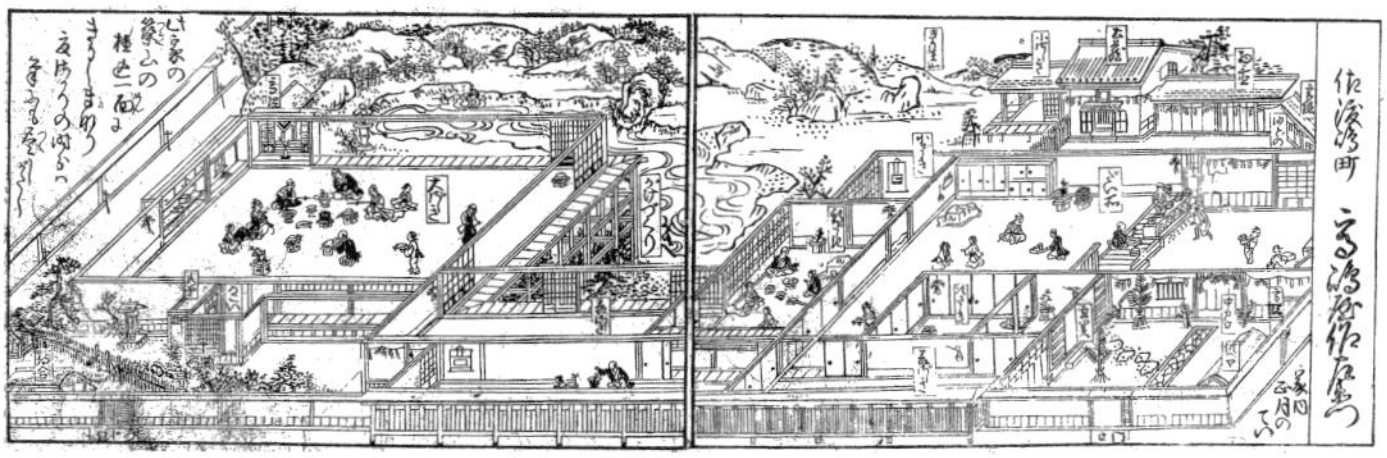

図6-13●新町佐渡島町の高島屋の庭園（『澪標』）

なものまでさまざまなものが見られる。

図中の文字を読んでいくと、九軒町の京屋には「此家惣《そう》二階にてはなはだ景色よろし」と書かれているから、二階建ての建物は眺めを考慮していたことがわかる。佐渡島町の高島屋は大きく池を掘った庭園がつくられているが、図中に、「此家の築山の植込一面にきりしまなり。夏さかりの時分は、筆にも尽しがたし」と、キリシマツツジが築山全面に植えられていたことが記されている（図6－13）。

季節に関連することでは、九軒町の吉田屋（喜右衛門）には「七《たな》夕《ばた》祭のてい」と書かれ、タケに短冊などの飾りをつけた様子が描かれている。同じ九軒町の山口屋には「夏げしきのてい」として、縁台に横になって夕涼みする男の姿がある（図6－14）。佐渡島町の茨木屋（四郎三郎）には「月見のてい」と題して、満月の夜の光景が描かれている（図6－15）。また、新堀町の住吉屋（半次郎）では「雪見のてい」となっていて、雪に埋もれた庭園の情景が描写されている。

遊郭の庭園の四季の変化を描いたにすぎない絵のように見えるが、

図6-14●新町九軒町の山口屋の庭園（『澪標』）

遊郭には「紋日《もんび》」という日が設定されていた。世間の五節句と遊里独自の祝日を合わせた日が紋日で、さまざまな趣向をこらして客が楽しめるように工夫していたが、『虚実柳巷方言《さとなまり》（中）』（寛政六年〔一七九四〕）によると、「三百六十日の内、二百余日の紋日ありて」というから度を越している。

『澪標』や『虚実柳巷方言』によれば、元日には遊女は雇い主から与えられた着物を着るが、二日・三日には客から贈られたものを着て美しさを競い合っている。三月は花市が開かれ、辻々で花が売られている。四月八日の花祭には花摘み、五月の節句と七月の七夕を世間と同様に楽しみ、八月十五日の月見の日には遊女から客に、趣向を凝らした料理や蒸菓子《むしがし》などが入った杉折《すぎおり》を出すようになっていた。九月九日の菊の節句には、着飾った太夫・天神が通りを練り歩く「道中」が催されている。十月は収穫祭が起源となっている亥《い》の子の祝い、十二月は事はじめの大祝いでにぎわっている。

『澪標』の図の「何々のてい」というのは、この紋日とよく一致している。紋日は客寄せのために設けられたものだが、江戸や京都

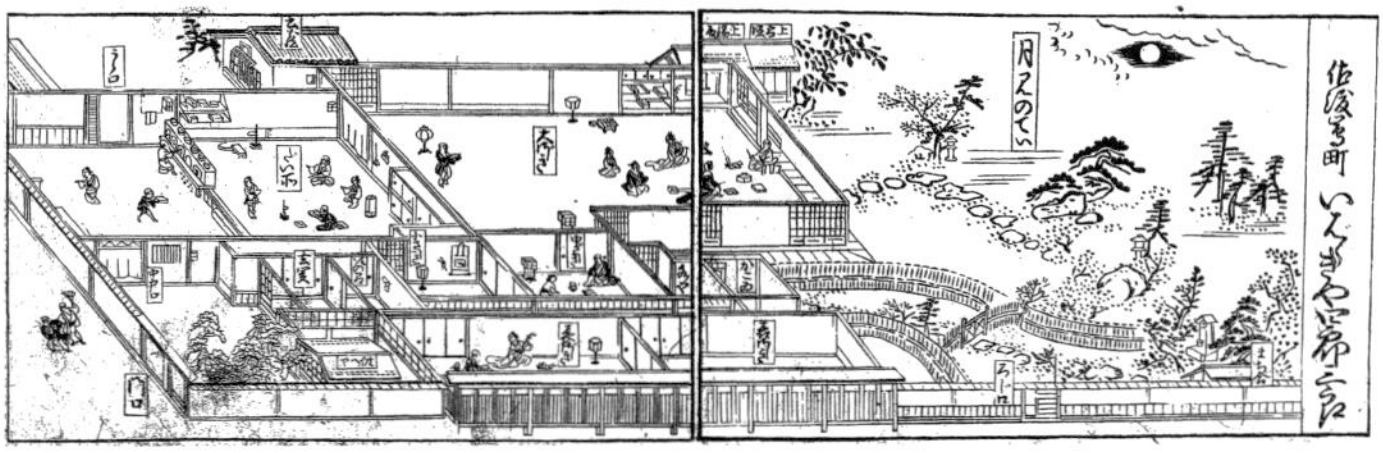

図6-15●新町佐渡島町の茨木屋の庭園（『澪標』）

などでは当日は揚代をいつもの倍は払う決まりになっていたという。遊女と親密になればなるほど、支払いは増大するという仕組みになっていたようだ。

新町の花市とサクラ

紋日とされた三月の花市については第1章で触れたように、新町の中央通りがあった瓢箪町では、明暦年間（一六五五―一六五八）から百年もの間、植木屋によって花市が開かれていたという。『澪標』によれば、夕方から午後八時頃まで「桜をはじめ山吹或は牡丹・芍薬《しゃくやく》・百合・紫陽草《あじさい》・夏菊」などが売られていたらしい。

また、新町では客寄せにサクラも植えられている。文化六年（一八〇九）九月八日夜に新町九軒町が焼失しているが、『摂陽奇観（四四）』によると、「新町火　阿波座蒸湯より出火。九軒町残らず通り筋焼る」というほどの大火だった。しかし、これがサクラを植える契機になっている。『反古籠《ほごかご》』（『大坂編年史一二』）には、

写真６−１●「九軒桜堤の跡」の石碑（新町北公園内）

文政二卯《う》年（一八一九）、新町九軒町さくら植候事願《ねがい》叶《かない》、三月中旬より都合七十三本植る。殊《こと》の外《ほか》見事也。新町は昼夜群集にて近年の賑はひ也。尤《もっとも》太夫道中五度有、四方の門々打切程の群集也。太夫・引舟・禿・芸子・芸者迄、皆々桜の衣装也。

というように、新町の復興した様子が述べられている。九軒町にはサクラが七三本も植えられて、花時には見事だったようだ。太夫や引舟などが町の中を着飾って練り歩いたので、見物人がその行列を見ようと押し寄せている。

『近来年代記（下）』（『大阪市史史料二』）によると安政五年（一八五八）には、越後町（佐渡島町揚屋町）と九軒町の通りから横の町まで一面にサクラを植えて、同年三月四日の夜から一〇日間ぼんぼりに灯をともし、家ごとに幕を張り二階の座敷にはサクラの枝を挿《さ》したという。「凡桜千五百本、中々桜代でも三百両入しと云々」と、かかった経費が示されている。花が終わるとサクラは、翌年まで塀側の東の土地に移し替えられたらしい（宮本又次「新町ところどころ」『上方の研究三』）。このサクラの名残なのだろうか、「九軒桜堤の跡」という石碑が現在、新町北公園の隅に建てられている（写真6－1）。

新町のその後

元和三年（一六一七）に幕府が「傾城町の外傾城屋商売致すべからず候」と命じたこともあって、大坂では公認の遊郭は新町に限られていたが、「島・島場所」と呼ばれた多くの非公認の遊所が存在するようになった。曽根崎新地（北区）・堀江新地（西区）・灘波新地（中央区）・島之内（同区）・元伏見坂町（同区）など四〇ヵ所ほどあり、茶屋には茶立女、風呂屋には髪洗女・垢掻《あかか》き女と呼ばれる者たちがいた。新地の開発に伴い茶屋・風呂屋のほか新たに、煮売屋・旅籠《はたご》屋などの営業が認められ遊女の数は増加している。

なかでも島之内の南部は遊所として有名だった。元禄十六年（一七〇三）に茶屋株を得たことから、通称三筋と呼ばれた南塗師屋町（中橋筋）・御前町（太左衛門橋筋）・布袋《ほてい》町（畳屋町筋）が花街の中心になっていた。遊女の数は、元禄年間（一六八八―一七〇四）刊行の『諸分車山衆』で一〇六人、寛保二年（一七四二）の『嶹陽《とうよう》英華』では二五三人になっている（『新修大阪市史四』）。遊女の数の増加から見ても、島之内が繁栄するようになったことがわかる。

『近世風俗志（二一）』所収の「諸国遊所見立角力弁《みたてずもう》に直段《ねだん》附」によると、天保の改革（天保十二年［一八四一］開始）以前の各所の一夜遊興の値段は、新町太夫が六四匁《もんめ》（銀六〇匁が小判一両）、島之内が二八匁、北新地・坂町が二四匁、堀江が一六匁、安価な所では一〇〇文（銀一匁が銭一〇〇文）だったから、新町が高級な遊里だったことは変わりがなかったようだ。

だが、明治維新後に新町は大きく変貌していった。明治五年（一八七二）に遊女解放令が布告され、遊女は娼妓《しょうぎ》と芸妓になり、遊郭は貸し座席と芸妓置屋に姿を変えた。大門や周囲の板塀が取り払われて外との交通が自由になると、中心になっていた瓢箪町は商店街化し、貸し座席が他に移転すると、遊郭の面影は消え失せていった（『大阪府の地名Ⅰ』）。第二次大戦後は都市化によって、江戸時代の新町遊郭の遺構は完全に消滅し、今ではビルが建ち並ぶ平凡な市街地になってしまっている。しかし、江戸時代の大坂文化を考える場合に、新町遊郭のことを無視することはできないだろう。

3　料理屋と遊郭の立地条件

大坂の商業活動の発展に伴って、郊外の料理屋は江戸中期頃から開業を始めるようになり、江戸末期まで繁盛している。江戸初期は人びとに金銭的な余裕がなく、幕府の取締りも厳しかったから、贅沢なことはできなかったのだろう。大坂の郊外の料理屋は、農地と市街地の境目に配置されていたということが特色だった。大勢の人びとがつどい物見遊山的なくつろぎを味わえるように、眺望を楽しみながら回遊できる広大な庭園がつくられている。景色がよく広い敷地が得られる郊外という立地条件を料理屋が選んでいるわけだが、市中の喧騒から逃れて郊外でくつろぎたいという願望が人びとにあったから、郊外の料理屋は好まれたのだろう。

江戸時代の大坂では当初は大坂三郷と農村地帯という区分があったが、三郷の発展とともに次第に農村部分の都市化が進んでいる。しかし、江戸とは違ってゆっくりした変化だった。おそらく多くの藩で大坂と同様に、ゆるやかに農村地帯の都市化が進行していったのだろう。都市と農村の境目に両方の魅力を取り入れて料理屋が建てられ、敷地が広かったことを生かして庭園がつくられたことで、講や趣味の会など多人数の会合に利用され、江戸時代の大坂文化が形成されていったということは、現代の都市と農村の関係を考える場合にも見落としてはならないことだろう。

遊郭の存在は好ましいものではなかったから、大坂の風紀を乱さないように新町遊郭は市中から離れた場所に置かれたようだ。しかし、都市から遠く離れた場所だったわけではなく、市街地に接していて行きやすい場所だったから繁栄したといえる。幕府が遊郭を必要悪と考えていたから、新町のような掘割に囲まれている、本来ならば商業活動が盛んになるはずの場所を、遊郭として与えたのだろう。新町遊郭の庭園がかなり広い面積を占めていたのも、街中から外れた場所だったからこそ可能なことだった。遊郭の経営者が部屋数を増やさずに、庭園をつくって四季の変化を味わえるようにしていた点は、現代とは違った江戸時代らしい余裕のように見える。

島之内の遊郭が南組内で存在できたのも、江戸前期はまだ三郷内も郊外に近い部分は、未発達だったからではないだろうか。曽根崎・堀江・難波などの新地や元伏見坂町などの遊所は、市中と郊外との境目に生まれている。土地代が安く町奉行所の取り締まりも市中よりは緩やかだったことが、繁昌した理由だろう。都市と農村地帯の境は、明るく広い庭園を持つ料理屋が建てられる一方で、遊女がたむろする歓楽街が形成された場所でもあったことになる。農村に接する地帯は都市の不健全さを浄化する機能を持っていたように見える。

第7章 町人の庭園3

1 大坂の新田会所の庭園

新田開発とは何か

大坂の町人は盛んに大坂の郊外で新田開発を行ない、新田を運営・管理する会所《かいしょ》には建物を建てるだけでなく庭園を設けている。新田会所とは何だったのか、そこにつくられた庭園はどのようなものだったかを見てみよう。

●全国の新田開発

新たに開墾した土地を古代には「墾田《こんでん》」と呼んでいたが、江戸時代には「新田」と言うようになった。築堤や河川管理の技術が進歩したことから、それまで手が付けられていなかった大河川流域の新田開発がいっせいに進んだ。幕府は新田に対しても課税が行なえたので、大坂でも新田開発を積極的に奨励している。

新田が開発されると幕府・藩主たちは課税をするために、田畑の面積を測量して生産高を算定する検地を行なっている。石高《こくだか》というのは、玄米の量に換算して耕地の生産量を算定したものだった。慶長三年(一五九八)の日本全国の総石高は一八五一万石だったが、正保二年(一六四五)には二四五五万石、元禄十年(一六九七)には二五八八万石、天保元年(一八三〇)には三〇五六万石、明治六年(一八七三)には三二〇一万石というように次第に増加している。こうした石高の増加は新田開発によるところが大きかった。

全国的に見ると、新田開発の主体は村・百姓個人・百姓寄合・町人・藩・藩士などだった。江戸初期は治水・灌漑事業が盛んに行なわれて新田開発が推進されたが、耕作労働者の不足で旧耕地が放棄されたことや急速な開発で国土保全が危うくなったこと、また、共同で使用する入会地《いりあいち》や採草地が減少したことなどから、貞享《じょうきょう》四年（一六八七）には町人請負が制限されている。しかし、享保の改革期には年貢増長策として再び新田開発が強力に推し進められ、享保七年（一七二二）に出された新田開発に関する通達では、

新田取立候仕形、［略］五畿内は京都町奉行所、西国・中国筋は大坂町奉行所、北国筋・関八州は江戸町奉行所え願い出るべく候。

と、西国・中国地域は大坂町奉行所に新田開発の請願書を出すように指示されている。だが、近世後期になると再び新田開発は抑止されている（『国史大辞典七』『日本の近世一七』）。

●大坂の新田開発

大坂の新田開発については、他の地域とは異なった特殊性があった。大都会に近接して需要が多かったことから、多数の新田では米・麦・豆や蔬菜などを生産したが、その肥料になる下肥《しもごえ》は市街地から近距離だったので安く大量に入手できた。大坂湾で獲れたイワシを干した干鰯《ほしか》や豆粕などを絞ったメ粕《しめかす》などの高価な肥料を投入して、染料になる藍《あい》や綿などを盛んに栽培したのは、米よりも利益が大きかったからだろう。

大坂の河口には各河川が上流から土砂を運んでくるために、大坂湾から押し寄せてくる潮流の関係

から洲や島が多数形成され、航路を確保するために河底や海底を常に浚渫しなければならなかった。そのため浚渫した土砂を利用する新田開発は、山間の田畑を開拓するよりも実施しやすいという面があった（『西区史二』）。

『大正区史』は大坂の新田開発を、江戸時代初期を第一期、元禄年間（一六八八―一七〇四）を第二期、宝暦《ほうれき》元年（一七五一）から安永末年（一七八一）までを第三期、文化元年（一八〇四）から慶応末年（一八六八）までを第四期に分類している。第一期には未開発の島や放置されてきた海浜が開発され、第二期は満潮のときに水没する浮洲などを堤防で囲んで干拓する大規模開発になり、広大な多数の新田が開拓されている。第三期になって再び開発は活発となり、第四期には沖合になるほど新田開発は困難を増したが、積極的に開拓は進められていった。

大坂湾一帯の新田開発の状況は、天保十年（一八三九）の「大阪湊口新田細見図」（『江戸時代図誌三大坂』）から位置と規模がわかる。明治十九年（一八八六）に陸地測量部が作製した「大阪近傍　中部」地図（古地図史料出版）には、「春日出新田・八幡屋新田・津守新田・南加賀屋新田」などという名称が書き入れられているので、正確に位置を確認することができる。天保五年に刊行された中川山長画「浪華新丘図」（立正大学蔵）は、新田が重なり合う様子を海から眺めて描いているので、視覚的に楽しめる（図7-1）。

河口一帯は幕府の直轄地だったことから、大坂東西町奉行所や鈴木町・谷町代官所の支配地になり、

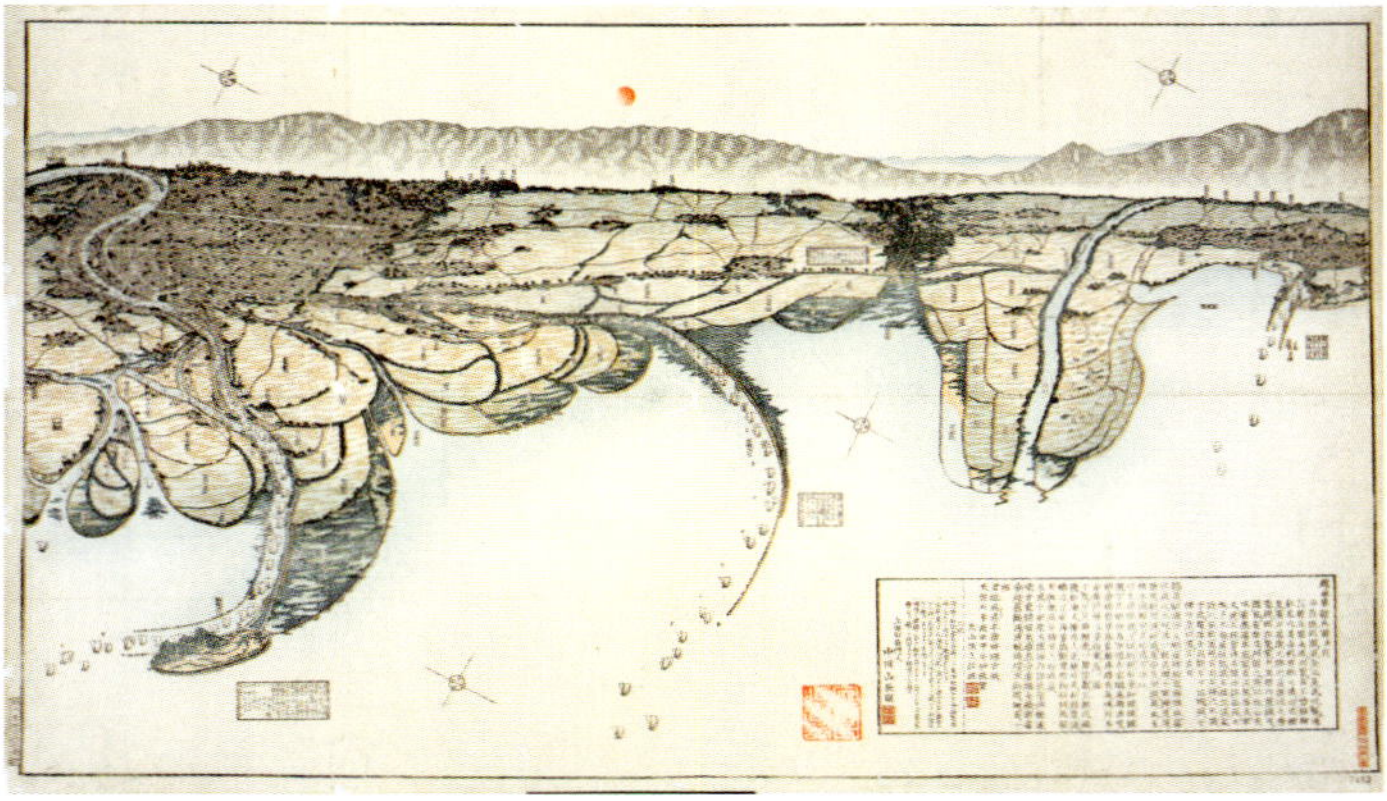

図7－1●海から眺めた新田開発の状況（「浪華新丘図」）

年貢を納めることが義務付けられている。村には庄屋・年寄・百姓代という三役があったが、新田では開発者あるいは開発者から任命された者が、新田支配人となって取締りを行なっている。既存の村から通う農民が小作人になって、耕作をして小作米を納めるという体制になっていた（『此花区史「総説」』）。

大坂の新田会所の庭園

●大坂の新田会所

新田の経営・管理をする開発者あるいは新田支配人が、開発した水田を貸し付けたり収穫された米を集める業務をしていたのが、会所と呼ばれる場所だった。大坂西南部の大和川・木津川・尻無川・安治川の河口の三角洲では多くの新田が造成され、津守《つもり》（西成区）・市岡（港区）・春日出（此花区）・加賀屋

（住之江区）などの新田会所が建てられている。

会所には事務を行なう建物や米を収納する蔵が建てられていたが、庭園がつくられる場合も多かった。近在の庄屋の寄り合いや大坂代官・幕府役人の接待に会所が使われたことから、憩える場所をつくるということで庭園が設けられたのだろう。会所の庭園のなかで津守新田会所の向月庭と春日出新田会所の八州軒庭園は、明治時代には大阪の二大名園といわれていたが、残存するのは加賀屋新田会所の庭園だけになってしまっている。

●津守新田会所の庭園

現在の西成区津守三丁目の大阪市立津守小学校付近にあった津守新田は、京都の横井源左衛門と金屋源兵衛が地代として一二五〇両を払い、元禄十五年（一七〇二）に七二町二反を開発している。しかし、宝永四年（一七〇七）の大地震と津波によって壊滅状態になり、経営が成り立たなかったことから湊屋九兵衛に譲渡された。だが、正徳二年（一七一二）に木津川の洪水、同四年には津波被害に遭い、享保十八年（一七三三）に湊屋は新田を袴屋《はかまや》弥右衛門に譲ったことから、袴屋新田とも呼ばれるようになった。袴屋は高波から新田を守るために、杭を四五〇間も沖へ打って防波堤を築いている。しかし、経営が順調でなかったためか、天明四年（一七八四）には大坂瓦町の炭屋（白山）善五郎の所有になり、津守新田と改称された（『大阪府の地名Ⅰ』）。

写真7－1●津守新田会所跡の石碑（津守小学校内）

袴屋弥右衛門が造営した「向月庭」と名付けられた庭園は、敷地は東西六〇間（約一一五メートル）、南北一五間（約二九メートル）ほどで、園内には十三間川の水を引き入れ、築山を設け奇石・怪石を配し、春日燈籠の名品や大きな御影石《みかげいし》の手水鉢を置いていたという（『津守村誌』）。だが、昭和九年（一九三四）の台風で荒廃し、現在では跡地は庭が津守小学校になり、石碑が立っているにすぎない（写真7－1）。

●春日出新田会所の庭園

大阪市此花区に存在していた春日出新田は、元禄十一年（一六九八）に大坂の雑賀屋《さいがや》七兵衛が、地代二一四〇両を上納して開墾を開始し、同十五年に竣工したものだった。春日出という名称は、開拓の時に茂みから鹿が飛び出してきたのを人夫が撲殺してしまったことに対して、七兵衛は鹿は春日明神の使いだったのにと嘆き、死骸を埋めて塚として春日明神をまつったことに由来している。新田の石高は四八八石三斗二升八合で、開発以来幕府の領地とされ大坂鈴木町代官所の支配地となっていた。

享保十五年（一七三〇）に和泉国佐野村（泉佐野市）の豪商食野《めしの》千代が春日出新田を譲り受け、宝暦十年（一七六〇）頃に南側をさらに開墾した。食野の代に紀州徳川藩祖南竜公（頼宣《よりのぶ》、一六〇二―一六七一）から、伏見桃山北殿の建物を拝領したとされている（『西成郡史』）。だが、二代藩主光貞から譲り受けたものという説もある（『此花区史（各説）』）。

しかし、天保六年（一八三五）に所有は、両替商豊島屋《てしまや》の清海《きよみ》安五郎に移っている。建物を「八州軒」と名付けたのは、淡路・紀伊・大和・河内・和泉・播磨・山城・摂津の八州が眺められたことによっている。明治十七年（一八八四）に菊池三渓という人物が、「春日出村荘十勝」を作ったことから一層有名になった。

庭園には樹竹が植えられ、渓谷には陽石・陰石・紫石・眠虎石・烏帽子《えぼし》石・達磨《だるま》石・蛸《たこ》石・臥牛《がぎゅう》石などの名石・奇石や朝鮮燈籠などが置かれていたという。鹿を埋めたという御鹿山には春日祠が設けられていて、騰雲渓《とううんけい》という谷や松陰池と名付けられた園池があった。春草庵や村雨亭《むらさめてい》という建物が建てられ、真澄川に沿って東西に延びる錦繍堤《きんしゅうてい》には鼓琴橋が架けられ、錦繍堤の上には四季の花が植えられていたという（前掲『西成郡史』、小沢圭次郎「明治庭園記」『明治園芸史』）。

江戸時代に描かれた「摂州阿治川春日出新田掛屋敷図」（歴史館いずみさの所蔵、図7－2）には、建物と庭園が描かれている。右手の二階建ての時雨亭側には樹林が設けられ、中央の小座敷の前面には

写真7-2●三溪園の臨春閣（春日出新田会所の旧主屋）

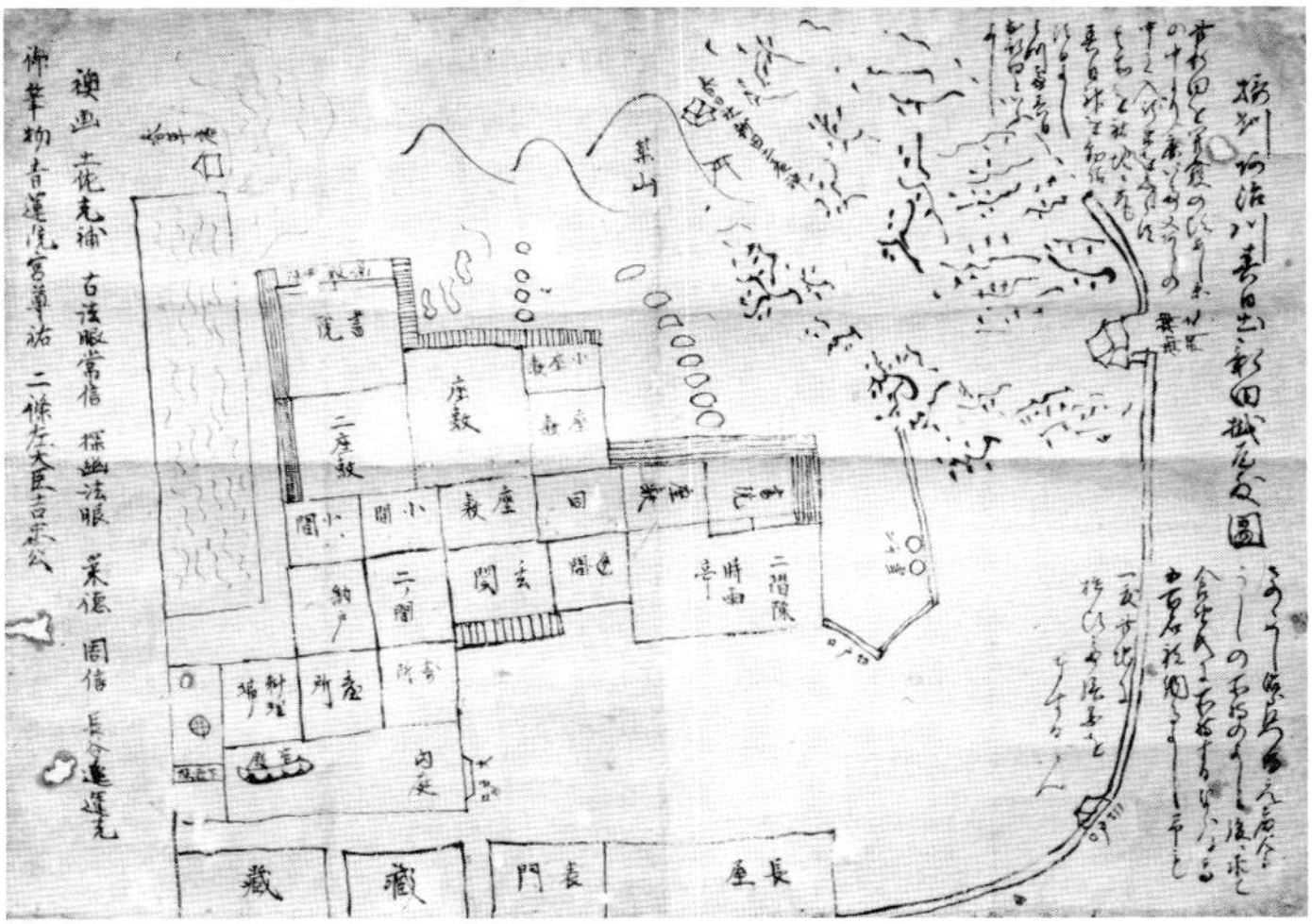

図7-2●春日出新田会所の古図（「摂州阿治川春日出新田掛屋敷図」）

写真7－3●春日出新田会所跡の石碑

春日社が置かれた築山があり、左手の書院側には方形の園池と春草庵が存在していたことがわかる。

絵図の右下には「元《もと》唐金うじの所持のよし。後に求めて食野氏に所持するならん。」と書かれていて、紀洲徳川家の御殿を移築したとはしていない（櫻井敏雄・松岡利郎「食野家関連の建築について」『泉佐野市史研究（八）』）。

この八州軒は明治三十九年に原富太郎に買い取られ、大正四年（一九一五）に横浜市本牧町《ほんもくちょう》の三溪園《さんけいえん》内に移築され、建物の配置が変えられて臨春閣と名付けられたが、昭和二十五年（一九五〇）に国の重要文化財に指定されている（写真7－2）。

春日出新田会所は大正時代以降は周辺が工場地帯化していたが、第二次世界大戦で焼失してしまったことから、現在は春日出南一丁目の春日出公園内に「八州軒の跡」と刻まれた石碑が立っているにすぎない（写真7－3）。

●加賀屋新田会所の庭園

［加賀屋新田会所の来歴］

加賀屋新田がある大阪市住之江区域は、新田開発の三・四期に当たっている。特に四期に集中して開発されているのは、新大和川が開削されたことから住吉浦に土砂が堆積して、新田開発がしやすくなったためだった。

初代加賀屋甚兵衛は延宝八年（一六八〇）に河内石川郡の農家の二男として生まれ、一一歳の時に大坂に出て淡路町一丁目（中央区）の両替商加賀屋嘉右衛門に勤めたが、正徳四年（一七一四）に分家独立して、淡路町二丁目で両替商を始めている。享保十三年（一七二八）に新大和川河口の洲の開発事業に参加して、北島新田を造成したのが甚兵衛の新田開発事業の始まりだった。

延享二年（一七四五）から北島新田北西側の加賀屋新田となる場所の開発に甚兵衛は着手したが、家業を任せた養子の道楽によって本宅だった淡路町の家屋敷や家財を失い、北島新田会所に引越しなければならなくなった。二代目となった利兵衛の協力で、宝暦五年（一七五五）に加賀屋新田の開発は完成して、甚兵衛は加賀屋新田に移転している。

初代甚兵衛は宝暦十二年に死去したが、利兵衛や三・四代目甚兵衛の努力によって、住之江区域の新田の半分以上の約一三四ヘクタールが開発された。二代目から桜井を名乗っているのは、新田開発の功で苗字帯刀を許されたことによっている（『住之江区史』）。桜井家は明治末年に会所屋敷を福島某に売却し、昭和七年（一九三二）に武田元助の所有になった（宮本又次「解説」『大阪経済史料集成一一』）。

［加賀屋新田会所の庭園］

大阪市住之江区南加賀屋四丁目の加賀屋新田会所跡は、市の緑地保全地区として指定され、平成十三年（二〇〇一）五月に保存整備が完了して、現在「加賀屋緑地」という名称で一般公開されているが、ここに会所の一部と別荘の建物が残っている。加賀屋新田会所の敷地面積は、現状では四八二一・五六平方メートルになっている。以前は北側と東側に幅三間（五・七三メートル）の水路があったことから、現在も残る石垣が築かれたらしい（『平成十三年度大阪市指定の文化財』）。

宝暦四年（一七五四）に建てられたという旧書院には八畳の座敷があり、座敷の水墨画が描かれている襖の上には、「愉園《ゆえん》」と書かれた額が掛けられている。大正三年（一九一四）にジャーナリストの西村時彦（天囚）がここを訪れ庭園に対して命名した際に、中国の考証学者の羅振玉が書いたものだという。

旧書院から続く廊下の先には、「鳳鳴亭《ほうめいてい》」と呼ぶ数寄屋風座敷が建てられている。文化十二年（一八一五）に増築されたとされているが、創建年代は宝暦四年の会所創設期までさかのぼる可能性もあるようだ。鳳鳴亭の西・南側には庭園に対応して一間半の広縁が付けられているが、西側は京都の清

写真7-4●加賀屋新田会所の鳳鳴亭と旧書院

水寺本堂の舞台のような懸け造りになっていて、園池に突き出している（写真7-4）。

庭園の正面にビャクシンの古木があり、その下方に瓢箪型の池がつくられている。瓢箪型池と西側の池に取囲まれた築山の上には、昭和二十年（一九四五）六月の空襲で焼失した四阿《あずまや》「明霞亭《めいかてい》」が再建されている。明霞亭の先には「偶然亭」と名付けられた待合があり、ここから鳳鳴亭の茶室に入るようになっている。

梅原忠次郎の「愉園を見る」（『上方六』）によれば、庭園は京都大徳寺住職だった宙宝宗宇（一七六〇―一八三八）の指導で、京都の名匠が建築と庭園を作ったという。庭園については「近世式茶道遠州流の粋を蒐《あつ》めた名園」と説明されているが、各地に存在する「遠州流」という庭園を見ても、作庭の流派と呼べるほど確固とした様式は認められない。加賀屋甚兵衛は町人ながら茶道の心得があって、紀州藩とも仕事上の関係があったことから、紀州藩主がここを訪れたこともあったという。

旧大和川流域の新田会所の庭園

元禄十六年（一七〇三）の大和川《やまとがわ》付替え工事を契機に、旧大和川の流域を開発した新田が東大阪市域に存在していて、新田会所には庭園がつくられていた。それらと大坂の新田会所の庭園がどのように相違していたかを見てみよう。

●鴻池新田会所

東大阪市鴻池《こうのいけ》元町に鴻池新田会所が残っている。旧大和川の河床を鴻池善右衛門（宗利）が耕地として開発したもので、宝永四年（一七〇七）に竣工している。開発面積は一二〇町一反六歩（約一一九・一ヘクタール）で石高は八七〇石五斗三升八合だったが、三割は田で残りの七割は綿を植え付けた畑だった。幕府直轄領だったことから大坂町奉行の直接支配になり、鴻池家の手代の中から選ばれた者が支配人として新田の管理を行なっている（文化財建造物保存技術協会編『重要文化財旧鴻池新田会所・史跡鴻池新田会所跡　修理工事報告書』）。

鴻池新田会所の総面積は一万二六〇〇平方メートル（三八一一坪）ほどある。会所は新田開発が完

写真7－5●鴻池新田会所の現状

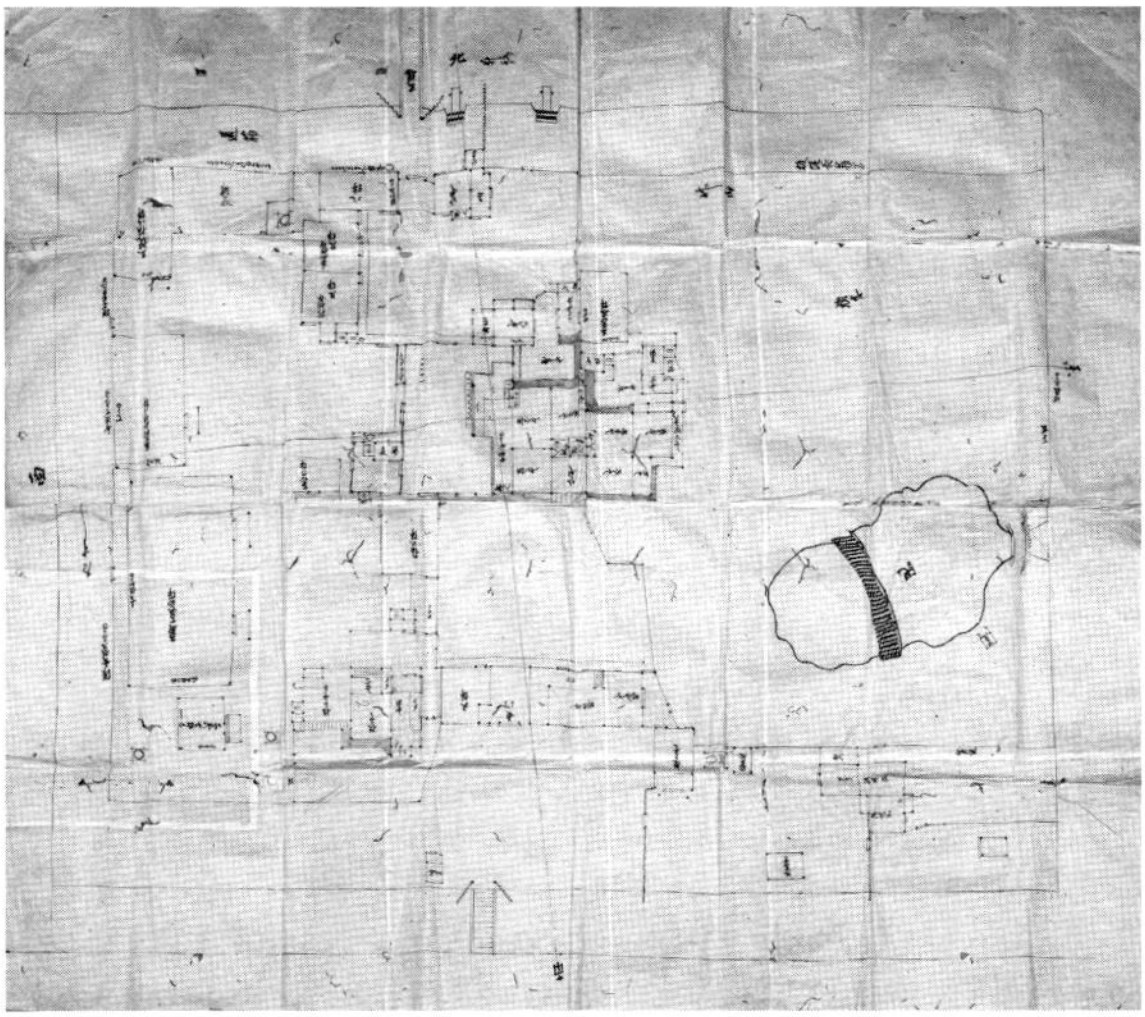

図7－3●鴻池新田会所の敷地図

成する前年の宝永三年に建てられたもので、現在も創建時の主屋が残存している（写真7-5）。嘉永六年（一八五三）に大改修が行なわれているが、改修以前の図面が残されていて、建物と庭園の配置関係がわかる（図7-3）。敷地の南側には堀があり、橋を渡って長屋門から入るようになっていた。主屋の東側に庭園がつくられているが、現在もこの園池は残っている。主屋の西側にはたくさんの蔵が配置されていた。

　現在もほぼ図面のとおりに残っていることから、昭和五十一年（一九七六）に朝日社周辺を除く屋敷地が国の史跡に、同五十五年に本屋・蔵屋敷など五棟が重要文化財に指定されている。

●菱屋中新田会所

　東大阪市御厨《みくりや》にあった菱屋《ひしや》中《なか》新田は、三井組の菱屋岩之助によって旧楠根川筋に開発されたもので、宝永年間（一七〇四―一七一一）の検地では面積は一六町四反二畝一歩（一六・二九ヘクタール）、石高は一四九石九升七合だった。享保十二年（一七二七）に越後屋（三井）の所有になったことから、三井会所とも呼ばれていた。天保七年（一八三六）の「三井会所絵図」（『布施市史二』）によると、敷地は一〇〇〇坪（三三〇〇平方メートル）ほどだった（図7-4）。絵図では北と東は堀で、西側は楠根川、南側は往来になっていて表門が設けられ、屋敷中央に母屋が建てられていて、その西側に土蔵が置かれていた。庭園は母屋の東側につくられていて、いくつも築山が設けられている。北東隅の最も

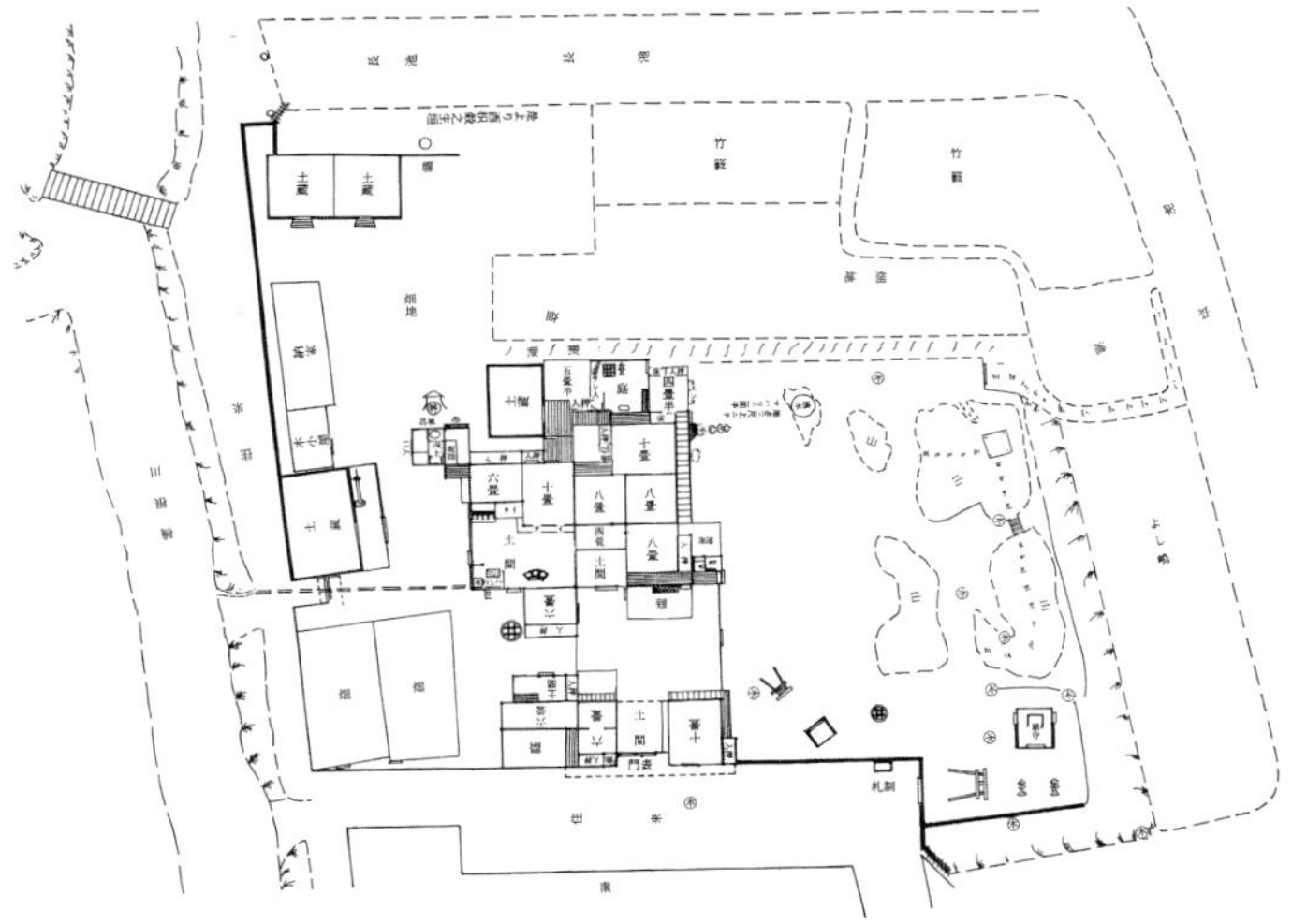

図7-4●菱屋中新田会所の敷地図（「三井会所絵図」）

大きな築山上には眺望が楽しめるように四阿が建てられていた。（前掲『旧平野屋新田会所屋敷と建物』）。

●平野屋新田会所の庭園

大東市平野屋の平野屋新田会所は、享保十三年（一七二八）にはすでに存在していたことが確認されている。文政七年（一八二四）以降、高松（銭屋）長左衛門の所有になったことから、高松会所とも呼ばれていた。当初新田は、東本願寺難波別院の講に所属する人びとの出資によって開発され難波別院へ寄付されたのだが、宝永六年（一七〇九）に出資していた大坂今橋通りの平野屋又右衛門が買収したという経緯がある（前掲『旧平野屋新田会所屋敷と建物』）。

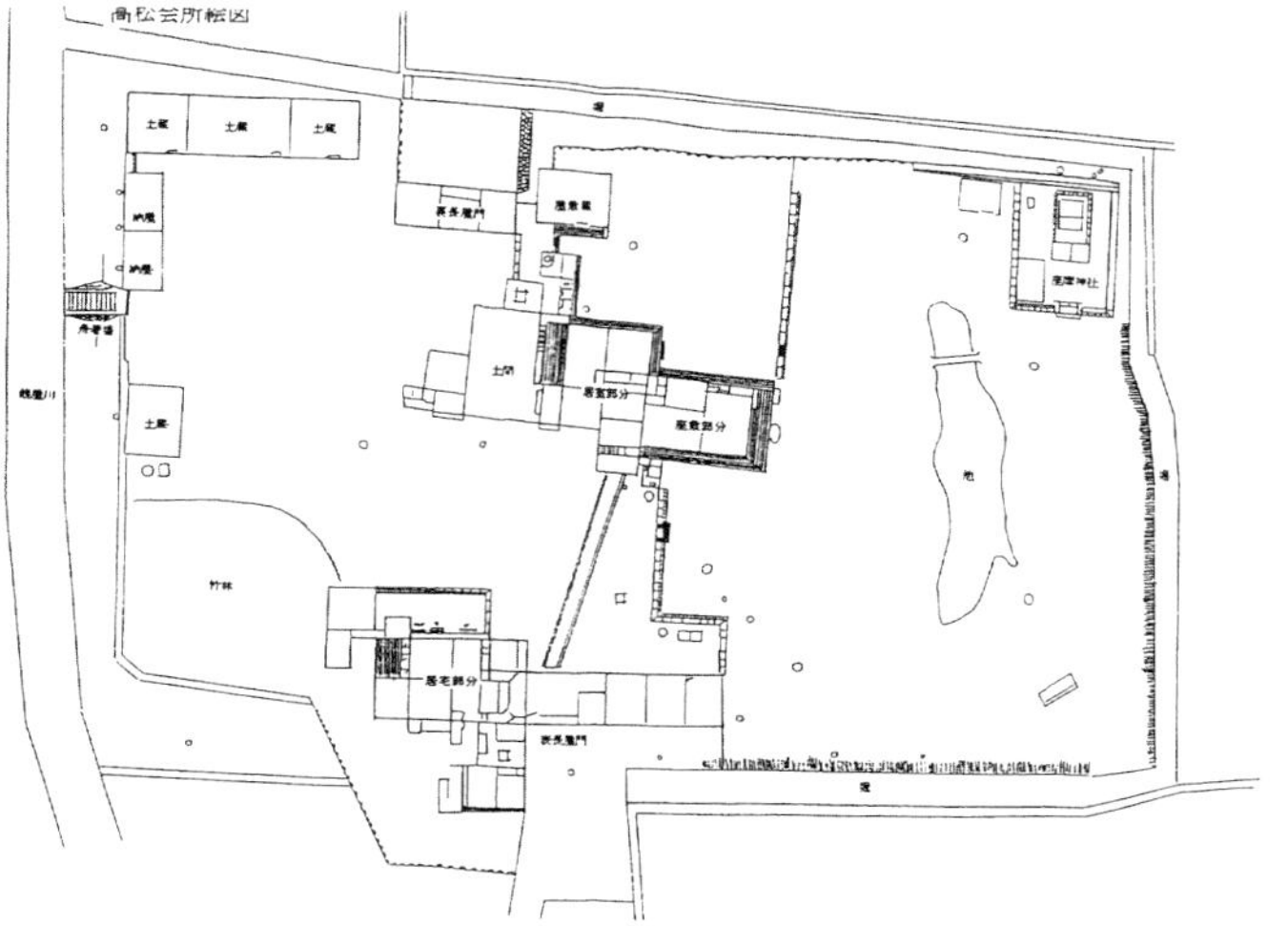

図7－5●平野屋新田会所の敷地図（大東市教育委員会『旧平野屋新田会所屋敷と建物』、図は上が北）

会所の敷地面積は東西約九〇メートル、南北約六〇メートルほどで、大正七年（一九一八）に写された図によれば、敷地の西側は銭屋川が流れていたが他の三方は堀で囲われていて、南側に表長屋門があり、南面する主屋座敷の東方に南北に長い園池がつくられていた（図7－5）。鴻池・菱屋中新田会所も堀や川で囲われていたことからすると、新田地帯は水路が収穫した米の重要な運搬路となっていたようだ。

●吉松新田会所の庭園

東大阪市吉松に存在していた吉松新田会所は、宝永二年（一七〇五）頃に大坂の末長甚兵衛が旧長瀬川の河川敷

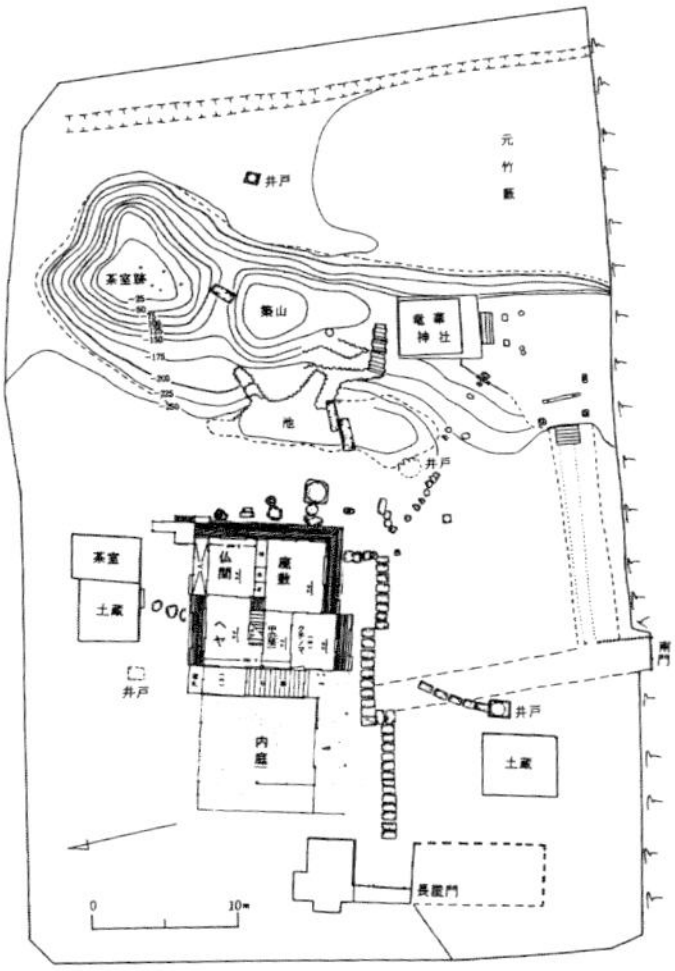

図7-6●吉松新田会所の実測図（東大阪市教育委員会『吉松新田会所跡調査報告』）

を開発したもので、宝永五年の検地では面積は一六町三反一畝六歩（一六・一八ヘクタール）、石高は一一三石三斗三升七合だった。会所の敷地は東西に長く、約九五〇坪ほどだった。文化二年（一八〇五）の新田譲り渡し証文に「会所建家　一軒、梁間四間（七・六メートル）、桁行九間半（一八・一メートル）」とあるが、残存状況と異なることから、それ以降に大改造がされたことが判明している。

解体前の実測図からは、主屋の東側には高さ二・五メートルほどの築山がつくられて北側の頂には茶室が建てられ、築山西側の裾部分には長さ一五メートル・幅五メートルほどの園池が掘られていたことがわかる（東大阪市遺跡保護調査会『吉松新田会所跡調査報告』、図7－6）。

●東大阪市の新田会所庭園の特徴

鴻池新田会所の敷地は、菱屋中新田会所の四倍、平野屋新田会所の二倍ほどなので、かなり大規模なものだったことがわかる。吉松新田会所は蔵が南と北に位置していて、蔵が西と北に建てられていた鴻池・菱屋中・平野屋新田会所とは異なるが、主屋を中心として庭園と蔵が存在していたということでは、皆同一形態ということになる。蔵がある方が裏側で、庭園は主屋の座敷に面した表側につくられていたという規則性がある。会所が単純な配置構成になっていたのは、居住する人間が少なく、米を収集して搬出するという機能が優先されていたからだろう。

新田会所での庭園の必要性

●新田開発の目的

なぜ大坂の町人が新田開発を行なったかを、宮本又次は次のように考察している（「解説」『大阪経済史料集成一一』）。

町人は市内地の家屋敷を入手し、家主となったほか、農村にも進出し、多くの新田を開発した。当時は土地を所持することが、安全な投資であったし、また封建社会においては名誉のあることであったからであろう。〔略〕大なる開発資金の投下に比して収益はいうに足りなかったと思われる。

新田開発のために投資することは安全で、しかも土地を所有するということは名誉のあることだった。だが、野菜・果物作りには適していたが、干拓地であるために米作には良くなかったから、投入した資金を回収するのは容易なことではなかったらしい。所有者が次々に代わっていることは、新田経営が困難な仕事だったことを示している。

●庭園の必要性

新田会所が新田を経営するためだけの事務所にすぎなかったならば、庭園を設ける必要はなかっただろう。主人の来訪時や大坂町奉行所や代官所の役人との対応には会所の主屋が使われただろうから、部屋から殺風景な景色が見えるだけでは面白みがないので、庭園を観賞用につくったと考えられる。

東大阪市の鴻池・菱屋中・平野屋・吉松新田会所を基準として見ると、加賀屋新田会所はかなり異質なものに感じられる。加賀屋新田会所が東西を主軸にして西側を臨むような配置になっているのは、西に広がる大坂湾を眺望することを目的としていたためだろうか。四阿や待合を築山上に建てたり懸け造りの離れを増築したりして、風情を楽しむことが他の会所よりも念入りに計画されているのは、当主が居住していたことに起因しているようだ。市街地の本宅では実現できなかった理想的な住宅環境を、加賀屋甚兵衛は海辺に造営した新田で実現しようとしたのではないだろうか。

消滅してしまった春日出新田会所と津守新田会所は、加賀屋新田会所と比較すると理解しやすくなる。三渓園の臨春閣が春日出新田会所の建物だったというのだから、庭園も豪華なものだったに違いない。春日出新田会所には新田会所という役割もあったが、豪華さは明らかに別荘として造営されたことを示している。春日出新田会所と津守新田会所の庭園が二大名園と呼ばれていたことからすると、津守新田会所も別荘的な色合いが濃かったのだろう。

吉松新田会所では築山上に茶室が建てられていたように、加賀屋新田会所の場合にも茶趣味が建物・庭園の構成に生かされて、大名との取引にも活用されていたらしい。郊外の新田会所は無粋な場所だったように思えてしまうが、このように庭園や建物からは大坂の商人文化というものを見ることができる。

2　天保山の造営

市中の河川の浚渫

河川の浚渫した土砂を盛って山を築いただけでなく、植栽を施し休憩所を建てて天保山《てんぽうざん》と呼ばれた名所地にした築造技法には、庭園技法が応用されているので、郊外の庭園の例として天保山造営を見てみたい。

オランダ商館の医師だったシーボルトは、文政九年（一八二六）に江戸へ向う途中に大坂に寄った際に、木津川と安治川《あじがわ》を見て次のように述べている（斎藤信・金本正之訳『シーボルト　日本三』）。

町には二つの港があり、大きい方の港は木津川の河口に、もうひとつは安治川の河口にある。木津河口の港は四国、九州および日本の東海岸から来る船の、安治川の港は九州および中国からくる船のためのものである。しかし安治川の港は浅瀬があって大きい船の出入りを妨げているので、船を進めるのに非常に都合がよいというわけではない。

浅瀬があるとシーボルトが指摘した安治川の浚渫作業が、天保二年（一八三一）三月八日から翌年十二月にかけて行なわれた。その浚渫した土砂を処分するために、大坂湾に臨む八幡屋新田地先の牛ヶ瀬に築かれたのが天保山だった。

大坂は各地の米や農産物の集積地だったことから、船で運ばれてきた産物は大坂湾から安治川や木津川などをさかのぼって、各藩の蔵屋敷に収蔵されていた。そのため安治川と木津川の河口の浚渫は、以前から課題になっていた。天保山は当初には目印山と命名されたように、入港航路の目印として築かれたものだったが、その前例は河村瑞賢《ずいけん》（一六一八―一六九九）の安治川の開削だった。

瑞賢は大坂に大きな被害を与えた延宝二年（一六七四）の水害経験から、河口の開削によって治水を行なうことを幕府に建策して許可され、淀川の流路の障害となっていた九条島を開削し、淀川の水を西南側からまっすぐに大坂湾に流しこむ大工事を行なっている。九条島を開削した土砂は九条村の南岸に積んで山として、マツを植栽して航海の目標とした。この山は波除山《なみよけやま》あるいは瑞賢山と呼ばれている。この時できた新川は、「安けく治むる」の意味から安治川と命名された（『港区誌』）。

現代では河川の上流に砂防ダムが築かれ、河川の護岸堤防が強化されているので、流域の土砂が下流に流れることは減少している。だが、江戸時代には淀川の上流の近江《おうみ》（滋賀県）・京都の治山工事や、支流河川の護岸堤防が不十分だったために、上流から流れてくる土砂が河口を埋め、船の航行が不可能になることがしばしば起きていた。天保元年十二月の大坂町奉行所からの通達によると、江戸後期には安治川・木津川の河口が土砂で埋まったために、諸国の船は兵庫や灘《なだ》や尼崎の港を使用するようになり、大坂への入港は減少する傾向にあったことから、大々的に河川の浚渫をせざるをえない状況に追い込まれていた（『大坂編年史一七』）。

しかし、『堂島旧記（六）』（『大坂編年史一七』）によると、直接浚渫のことが問題になったのではなく、近江で瀬田川を浚渫して、その土砂で新田を開発したいという案が幕府に出されたことがきっかけだった。瀬田川を浚渫すると、一挙に琵琶湖の水が淀川から大坂に押し寄せて一層土砂を運ぶようになるので、まず大坂の淀川流末の河口の浚渫をする必要があるという提言が、大坂三郷から町奉行所に出されたことからすべては始まっている。

浚渫工事と資金

大坂西町奉行の新見正路《しんみまさみち》が推進役となり、大坂三郷《さんごう》の惣年寄《そうどしより》から浚渫係りが任命された。天保二年（一八三一）二月八日に幕府は、瀬田川・宇治川・淀川の浚渫《しゅんせつ》を許可したことから、まずは安治川の河口から起工するように指示を出している。この浚渫工事が行なわれれば廻船の運送も滞《とどこお》ることがなくなるということで、資金を提供するように三郷に働きかけ、鴻池善右衛門や加島屋休右衛門が一三〇〇両を出したのを筆頭に、豪商たちが「金一万六千七百両」、中小商人の町人たちが「金五千五百六十一両」の寄付を行なっている（『大坂編年史一七』）。

浚渫工事のために、東西町奉行所の仮役所が安治川河口に建てられ、与力・同心が監督をしているが、町人が人足として参加して祭のような騒ぎで工事は行なわれた。同年三月八日に安治川の河口から浚渫が始められ、浚渫船五〇〇艘、土砂運び手伝いとして各町から一〇人ずつの人足が出され、延べ一〇万一二五〇人にのぼっている（『大阪市史二』）。『天保度以来　永代記』（『日本都市生活史料集成一』）に、「市中より砂はこびいろ〳〵と衣服錺《かざ》り、毎日〳〵太鼓金（鐘）ならし、殊《こと》の外賑《にぎわ》ひ申候」とあるように、連日数千人から数百人が町々から繰り出し、揃いの半纏《はんてん》を着、吹流しや旗を飾った川船に乗り、鉦《かね》・太鼓ではやして川を下るという騒ぎになった。これを見物する者も多かったことから茶屋が軒を並べ、奉行所から騒ぎ過ぎないようにという注意さえ出された。

当時の社会的不安が町人の欲求不満をつのらせていたが、天保山のための浚渫工事がそのはけ口になって、祭り騒ぎを引き起こしたともいわれている。天保山の築造には民間人自らが労力を提供するということは、現代の公共工事では考えられないことだが、大坂市中の人びとにとって河口が埋まって諸国の船が入って来ないことは死活問題だったからだろう。

天保山の築造

安治川河口の八幡屋新田の先に新たに天保山が築造されたのだが、当初の計画のとおりではなかったようだ。「今井克復書翰《しょかん》」（『大坂編年史一七』）によると、掘削した土砂の捨て場に困って、八幡屋《やはたや》新田地先の海岸に新田を造るということになったらしい。造成地が波のために崩れるので、備前から割石を取り寄せて石垣を築くという苦労もしている。土砂の運びこみを積極的にさすために、それぞれの町名を担当する場所につけて競争させたという。

肥前平戸藩主の松浦《まつら》静山（一七六〇―一八四一）の随筆『甲子夜話《かっしやわ》続篇（八六）』になると、

北組山地面とこれあり候山は一番高く、南組山は少し低く、当年の山と御座候は猶《なお》低くこれあり候。一番高きこれは釣瓶《つるべ》落し、八間御座候由。追ては三山一つに相成り、高さ十八間に仕《つかまつ》り、其上に、高燈籠出来候筈《はず》の旨、日雇頭《ひやといがしら》体の者申すを聞き候。

と書かれている。新田開発をするはずだったのだが、土砂が多すぎたためか、いつの間にか山を築き始めている。最初の一番高い山は八間（約一五メートル）で、一つにまとめた時には一八間（約三四メートル）という、かなりの高さに仕上げる予定だった。瑞賢山が入港の目印として役立っていたこと

図7-7●天保山の全景

から天保山の築造が計画され、最初に三つの山をつくり最終的にはそれらを一つにしたらしい。

島全体については同書に、

> 外廻り石垣築立これあり候分、凡《およそ》六百間と申す事にて、広さは二百間四方位に御座候。

とあるから、島の周りには石垣が延長六〇〇間（一一四六メートル）築かれ、島の面積は約二〇〇間四方（約一四・六ヘクタール）だったことになる（図7-7）。

前掲の「今井克復書翰」によると、天保山の管理は大坂町中にまかせられたのだが、外囲いの石垣

が風波にさらされて崩壊しだしたので、難波の繁栄を他国に見せたいという気持ちもあって、

松樹を栽え、砂山の上は猫間川辺の泥土［所謂蘆根《いわゆるあし》の切り出しもの］を取寄、地所中小川を設け、茶屋・煮売屋株を免じ、山番と唱へ差配人を設置せしなど容易ならず。

というように、天保山にはマツを植え、砂山が崩れないように猫間川近くのアシの根を置き、風情を高めるように小川を設けている。茶屋・煮売屋が店を出すことを許可制にして町奉行所は収入を得たわけだが、番人を置く経費は町で出すように定められたから、天保山は長い間町中の「失費厄介《やっかい》所」になったという。

しかし、『反古籠』（『大坂編年史一七』）によると、天保四年三月に天保山が完成すると大変なにぎわいになり、

川べりには日々二百艘・三百艘の家形茶船《ちゃぶね》、見物群集、陸路よりも数万人毎日〱の賑ひ、京都・近国より来人 夥《おびただしき》 敷事に候。

という状況になった。

行楽地としての天保山

●天保山の形状

天保六年（一八三五）に刊行された暁《あかつき》鐘成《かねなる》の『天保山名所図会《ずえ》』（『日本名所風俗図会一〇』）によると、天保山は航路の目印とされたのだが、風光明媚だったことから行楽地として利用されることになっていった。天保山の最終的な高さは予定より低い「十間許《ばかり》（約一九メートル）」だったが（『大阪市史二』）、山頂からの眺望はすぐれていたらしい。

築《つき》たてし島のかたちの亀の背に名にしあふたる蓬莱《ほうらい》の山

と歌われているように、島の形は亀甲状をしていたが、山頂から眺めると生駒・八幡・山崎・葛城《かずらぎ》・金剛・二上・六甲・有馬などの山々や、住の江・高師《たかし》・尼崎・兵庫・灘《なだ》・須磨・明石などの浦々が見えたという。入港・出港する船の動きを目で追い、朝日・夕陽を眺め、鳥が飛び交うのを見つめ、海風に煽《あお》られながらたたずむことは快適だった。天保山の南の山頂には、大きな蝋石《ろうせき》に磁石の形を彫って東西南北の四字を印した「方隅石《ほうぐうせき》」が置かれ、登った人が方向を知ることができるようにしてあった。

植栽として天保山には、

浪華津《なにわづ》の目標《めじるし》山《やま》の松さくら春を重ねて幾代《いくよ》かも見ん

という和歌が『天保山名所図会』に掲載されているように、マツとサクラが植えられていた。また、『甲子夜話続篇（九三）』に、「今は一山と成し、芝を舗《し》き小松など植なして、自から勝景の風韻をなせり」と述べられているから、土止めとしてシバが張られ、マツの小木が植えられていたらしい。

天保山の西麓の岸に沿って酒と料理を出す茶屋が並び建っていて、これらは「磯辺《いそべ》の茶店《ちゃや》」と呼ばれていた。『天保山名所図会』が「浪花津《なにわづ》の浦げしきを、座《い》ながら眺めやるの勝地なり」と語っていることからすると、茶屋は眺めがよい場所に建てられていたようだ。

他に建物としては万年橋の南に「雨舎《あまやどり》」が、役人が巡検の時に雨をしのげるように建てられている。長さが約一二間（約二一・九メートル）、横が約二間（約三・八メートル）の二階建ての高楼で、中には巨船の帆柱を三本立てるというような、船を想像させる休憩所だった。柱の下部には東大寺の大仏殿の柱のように、大きな穴が穿《うが》たれていた。穴の直径は三尺（約九〇センチ）ほどあったので、人びとはこれをくぐって面白がっている（図7-8）。

『甲子夜話続篇（九三）』には、

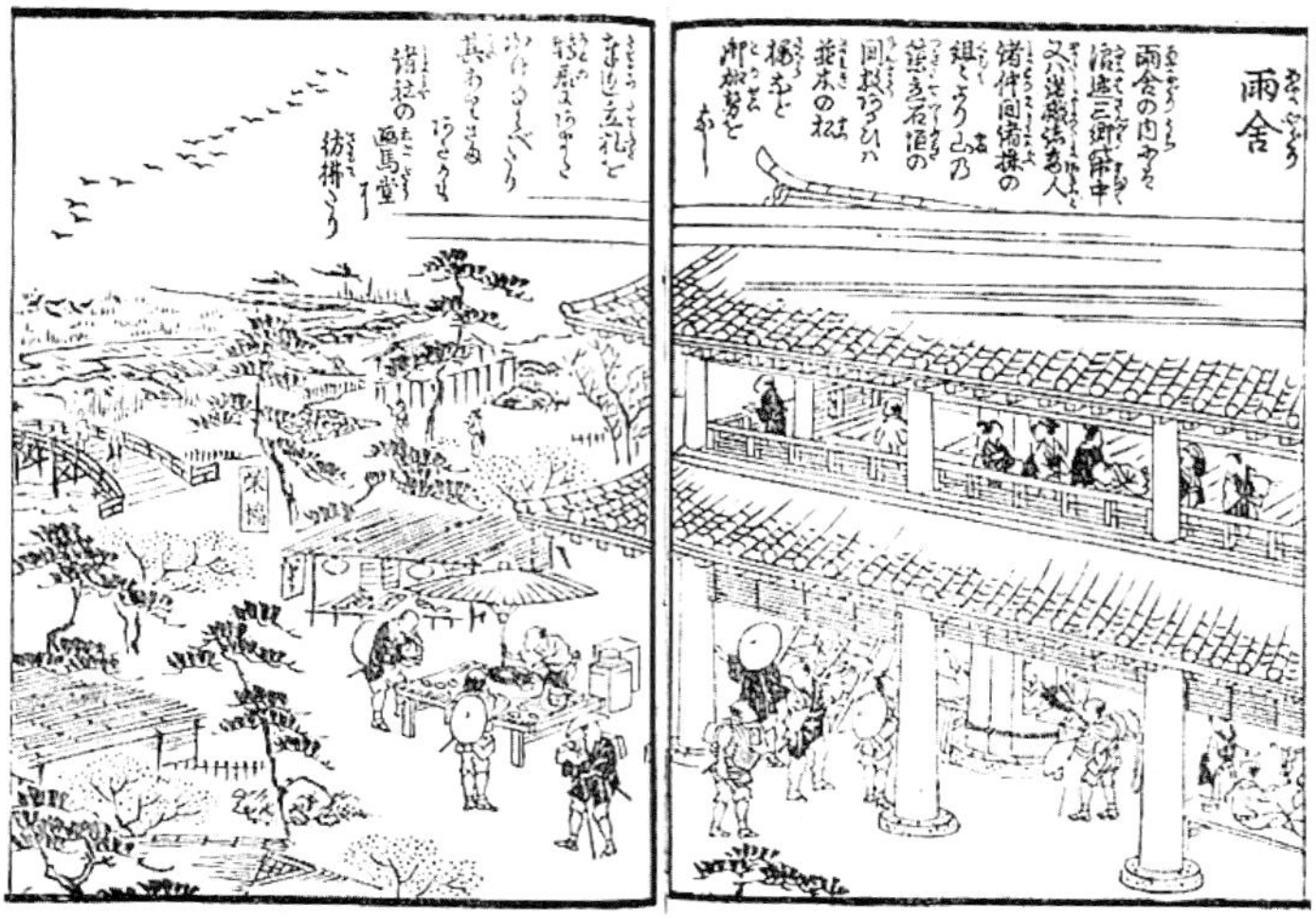

図7-8●天保山の雨舎（『天保山名所図会［下］』）

此山に鎮守の意《こころ》なるか、神を勧請《かんじょう》するたくみと見へて、本社は無けれど、はや絵馬堂などは建ちて有り。

と記されていることからすると、雨舎は神社の絵馬堂のようにも見えたらしい。

●天保山周辺の整備

『天保山名所図会』によれば、天保山が築かれた島へはいくつもの橋が架けられていたが、それぞれが特徴を持ったものだったらしい。南麓の昇平橋はすべて石で築かれたもので、その上流の土橋《つちばし》は丸太で造られていたが、上に土が積まれ左右の縁《へり》にシバが植えられていた。天保山北側の末広橋は柱を用いずに架け渡したもので、東側の

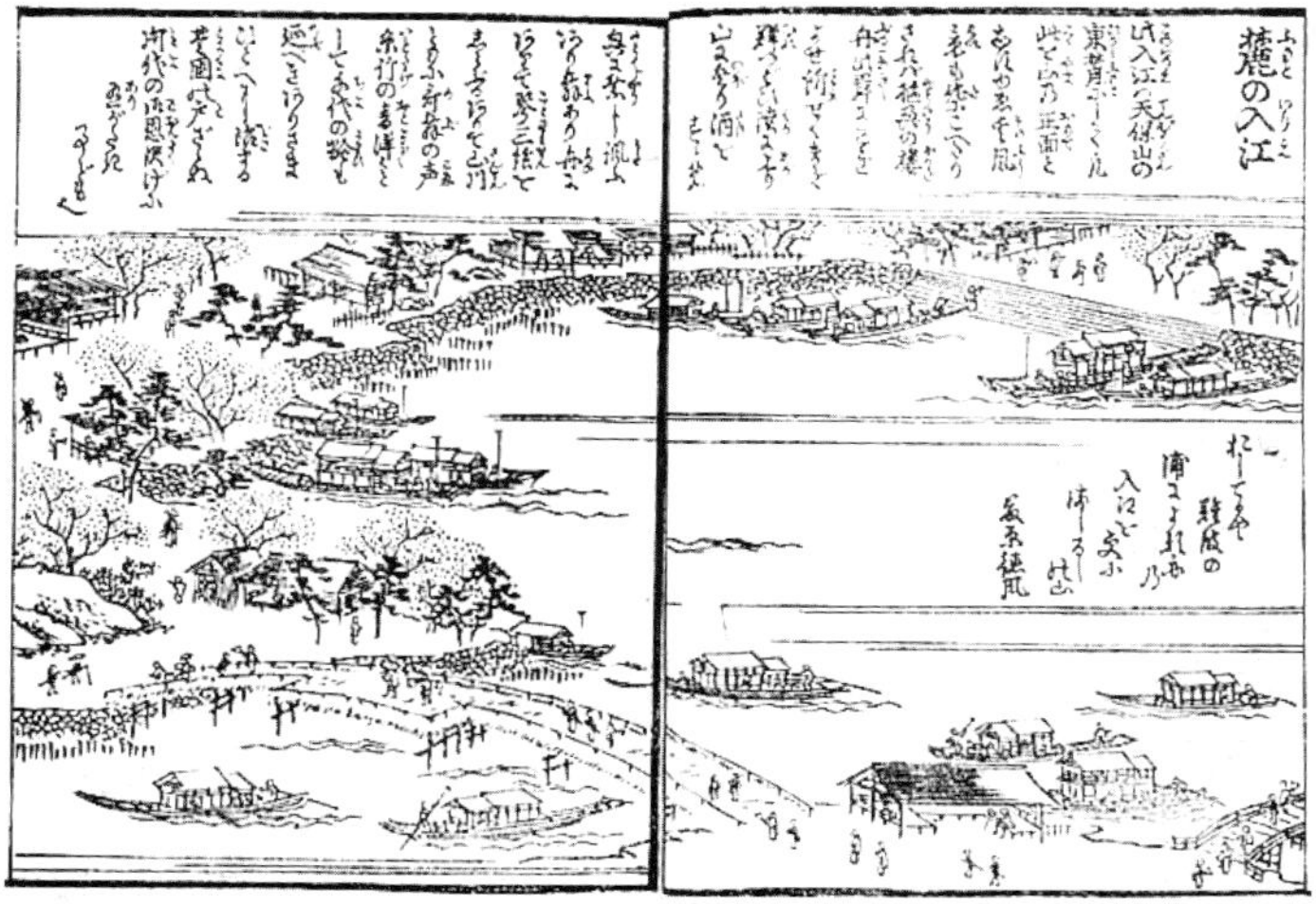

図7-9●天保山の舟着場の光景（『天保山名所図会［下］』）

亀甲橋《きっこうばし》や西亀甲橋の柱・欄干《らんかん》だけでなく、傍らの道標の燈籠に至るまで、六角形に削った木を使っていたという凝《こ》りようだった。

橋の周辺には植栽も行なわれている。市中から天保山にいたる道筋の東側の最初の橋だった万年橋の周辺には、マツ・サクラが左右に植えられ、下流の栄橋近くの尻無川《しりなしがわ》の堤には、「川水にうつる光景《ありさま》竜田《たつた》の秋にも劣らじ」とまで感じさせるハゼの並木が設けられていた。

また、天保山の東麓の石垣を高く積み上げた入江には、下りられるように石段を設けた舟着場が築かれている。入江は天保山の正面に位置していたので、多くの遊興の舟がここに集まっていた（図7-9）。『甲子夜話続篇（九三）』に、雨少しく降たるに、遊山舟と覚《おぼ》しく、数百艘、舟々に三弦《さみせん》を弾《ひ》き太鼓を鳴らし、［略］。舟を借るべきには、十日前にも約なければこれを得ざれば、雨天にも厭《いと》はずかゝる体《てい》なりとぞ。

と述べられている。天保山の見物を船でする者も多く、沖から眺めながら酒宴を楽しみ、山に登る際には入江に船を着けていたのだろう。

竣工後は大坂町奉行所の直轄地となり、大坂三郷に貸し付けられている。三郷は年ごとに交代で天保山を管理するという体制がとられている（『港区誌』）。しかし、天保山の橋・休憩所・入江・植栽などを見ていくと、天保山一帯を名勝地にしようとする目論見が感じられる。資金提供をした以上は資金の回収をはかるという、商人の常道ともいえる考え方があったのではないだろうか。

天保山に行く道筋にはさまざまな工夫が凝《こ》らされた橋が架けられ、並木が設けられていたということは、新たに開発した地域を発展させるためには、一つのシンボル的なものを造ればよいというのではなく、その地域全域を一つの別世界にしてしまうほど、全体を魅力的に造形していくことが必要であることを示している。

その後の天保山

天保山の消滅は自然に生じたのでなくて、江戸幕府が存亡の危機に瀕《ひん》していたことによっている。天保七年（一八三六）十二月に夜間の船の入港のために、公儀の負担で石垣の台上に高燈籠が建設されたまではよかったが（『大坂編年史一八』）、『近来年代記［下］』が述べているように、安政元年（一八五四）九月十八日に「異国船沖よりこぎよせ、天保山へつけ、矢にわに小船に打乗り、安治川四丁目迄乗入、打上り」したので、役人も町人も驚いた（『大坂編年史二二』）。

このロシア軍艦ディアナ号の到来に幕府も驚愕し、防備のために元治元年（一八六四）四月に安治川・木津川の河口と市中の河川を浚渫して、その土砂で天保山に台場を築いて砲台が設置されることになった（『大坂編年史二四』）。樹木は伐採され山は切り崩されて、砲台が築かれ大火薬庫二ヵ所、火薬庫一九ヵ所が建てられている。そのために、天保山の美観はまったく失われてしまった（『大阪府の歴史』）。

元治元年五月十一日に十四代将軍徳川家茂《いえもち》が台場築造を見分しているが、慶応四年（一八六八）正月に鳥羽伏見の戦いで幕府軍が敗れたことから、十五代将軍徳川慶喜《よしのぶ》は天保山に碇泊していた軍艦開陽丸で江戸へ逃げ去ってしまった。翌二月には天保山で明治天皇が、倒幕に向うことになる各藩の軍

写真7-6●現在の天保山（跡地の二等三角点）

船を観閲したことから、現在、天保山桟橋北方の丘の上には、「明治天皇観艦之碑」ときざまれた記念碑が建っている（『港区誌』）。

明治五年（一八七二）に砲台の北側に洋式の燈台が建設され、明治三十年には大型船が着岸できるように天保山付近に港を築く工事が開始された。明治三十六年に大桟橋が造られて大阪築港ができた後、無用となった砲台・燈台は撤去されてしまった。その後、天保山一帯は大阪市の所有になり、現在では水族館としての海遊館や美術館が建てられたり、直径一〇〇メートルという大観覧車が設置されたりしている。北側の天保山公園の北側には、石碑の横に海抜四・五三メートルを示す二等三角点が設置されたことから、今では日本で一番低い山として話題になっている（写真7-6）。

3 新田開発と天保山の共通性

新田開発というのは、江戸時代の前半から幕府の経済政策の一環として、農作物の生産を増大させるために進められたものだった。大坂商人や豪農たちが、巨額の費用を投入して大規模な新田開発を請け負ったのは、収穫した稲などの農作物を売却して収益を上げることにあった。だが、新田開発は大名貸しや両替に代わる新しい投資というよりも、富の基本は金銀ではなく田畑・屋敷地を所持することだという考え方があり、しかも所有する田畑は公金取り扱いを行なうための抵当物件にもすることができた（『新修大阪市史三』）。また、土地を所持すること自体が、封建社会においては名誉あることだった。

一方、天保山築造は河川の浚渫土砂の処理から生じたことだが、幕府が浚渫経費の四分一を出しているものの、残りの資金を町人が提供したことから、砂運びだけに終わらずに天保山の植栽や休憩所の建設まで計画は拡大している。最後には茶屋設置の権利金を取り立て、天保山の番人の経費は町に出させるというように、奉行所は指導をしているが、後の管理は町人に任せてしまっている。

大坂での町奉行所や代官所の指図・資金提供・課税の仕方を見ていくと、実に巧妙だという感じがする。新田開発でも町奉行所や代官所は町人に地代を納めさせて許認可を出すだけで、一切援助はせずに開発後には課税の取り立てをするだけだった。天保山の造営でもこの方法を応用したのだろう。江戸時代には幕府が絶対的な権限を持っていたから、このような効率的な行政ができたのだろうか。そうではなくて、明確な方針を幕府が持っていたからこそ、少ない財源で大きな事業を推進することができたように思う。

天保山の造営は国や都道府県が多額の資金を出している現代の地域開発にもよく似ているが、違いもある。現代のウォーター・フロント開発は、人びとの遊びの場をつくることによって地元を活性化させることを目的としているが、天保山は河川の浚渫と入航する船のための目印にという現実的な目的で構築したものだった。そして副次的にレクリエーション機能を添えて、名勝地に変えてしまった。大坂市中の人びとが自分たちの行楽の場を、町奉行所に頼らずに自分たちの手で構築したということは、現代でも大きな意味を持っている。

第8章　大坂と江戸との相違

1　大坂の港と掘割

大坂と江戸の地形

江戸は武蔵野台地の先端に江戸城が築かれ、大坂は上町台地の先端に大坂城が築かれたことでは、ともによく似ている。戦国時代は終わろうとしていたが、城郭の防備を堅固にするのには本丸を小高い丘陵部分に建設する必要があったようだ。

江戸は江戸城を取り巻くように武家屋敷が建てられ町が発展していったが、大坂は淀川と大和川が大坂城の北側をめぐっていたためか、大坂城よりも西側の地域が発展している。どちらも大きな湾に面していたことから、船運には便利だったことが町を大きく発展させたといえる。

大坂の港湾

●難波宮の港

和銅三年（七一〇）に奈良に都を移すまでは飛鳥に都があった。『日本書紀』によれば推古天皇十六年（六〇八）四月に、唐からの使者のために新しい館を難波の高麗《こま》館の近くに建て、六月十五日には使者が難波津に着くと、江口（福島区）まで飾った船三〇艘で出迎え、新しい館へ案内している。同年九月五日には「難波の大郡《おおごおり》」で隋使を饗応し、舒明《じょめい》天皇二年（六三〇）には「難波の大郡・三《みつの》韓《からひと》の館《むつろみ》」を修理している。難波に使節をもてなすための施設が建てられていたのは、日本海・瀬戸内海を航海してきた中国・朝鮮からの使節が、飛鳥の都に入るための上陸地点になっていたからだった。難波には大型船が発着する機能が整えられていたようだが、大型船はおそらく港に接岸するのではなく、小型船で乗り込むというようになっていたのだろう。

推古天皇二十一年十一月に難波から飛鳥に至る大道を設けているように、飛鳥から竹内峠を越えて難波に出る陸路もあったが、飛鳥からは飛鳥川を下って石川へ出て、石川から大和川に入って大坂湾に達するという河川交通網ができていたのだろう。この両方の交通網を使って飛鳥と難波が結びつき、難波が外港としての役割を果たしていたように思う。

難波宮の造営も大陸との関連からだった。朝鮮半島への侵略を考えて港を持つ難波が都として選ばれ、大化元年（六四五）十二月九日に孝徳天皇は都を難波に移すことを決定したが、白雉《はくち》三年（六五二）九月になってようやく長柄豊碕宮《ながらとよさきのみや》が完成した。天武天皇十二年（六八三）十二月に中国の複都制にならって飛鳥に加えて難波にも都が置れたが、三年後の朱雀《すざく》元年（六八六）一月十四日に大蔵省《おおくらのつかさ》からの出火で難波宮は焼失してしまった。

『続日本紀』によると、天平四年（七三二）頃には難波宮の再建は一段落し、同六年九月十三日には「三位以上は一町以下、五位以上は半町以下、六位以下には一町を四分するの一以下」という難波京の宅地班給の基準が示され、同十二年二月七日に聖武天皇によって難波遷都が強行されている。だが、同十七年五月十一日には平城京に遷都したことから、難波宮は副都として機能するようになったが、延暦三年（七八四）から長岡京遷都のために難波宮の朝堂院などが移築されて衰退し、平安京遷都前の延暦十二年頃に廃止されてしまった（『国史大辞典一〇』）。平安時代には難波に代わって、大宰府が大陸との交流の舞台になったのは、国内の陸路が完備したことが理由だろうか。

●豊臣秀吉の都市計画

近世になって豊臣秀吉の大坂城下造営計画がたてられ、再び大坂の河川の船運が盛んになる。しかし、すぐに港としての機能が整えられたわけではない。中世後期に四天王寺を中核として大規模な門前町が形成されていたことから、大坂城と四天王寺を結び合わせようというのが秀吉の当初の構想だった。文禄三年（一五九四）には、上町台地上の上町・玉造《たまつくり》一帯に約二キロメートル四方の惣構《そうがまえ》を設け、この惣構と四天王寺門前町をつなぐ平野町までが、秀吉の初期の城下町になった。

さらに秀吉は大坂の町並みを、南蛮貿易で栄えていた堺まで連結させて、堺を外港として機能させようと企図したのだが、慶長元年（一五九六）の畿内大地震によって堺が壊滅的状況になったために、計画を変更せざるをえなくなった。堺に代わる港湾機能を持たせようとして、船場《せんば》（中央区）の開発が始められたのだった。慶長三年に惣構の中に三の丸が築かれ、伏見城下から大名屋敷が移されたことから、惣構内の住民は新たに建設された船場へと移住させられている（伊藤毅『近世大坂成立史論』、『日本史講座五』）。

古代の難波の港と秀吉の港湾計画は、大型船を河口に停泊させて、小船で積荷を運搬させるということでは基本的に同じだっただろう。違いは小船の数を増やし、大量の物資を搬入・搬出するということにあった。そのために設けられたのだが掘割《ほりわり》だった。

大坂の掘割の役割

江戸では明暦の大火後に本所（墨田区）に旗本屋敷が置かれ開発が進み、この地域では掘割が築かれているが、大坂では大々的に掘割が設けられていたことが違っている。掘割を使って大坂からは米ばかりでなく、庭石や縄も江戸へ出荷していた。石屋が長堀・東横堀・西横堀や西横堀の西側に掘られた京町堀・阿波座堀・江戸堀・立売堀《いたちぼり》に多かったのは、原石や石造品の搬入・搬出に便利だったからだろう。縄問屋が大川沿いの天神橋辺や西横堀・東横堀沿いなどに多かったのも、やはり縄の搬入・搬出に便利だったからのようだ。物資の運搬に大きな役割を果たした大坂の掘割とはどのようなものだったのだろうか。

●水の都大坂

「水の都大坂」と呼ばれるようになったのは、秀吉の計画が徳川氏の時代にも引き継がれたからだった。豊臣期には文禄三年（一五九四）頃に東横堀が掘られ、慶長三年（一五九八）に天満堀、同五年に阿波座堀が掘削されている。江戸時代になると、元和元年（一六一五）に道頓堀が完成し、同三年に江戸堀、同五年頃に西横堀・長堀が開削されている。元和六年には伏見京町から移転してきた町人によって、京町堀が開かれた。寛永元年（一六二四）には海部堀《かいふぼり》、同三年には立売堀、同七年には薩摩堀が掘られている（『大阪府の地名Ⅰ』）。

河川網も整備されていき、河村瑞賢が貞享元年（一六八四）に淀川筋で安治川《あじがわ》を開通させ、元禄十一年（一六九八）には西横堀から木津川にそそぐ堀江川と三軒屋川を掘っている。さらに享保十八年（一七三三）には難波新川、翌十九年には境川《さかいがわ》運河、天保九年（一八三八）には天満川が開通している（藤本篤『大阪府の歴史』）。

掘割が開削された一方で、海運業の発展があった。「大坂に日本第一の湊あり」と本多利明が『経世秘策』に書いているが、元和五年に堺の商人が大坂から江戸に日用品を運んだことに始まる菱垣《ひがき》廻船や、寛文《かんぶん》元年（一六六一）に酒樽を運送したことに始まる樽廻船が、江戸・大坂間の運送を定期的に行なうようになった。寛文十二年には西廻り航路が開発され、西国と北陸方面からの貢租やその他の物資が集散するようになったことで、金貨経済圏の中心だった江戸に対して大坂は銀貨経済圏の中心になったのだった（『新修大阪市史三』）。

掘割の消滅

明治元年（一八六八）と同十八年に大洪水が起きたことから、大阪を洪水から守るために淀川を付け替えることが計画されて、同二十九年から四十三年にかけての治水工事で新淀川が開削された。J

写真8-1●大川（旧淀川）を行く水上バス

R線の新大阪駅から大阪駅に着く前に渡る大きな河川がこの新淀川になる。そのために旧淀川（大川）は水量が減少して、各掘割も水位が下がってしまった（北川央編著『おおさか図像学』）。

船運が困難になると石屋も縄問屋も営業できなくなって大騒動が起きたはずなのだが、明治九年に京都・大坂間に鉄道が敷設《ふせつ》されたことが、大きく運送形態を変えることになった。鉄道のあとには自動車が利用されて船運は不要なものになり、東横堀と道頓堀以外の掘割は昭和三十、四十年代（一九五五―一九七四）に埋め立てられてしまった。

江戸時代には大坂湾で大型船から荷を下して小舟で市中の掘割に運搬し、出荷時には逆に掘割を使って湾内に碇泊する大型船に荷を運び込んでいたことから、海と河川とのつながりがあった。しかし、現在では効率化を考えて港湾に大型貨物船を着岸させて荷物を降ろし、トラックで各所へ運搬するようになっている。そのためか、現代ではウォーター・フロントの開発計画が唱えられても、なぜか港湾の改善ばかりが取り上げられるようになってしまった。大阪の河川でも漁船が碇泊して海に出入りしているし、大川（旧淀川）には淀屋橋から観光用の水上バスが運航している（写真8-1）。また、大阪湾ではサンタマリア号が周遊している。海湾と河川のつながりを持たせることが地域の魅力を広げることになるはずだが、観光だけでは十分ではないだろう。江戸時代のように河川の自然エネルギーを使う船運というものを、改めて考えるべき時代になったのではないだろうか。

2 大坂城と上町台地

江戸の上水の役割

江戸の高台の大名屋敷では飲料水の確保のために設けられた上水を、庭園の園池に引いている。江戸の庭園文化を発展させたのは上水だったといっても過言ではないだろう。大坂の場合はどうだったのだろうか。豊臣秀吉は大坂城を上町台地の北端に築いたが、園池をつくったことを示す史料は見当たらない。また、江戸時代には大坂城内に将軍が滞在するための本丸御殿が建てられ、付属する数寄屋には庭園がつくられているが、大規模な園池を掘ったという記録がない。大坂城の本丸・二の丸あたりの場所に建てられていた石山本願寺の庭園には、園池が存在していたのかを確かめておきたい。

石山本願寺の歴史

浄土真宗の本山だった京都の山科《やましな》本願寺が、天文《てんぶん》元年（一五三二）に近江守護六角定頼や法華宗門徒らの攻撃で焼失したことから、十世宗主《そうしゅ》だった証如《しょうにょ》（一五一六―一五五四）は翌天文二年八月二十四日に、大坂の坊舎を本山としている。『蓮如上人御文』によれば大坂の坊舎は最初、八代宗主だった蓮如《れんにょ》（一四一五―一四九九）が、明応五年（一四九六）に「摂州東成《ひがしなり》郡生玉《いくたま》の庄内大坂」に創建したものだった（『大阪編年史一』）。

坊舎が小規模なものだったために敷地を拡大し、天文十一年に阿弥陀堂を建立し、在来の堂に親鸞の像を安置して御影堂《みえいどう》としている。同十三年には新寝殿と法務を統括する新綱所《こうしょ》、同十六年に新亭が建造され、同十七年に家人用の中居と内儀《ないぎ》が増築された。阿弥陀堂と御影堂は永禄七年（一五六四）の大火で焼失したが、翌八年に再び建造されている（桜井敏雄「石山本願寺の建築」『日本名城集成　大坂城』）。

寺の周辺には、清水町・北町・北町屋・南町・西町・新屋敷・檜物屋町《ひものやまち》・青屋町《あおやまち》などの寺内町《じないちょう》が構築された。しかし、永禄十一年（一五六八）に摂津に進出した織田信長が、石山本願寺に五〇〇〇貫の矢銭《やせん》を課したことなどから争いになり、元亀《げんき》元年（一五七〇）から一〇年あまりも続く合戦になった。天正八年（一五八〇）四月に和議が成立して宗主顕如は紀州鷺森《さぎのもり》に撤退したが、当初開城に反対した子の教如が退去の際に建物に火をつけたことから、全山焦土となった。

石山本願寺の位置については、ポルトガル人のイエズス会宣教師ルイス・フロイス（一五三二―一五九七）の書簡に、秀吉の大坂城本丸は「悉《ことごと》く旧城の壁及び堀の中に築かれた」と書いていることなどから（村上直次郎訳『耶蘇会の日本年報［一五八五年一〇月一日付け］』）、ほぼ現在の大阪城の区域に相当すると見られている。本丸地下の発掘では現地表から七・五メートル下で、秀吉時代の本丸石垣が検出されているので、その下から石山本願寺の遺構が発見されるかもしれない。

石山本願寺の庭園

慶長十五年（一六一〇）に織田信長の旧臣太田牛一がまとめたとされる『信長公記（一三）』には、

加賀国より城作《しろつくり》召し寄せ、方八町に相構へ、真中に高き地形あり。爰《ここ》に一派、水上の御堂をこ

う〳〵と建立し、前には池水を湛《たた》へ、一蓮托生《たくしょう》の蓮を生じ、後には弘誓《ぐぜい》の舟うかべ、［略］

と述べられている。石山本願寺の規模は八町四方で、中央の高台に本堂が建てられ、本堂の前には水をたたえた池があってハスが咲き、その後ろには衆生を救う舟が浮かんでいたという。本堂の前面に大きな池が設けられていたというのは、本当のことだろうか。宗主だった証如が天文二十三年（一五五四）八月十三日に死去するまで、日常のことを詳しく綴った『証如上人日記』（『大坂本願寺日記［上］』）によって、石山本願寺の庭園の様子を探ってみよう。

●寝殿の周囲

証如が居住していた寝殿には園池があったのだろうか。日記から庭園のことを書き出してみると、表8-1のようになる。天文六年（一五三七）二月八日の条に「寝殿において懸《かかり》の木植《うえ》候はんとて、地形を打、松一本植候」とあり、接客・対面施設だった寝殿近くに蹴鞠《けまり》をするための場所を作り、鞠を蹴り掛けるための木としてマツを一本植えていたことがわかる。

天文九年二月二十六日以降には、しばしば寝殿で花見の会を催していることからすると、寝殿の周辺にサクラを植えていたことになる。後のことだが、天文二十二年三月八日の条に「寝殿西壁中門へ入候処、桜の本《もと》において、慶寿院其外《そのほか》女房衆酒宴これ有る間」とあるので、寝殿西側の中門付近にも

表8-1●石山本願寺の庭園（『証如上人日記』より）

年　月　日	記　載　内　容
天文6年（1537）　2月8日	寝殿の傍らに蹴鞠の場所を作り、懸りの木として松を一本植える。
天文8年（1539）　4月3日	北庭を一覧する。
4月5日	北庭で食事をし酒を飲む。
12月3日	裏庭の茶屋で酒宴を行なう。
天文9年（1540）　3月5・6日	寝殿で花見を催す。
11月5日	裏庭を定衆の一家夫婦に見せ、藤・躑躅・山吹等を植える相談をする。
天文10年（1541）3月15・17日	寝殿で花見を催す。
3月29日	裏庭で酒宴を行ない、藤の初花や躑躅を見る。
天文11年（1542）3月17日	寝殿で花見を催す。
閏3月3・11日	庭前の紫藤を見る。
閏3月21日	庭の茶屋において酒宴。
天文12年（1543）3月8・10・12・14日	寝殿で花見を催す。
4月26日	岸上の仮座敷で藤の花を眺めながら酒宴を行なう。
12月15日	来年、寝殿を造作するため、南の花壇に石を据え仮棟を建てる。
天文13年（1544）3月26日	藤を見る。
3月29日	藤の花見をし、北向から岸上の仮屋で酒宴を行なう。
天文15年（1546）3月13・15日	寝殿で花見を催す。
10月3・5日	裏庭の茶屋で食事をする。
天文16年（1547）3月13日	寝殿で花見を行なう。
3月29日	庭の藤を見て、亭で茶の湯を行なう。
4月4日	庭の藤を見て酒を飲み食事をする。
4月5・8・11日	薔薇の花を眺めながら酒宴をする。
天文17年（1548）3月30日	寝殿で花見を催す。
天文18年（1549）2月26日	鶯宿梅の花見を行なう。
3月10・12日	寝殿で花見を催す。
3月26・29日	裏庭で藤の花見を催す。
10月10日	北殿の造庭が完了する。
天文20年（1551）3月19・21・26日	裏庭で藤を見ながら食事をし酒を飲む。
天文22年（1553）3月5日	寝殿で花見を催す。
3月6日	寝殿の桜木の下に畳や薄縁を敷き酒宴を行なう。
3月17日	裏の藤を見るために、花の下に畳や薄縁を敷き歌を詠む。
天文23年（1554）3月5・6・7・8日	寝殿の花の下で酒宴を行なう。

サクラを植えていたらしい。

以上からすると、寝殿の周囲にサクラを植えて花を楽しんでいるが、寝殿から池を眺めたという記録はない。天文十二年十二月十五日には寝殿の南に花壇が存在していたことが述べられているので、南側に園池が設けられていた可能性は低い。

●寝殿の裏庭

寝殿の北方に位置していた「北庭」と「裏庭」は同一の場所らしく、ここには会合や式典が行なわれる座敷・茶屋・亭《ちん》などが建てられていた。亭は大きなものだったらしく、天文二十年（一五五一）十二月十八日には亭の二階を取り払い三階に改築している。庭園には「藤・躑躅」が植えられていて、毎年フジの花見がされているが、「瞻望《せんぼう》」と書かれていることは遠くを見渡すの意味になるので、大木に絡みついて咲くフジの花を観賞していたのだろう。

天文十七年十二月二十五日の条から現われる「北殿」は、同二十年二月十日に裏庭の茶屋から行っていることからすると、寝殿の北側に位置していたものらしい。天文十八年十月十日に作庭が行なわれているが、園池をつくったとは書かれていない。

●石山本願寺の園池

石山本願寺は当初は平和だったらしく、寝殿の周辺にサクラを植え毎年花見を催し、寝殿の裏庭ではフジが見事だったことからしばしば酒宴がされている。京都の山科本願寺では築山が設けられ園池がつくられているので、水が得られれば大坂でも園池がつくれていたはずなのだが、『証如上人日記』のどこにも園池のことが書かれていない。

水が簡単に利用できれば、饗応が行なわれていた会所《かいしょ》や亭の周囲に園池を構えることは、室町時代においては当然のことだった（飛田『庭園の中世史』）。だが、石山本願寺は豊臣・徳川氏の大坂城と同様に、高台に位置していたために水を引くことが出来なかったのではないだろうか。『信長公記』には御堂の前の池に舟を浮かべてとあるが、本当だとすれば淀川べり近くの低地に御堂は建てられていたことになる。しかし、中心になる阿弥陀堂・御影堂を、寝殿などよりも下方に建てたとは思えない。大規模な園池が寝殿の周囲に存在していなかったことは、近くに水源がなかったことを意味しているから、本堂前に舟を浮かべるような大きな園池はつくられていなかった可能性が高い。

石山本願寺や豊臣期と徳川期の大坂城の庭園に園池が存在しなかったのは、上町台地上に築かれていて水が引けなかったからだった。本願寺も大坂城も優美な園池を楽しむよりも、防御を優先して台地上に建設されていたと考えられる。

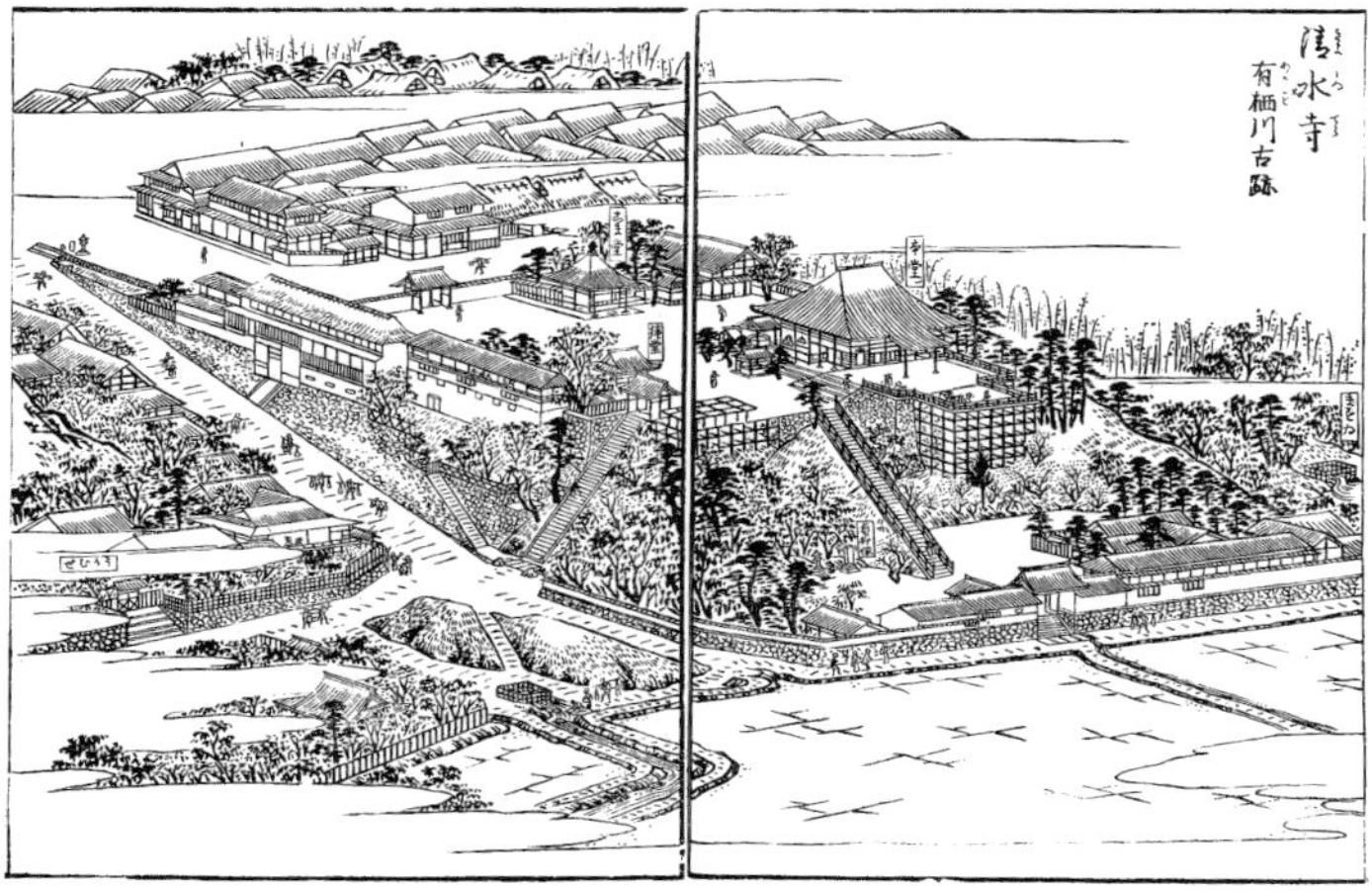

図8−1●上町台地の清水寺（『摂津名所図会［2］』）

大坂城はランドマーク

石山本願寺や大坂城は上町台地上に建設されたということを、もう一度考え直してみる必要がある。崖には樹木が生い茂り遠くからも目に付いただろうから、かつては上町台地自体が大坂の目印・象徴になるランドマークだったと考えられる。大坂城が建設されてからは、天守が最も目立つランドマークになっていたはずだ。『摂津名所図会（二）』には清水寺の舞台から参拝客が眺望を楽しんでいる図が載せられているように（図8-1）、上町台地上からは逆に大坂湾一帯を見渡すことができた。近くに存在していた料理屋西照庵なども、風光明媚なことが客を招き寄せている。

写真8－2●高層ビルに囲まれた大阪城（大阪歴史博物館からの眺め）

しかし現在では、景観的には歴史上で重要な意味を持っていた上町土地のことが、まったく忘れ去られてしまっている。上町台地上からは低地に立地するビルのために、大阪湾はほとんど見えなくなっている。難波宮跡付近から大阪城を眺めると、背後の大阪ビジネスパークの高層ビル群が大阪城を屏風のように取り囲んでしまっていて、大阪城は小さな模型にしか見えない（写真8－2）。

都市を魅力的にしたいのならば、高層タワーを建設すればよいというのは安易な考えでしかない。特徴的な地形や自然が残っている地域、あるいは歴史的遺構が残っている場所の意味を十分に考えて、保存をはかるべきではないだろうか。これからは自然や歴史的遺産をランドマークにする都市計画を立てて、次世代のためによりよい生活環境を形成していかなくてはならない。

現代よりも江戸時代の大坂の町並みの方がはるかに整然としていたことは確かだが、大坂城に象徴されるように封建社会だった。現代の大阪の混乱した街並みは、資本主義社会の発展の当然の帰結と言ってしまえばそれまでだが、持っている財産に気付かないでいることは残念なことだ。

3　大坂町人の活気

銀経済圏の力

江戸は将軍のお膝元ということで、経済活動が盛んで大いに発展していった。大坂の場合は江戸に各地の物資を運んだことが、経済を発展させる基になっている。だが、江戸と大坂の間には使用する貨幣が異なるという問題があった。

元和五年（一六一九）に幕府が大坂城代を置き大坂を直轄地にしたのは、中世以来の有力者だった西国の外様大名を抑えるためだった。財政面からも大名を掌握しようとして、慶長金銀貨を鋳造して全国統一を志向したがうまくいかなかった。石見《いわみ》・生野《いくの》・佐渡・伊豆などの金・銀鉱山を直轄地として、慶長十四年（一六〇九）に金一両＝銀五〇目《め》（匁《もんめ》）＝永楽銭一貫文＝京銭四貫文という公定の交換レートを幕府は設定したが、大坂を中心とする銀経済圏の力を弱めることはできなかった。

日本の今の幣《ぜに》は、金・銀・銅銭、凡《すべ》て三種也。京より西は銀を尚《たっと》び、東国は金を尚ぶ。銅銭は東西に通ず。

と『当代記』が述べているように、江戸時代には金貨と銀貨をそれぞれ基本貨幣とする東西に区分された貨幣制度ができてしまった。そのため金・銀・銅を交換する両替商が、重要な役目を果たすことになった（『日本の近世一七』）。寛文十年（一六七〇）に幕府が大坂の一〇名の両替商を公認したことから、彼らは仲間を結成して金銀銭の相場をたてるようになり、東西の経済動向に合わせて交換レートが変動するようになった。大坂の両替商だった加賀屋甚兵衛・鴻池善右衛門などが新田開発に乗り出したのは、こうした貨幣制度が利益を生み出していたことが背景にあった。

天下の台所の意味

江戸初期に大名の財力を奪うために幕府関係の城郭の普請を命じたことから、その経費は各藩の農民の負担になって農村が疲弊し、寛永十四年（一六三七）には島原の乱が生じている。また、幕府が大名の統制をするために改易・転封を実施したことから浪人が発生して、慶安四年（一六五一）には油井正雪らによる慶安の変が起きた。

　こうしたことから幕府は戦国以来の政治方針を改め、支出を抑えて大名への負担を軽減させるようになった。その結果、農民は年貢負担が減ったことから、米穀栽培だけでなく綿・菜種・藍《あい》などの栽培も盛んに行なうようになり、地域的な分業が発展して北陸地方では米の収穫増加、畿内では綿の栽培が開始された。寛文年間（一六六一―一六七三）に、日本海側から下関を通って大坂に達する西回り航路ができたこともあって、全国各地の物産が大坂に集まり、全国に送り出されるようになったことから、大坂は天下の台所になったのだった（脇田修『近世大坂の経済と文化』）。

本多利明（一七四三―一八二〇）は『経済秘策（下）』（寛政十年［一七九八］）に、

大坂に日本第一の湊《みなと》あり、秀吉公在城せられしより猶追々《おいおい》此湊繁昌して日本国中の米穀及び外《ほかの》産物迄も、此地に渡海・運送・交易せざれば埒明《らちあき》難き風俗とはなりたる也。

と、大坂が流通の中心であったことを書いている（渡邊忠司『近世「食い倒れ」考』）。

大坂の町に活気があった理由

幕府は原則として大名領に対しては不介入主義をとっていた。武家諸法度《しょはっと》が制定されたが、大名側がこの規定を遵守すれば、恣意《しい》的に罰せられたり不利益をこうむったりすることはなかった。幕府による支配と大名の自立性は相反するものではなく、両者が両立する均衡状態のなかに幕藩関係は成立するとしていた（『日本の近世三』）。この論理を幕府は大坂支配にも持ち込んだのではないだろうか。「大名」を大坂町人と読みかえれば、江戸時代の大坂の繁栄を理解することができる。

江戸時代の日本では東国と西国では貨幣制度が違っていたということは、現在では考えられないことだし、無意味なこととしか思えない。だが、大坂が江戸とは異なる銀経済圏だったということから両替商が生まれ、大坂の経済活動は一層盛んになっていった。

全国各地の物産を大坂に集め、そのまま全国に送り出したのではなく、原料を加工して商品をつくりそれを販売していたことも、大坂の活力を生み出したのではないだろうか。大坂では原材料から直接自分で製品を作り、その製品を自分で販売するというように、一軒の町屋で生産と販売の両方を行なっていた。職人でありながら商売人でもあるということが、大坂町人の活力を生み出したのかもしれない。

農村地帯への拡大

三郷の町数は市街地の拡張によって、寛文五年（一六六五）に北組二四七町・南組二四一町・天満組六一町の計五四九町になり、元禄初年（一六八八）に合計五五一町になっている。元禄十三年には堂島・安治川・堀江・富島・古川新地などが造成されたことから、六〇一町になって人口も増加している（『新修大阪市史四』）。

そのため大坂市中から周辺にかけて、「新建家（新建屋）―町続在領（在方）―近在（近在村々）」という地域編成が、江戸中期頃よりされるようになっていく。市中周辺の農村地域は、大坂の発展にともなって新しい家屋が増加して町のようになったからだった。幕府領だったこの地域は、「町続在領」と呼ばれるようになった。基本的には村とされ、年貢や諸役の賦課《ふか》・徴収は代官の支配になっていたが、同時に町付属地として町と同様に扱われて、大坂町奉行所の支配を受ける地域でもあった（渡邊忠司『大坂町奉行と支配所・支配国』）。

正徳三年（一七一三）に町続在領の設定が行なわれ、明和元年（一七六四）には周辺地域の市中への組み込みが実施されたことから、天明元年（一七八一）五月の「他国瓦売買仕間敷《しまじき》」とする通達では、次の町続在領が三郷同様に扱われている（乾宏巳「大坂三郷への移住規制と町共同体」『巨大都市大阪と摂河泉』）。

三郷の北側　川崎村［北区］・北野村［同］・曽根崎村［同］・上下福島村［福島区］・野田村［同］・西九条村［此花区］

西側　九条村〔西・此花区〕・三軒屋村（勘助村）〔大正区〕・西側町〔浪速区〕

南側　天王寺村〔天王寺・阿倍野・生野・浪速・西成・中央区〕・難波村〔浪速・中央区〕・今宮村〔浪速・西成区〕・北平野町〔中央・天王寺区〕・南平野町〔天王寺区〕

南東側　生玉社地〔天王寺区〕・西高津村〔中央区〕・東高津村〔天王寺・中央区〕・玉造村〔天王寺区〕

郊外の魅力

商業活動が盛んになって人口が多くなることで一層大坂の町は発展し、さらに人口が増えて市街地は拡張していった。だが、発展の速度が遅かったことが、農村部分を存続させたようだ。江戸では大名屋敷の農村地帯への侵入が顕著だったが、大坂の江戸前期と後期の地図を比較してみても、市街地はそれほど膨張していない。おそらく各藩の場合も同様で、江戸時代の地図を比較すると、市街地の拡大はかなり抑えられていたようだ。農作物への課税と徴収が各藩の財政の基本になっていたから、農地をなくすわけにはいかなかったのだろう。農村地帯が急激に市街化されていった江戸は、きわめて特殊な事例だったということになる。

大坂の植木屋も植木のための植溜《うえだめ》が必要だったことから、三郷の境界近くに店を設けていた所が多い。料理屋の多くが大坂三郷の境に建てられたのは、広大な土地を安く確保でき、郊外の田園風景を楽しむことができるという利点があった。遊郭も新町・島之内のように当初のものは三郷の隅に、後にできた遊郭は三郷との境に存在している。郊外との接点という場所は、都市住民の息抜きの場所として価値があったようだ。近郊の農村自体も花の栽培に見られるように、都市との結びつきが強く見られた。

しかし、現代では都市と農村地帯の境界が不明確になってしまっている。その上、農業を支えてきた人びとが高齢化して、これ以上耕作を継続することが不可能になりつつある農山村も増大している。このままでは日本中の都市も衰退するだろうし、農山村も滅んでいくだろう。大坂の人びとが楽しんだような郊外との接点の魅力を、取り戻す方策はないのだろうか。

4　大坂の郊外の名花・名木

都市と郊外との関係

江戸では住民たちが、郊外の寺社の植物や植木屋の植溜を楽しむことを行なっている。大坂の町人たちも寺社の庭園よりも、寺社の名花・名木を楽しんでいる。郊外の名花・名木も大坂の住人たちの慰めになっていたので、その代表として野田のフジを見てみよう。

井原西鶴の『好色二代男（三）』（貞享元年〔一六八四〕）には、大坂の花の名所の一つとして「春の名残《なごり》の藤は野田」と、野田のフジのことが挙げられている。野田のフジは現在の大阪市福島区玉川二丁目に存在していたもので、位置的にはＪＲ大阪駅の西南約二キロメートルほどの所になる。江戸時代の地名は摂津国豊島《てしま》郡野田村で、大坂の町中からだと土佐堀・堂島川などを越えるのに、いくつもの橋を渡って行かなければならなかった。

野田のフジの歴史

野田のフジは歴史的には中世までさかのぼるようで、『摂津名所図会（三）』（寛政六―十年〔一七九四―一七九八〕）によれば、鎌倉時代の人物らしい西園寺中将公広《きみひろ》が、

難波《なにわ》がた野田の細江を見わたせば藤波かかる花の浮橋

という歌を詠んでいる。「野田の細江」というのは、安治川《あじがわ》が開削される以前は、野田まで細長く海が入り込んでいたからだろう。

室町時代には、『義詮難波紀行』によると貞治三年（一三六四）四月に、足利尊氏《たかうじ》の子の二代将軍足利義詮《よしあきら》（一三三〇―一三六七）が、住吉に参詣する途中に花の盛りの野田のフジを見物している（藤三郎『野田のふじ』）。下福島天満宮境内の「天文之壬辰年《てんぶん》（一五三二）」と刻まれた道標に「右はふぢ名所春日社」とあるというから、室町時代からすでに野田のフジは名所になっていたことがわかる（岡本良一編『写真集　明治・大正・昭和　大阪上』）。

藤《ふじ》家所蔵の『藤伝記』によると、天文二年（一五三三）に本願寺第十世の証如が、野田で佐々木（六角）定頼の兵に襲われた時に「藤境内灰塵《かいじん》」となったというから、フジも焼けてしまったようだ

（前掲『野田のふじ』）。

ところが『摂津名所図会（三）』は、文禄年中（一五九二—一五九六）に豊臣秀吉が訪れてわずかに残っていたフジを見て、休憩した亭を「藤の庵」と名付け、御傍衆《おそばしゅう》の曾呂利《そろり》新左衛門に額を書かせたと述べている。戦火でフジの地上部は焼失したが、根が残っていて芽吹いていたということだろうか。

江戸時代の野田のフジ

江戸時代になると野田のフジは再び衰えたらしい。『蘆分船《あしわけぶね》（五）』（延宝三年［一六七五］）（『浪速叢書一二』）に、

慶長年中（一五九六—一六一五）の比《ころ》までは、見物の貴賤《きせん》群集して、此藤を愛《めで》ぬ人はなかりしとや。されども、時うつり、［略］楼閣なども人すまぬ野らとなり、所々に、其かたばかりのこりて、むかしの藤の古枝は、枯槁《ここう》せり。

と記されている。フジは江戸時代初頭までは勢いがあったが、再生後一〇〇年ほどで樹勢が衰えたということになる。また、同書は、

花のかたはらに、小堂をしつらひ、其名を藤庵と号して、恵心仏の阿弥陀如来を安置し、念仏修行者のおこなひすまして、いまそかりけり。

と述べている。春日神社境内だった所に藤庵という仏堂が建てられるなどしているが、かなり荒廃していたらしい。元禄九年（一六九六）の『難波丸』（『古版大阪案内記集成』）にも、

慶長の比《ころ》より衰へ来て、花やか成しあたりも、今は人住ぬ野らと成、所々に其かた斗《ばかり》残り、藤のかづらも枯槁《ここう》して、高きあふちの梢《こずえ》などに、そこはかとなく、咲かゝりたるばかりにて、興ずる人もなをざりになりもて行ぬ、［略］

と、フジは枯れてしまっていてセンダンの梢にわづかに咲きかかっているばかりと書かれている。元禄十四年刊行の『摂陽群談（一七）』は「今その古根のひこばへ、猶此いほりの庭に残りて」というように、「真入庵」という建物の庭に古い根から出たひこばえが残るだけだと、消滅しかかっている情況を告げている。

だが、『難波噺《なにわばなし》（後編三）』（『随筆百花園一四』）に、「宝永二年［一七〇五］閏三月十六日昼時より野田村の藤［白多し］見物す」とあるように、見物するのに値するほどフジは回復している。白フジについては大田南畝が『葦の若葉』に、

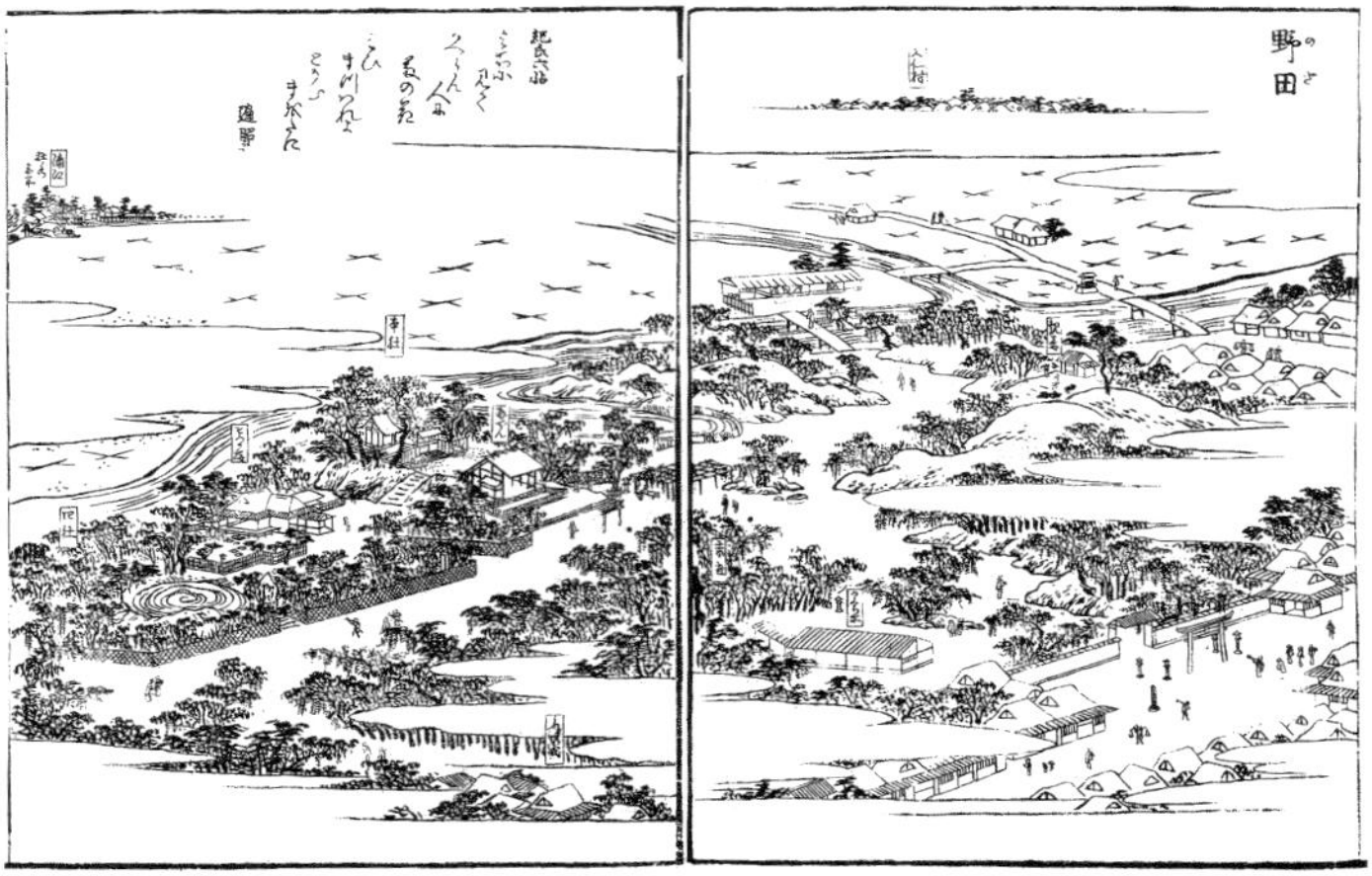

図8-2●江戸時代の野田のフジ（『摂津名所図会［3］』）

又白き藤あり。これは天文二年巳《み》（一五三三）八月九日、本願寺合戦の時、此所の藤焼うせたりしが、其実ばえに白き藤咲て、そのふさ長しとぞ。

と花が白色のフジも存在していたことを、伝承をまじえて述べている（『福島区史』）。

『摂津名所図会（三）』（寛政六―一〇年［一七九四―一七九八］）には、再び野田のフジが著名な名木として挙げられていて、掲載されている図には二つの社の傍の樹木に、垂れ下がるフジが描かれている（図8-2）。枝先を切り取って接ぎ木して再生させたのだろうか。「本社」という書き込みが図の左側にあり、本文中に「野田藤　春日の林中にあり」と記されているから、春日神社も復興されて往時の姿を取り戻したということなのだろう。図の本社の左側に「そろり庵」とあるのは、秀吉の「藤の庵」に由来するものだろうか。

諸本の宣伝効果なのか、浜松歌国（一七七六—一八二七）著『摂陽奇観（三）』の「三都自慢競」の記事では、三都の代表的な樹木として江戸の「西が原の牡丹」や京都の「通天（東福寺境内の橋）の紅葉」と共に、大坂の代表として「野田のふじ」が挙げられている。『繁花風土記（上）』（文化十一年［一八一四］序、『大阪経済史料集成一一』）の「年中行事」の四月の項には、「当月藤花盛　其方角大てい　野田社」とあり、割注に「立春より九十日、木はやせたれども其名海内にとゞろき」と書かれている。

ノダフジの特性

フジを植物学的な視点から見ると、フジの代表的な種類としては、ノダフジ（フジ）とヤマフジ（ノフジ）がある。ノダフジは日本各地の山野、ヤマフジは本州中部以西の山野に自生しているが、つるの巻きつき方がノダフジは右巻き、ヤマフジは左巻きなので識別できる。花房はノダフジが三〇—九〇センチ、ヤマフジが一〇—二〇センチということから、ノダフジの方が観賞品として庭園に植えられることが多い（『牧野新日本植物図鑑』）。

フジは実生にすると開花まで一〇年もかかるために、普通接ぎ木が行なわれる。接ぎ木されたものは親の名が採られて、ノダフジという名が定着していったのではないだろうか。江戸の植木屋伊藤伊兵衛が書いた『花壇地錦抄《ちきんしょう》（三）』（元禄八年［一六九五］）に、「野田藤　むらさき、花長くさがる事四尺ばかり。よく出来たるは五尺くらい」と記されているから、野田のフジは花房が長く美しいことから、早くから名前が知られていたことがわかる。『草木育種』（文政元年［一八一八］）や『本草綱目啓蒙（一四下）』（弘化四年［一八四七］）にも説明されているというように、ノダフジは代表的な品種になっている。

フジの育成・観賞方法

フジがどのように観賞されていたかについては、平安時代の『枕草子』に、

めでたき物［略］色あひふかく花房ながく咲きたる藤の花、松にかゝりたる。

と書かれている。鎌倉時代に制作された『法然上人絵伝《しょうにん》（四）』にも、マツにからまる庭のフジの姿が描き出されている。フジは周辺の高木に絡みつく性質があるので、マツに絡めるのが古代からの育成・観賞方法だった（飛田『日本庭園の植栽史』）。

前掲『難波丸』に「大坂諸所名藤之棚」の項があるように、現在見られるような棚を設けてフジを育成することが、江戸時代には一般的になっている。『お湯殿の上の日記』の永禄五年(一五六二)六月十一日の条に「御かゝり(蹴鞠を蹴り掛ける樹木の所)のふぢのたなをさせらるゝ」とあるのが、フジ棚の文献上の初見になる。

野田のフジの育成情況は、『浪華の賑ひ』(文久三年[一八六三])に、一層明確な状況が描かれている。図中の文に「紫藤多く林中の古松にまとひて、いと風流《みやび》也」とあるのだが、前掲の『蘆分船』に、「今も木高きあふちの梢《こずえ》どもに、そこはかと咲きかゝりたる、花のかたはらに」とあることや、図の描写からすると本来はセンダン(樗《おうち》)に絡みついていたのだろう。

センダンが高木になっていたから、フジの花穂が長く垂れ下がるのを眺めることができたわけだが、支柱になっていたセンダンが枯れれば衰退することになっただろう。野田のフジの特徴は、花房が長かっただけではなく、古代からの伝統に従って高木に絡めて育成していたことにあった。棚作りとは違った迫力があるフジの花房の美しさを、当時の人びとは野田のフジで満喫していたことになる。『摂陽奇観(四九)』所収の「四季遊覧花のしをり」(文政七年[一八二四])では、野田のフジの花時は四月五日とされている。

野田のフジの現況

明治時代になってからは、江戸時代の盛観におよばなかったらしく、明治三十六年（一九〇三）の渡辺霞亭著『大坂年中行事』に次のように書かれている、

以前は野生の藤の古いものもあつて、一寸《ちょっと》風雅に見られたけれど、維新前に伐り払つて、其後又植ゑたのであるから、今度は極て俗な棚の藤になつて居る。

江戸末期にフジは切り払われて補植がされたが、棚が設けられてしまったらしい。井上正雄著『大阪府全志（二）』（大正十一年［一九二二］）は、

其の地は明治三十一年十一月八日藤富衛の所有地に転じければ、古来の勝区も四囲に家屋を建設し、漸次俗気に侵され、今は僅《わずか》に其の面影を残せるのみ。

と、土地の所有が藤家に移ったことや住宅化が進んだことを述べている。

第二次世界大戦後は、都市計画道路（新なにわ筋）の拡張で、春日社に隣接する藤家の庭園が取り壊されてしまった。現在は藤家が所有するマンションの横に、「春日神社」という額が架かった鳥居

写真8−3●現在の野田のフジ

がある小規模な社が残っていて、その中に「野田の藤跡」と石碑と若いフジが巻きついた藤棚が存在するにすぎない（写真8−3）。

大坂の植物文化の象徴

これだけ一本の樹木の歴史を、鎌倉時代から現代まで文献でたどれる事例は珍しい。室町時代には戦火で焼失したりしているので、成木のまま生き残ったわけではないが、枝先を切り取って接ぎ木をしたりして延命措置がとられている。また、支えていた樹木が枯れて衰退することもあっただろうから、普通の樹木よりも育成することは困難だっただろう。

江戸幕府が存続した二六〇年ほどの間には、絶えず誰かが野田のフジの名声を聞きつけて訪れ、その盛観さや衰退した情況を書きとめている。鎖国を行なったために、外国からの影響は少なく安定した社会だったことから、価値観があまり変動せず、伝統的なものを継承するのを容易にしていたのだろう。こうした情況下で、植物を愛好する文化というものが生まれ育ったようだ。

明治以後は社会情勢が激変して、都市化が進行したことから春日神社の境内地は縮小し、ついにはフジも接ぎ木したものがわずかに残るだけになってしまった。野田のフジは江戸時代の大坂文化の消滅を、そのまま象徴しているように見える。それでも、野田のフジを接いだものが育成され、各所で美しい花をつけて人びとを楽しませていることは、植物と人間の不思議な付き合いを感じさせる。

5 大坂周辺の生産地

植木生産地との提携

江戸と比較すると大坂の植木屋は、蔵屋敷以外に大名屋敷がなかったために植木の需要は少なく、作庭する機会もあまりなかったので小規模な店が多かったようだ。しかし、高津で植木屋を営んでいた吉助は、江戸の大規模な植木屋とも肩を並べるほどだったというから、他の植木屋もけっこう繁昌

写真8-4●現在の池田市木部町の植木生産地

していたのだろう。販売していた植木はどこから購入していたのかを見てみよう。

大坂の植木の仕入れ先を見てみると、『摂陽群談(一六)』(元禄十四年[一七〇一])に、

細郷谷《ほそごうだに》樹　同郡木部《きべ》・中河原・東山等山里に造り、大坂天満の植木屋に送る。比處の人、樹を撓接《どうせつ》するの術を得たり。[略]

(山本)同植木　同所より大坂天満の市店に荷出。当所の土俗、木を撓接樹するの術を得て、樹接大夫と称するの家あり。

と記されている。生産地であった細郷谷(大阪府池田市)や山本(兵庫県宝塚市)などから、植木が天満の植木店や市に出荷されていたことがわかる(写真8-4)。

『剪花翁伝《せんかおうでん》(前篇)』(嘉永四年[一八五一])の「春」の項には「千両牡丹」について、池田の北の口から三町ほど北にあ

る木部村《きのべ》（大阪府池田市）の牡丹屋嘉十郎の庭の中にあるとしている。また、「秋」の項にボタンについて、

春・寒の両種ともに、池田の奥谷村より夥《おびただ》しく出る物、悉《ことごと》く接木也。［略］浪花上町辺より出る寒牡丹は、花、紅にて、株は接木にあらず。依《よつ》て、大株となる。

と記されているように、池田の奥谷村（細郷谷）では、接ぎ木した「春牡丹・寒牡丹」を大量に生産していたという。大坂の上町というのは吉助の所のことを指していると考えられる。「吉助牡丹」として有名だったのが寒牡丹だが、花が紅色で大株になったらしい。吉助が自分の植木畑でわざわざボタンを生産していたのは、珍重されていて高値で売れたからだろう。

江戸時代の大坂には、なぜ大阪府の池田市や兵庫県の宝塚市で生産された植木が運搬されていたのだろうか。『摂津名所図会』（寛政六―同十年［一七九四―一七九八］）の前半は大坂とその周辺のことが述べられているのだが、後半には武庫山《むこやま》（六甲山）・生田《いくた》神社・有馬温泉など神戸一帯のことが記載されている。府県が違うのに同列に掲載されているのは違和感があるのだが、江戸時代の摂津国は大阪府北部と兵庫県東部を含んでいた。周辺の村々で生産した物品を、大坂が買い集めて諸国に売り出すというような物産の流通網が、摂津国の中にできていたと見るべきだろう。

大坂の植木屋は細郷谷・木部・山本などで生産していた植木を大坂市中で販売するとともに、江戸

へも送っていたというように、販売経路を確立していたことが植木生産地の活力を高め、大坂の植木屋の収益も増加させていたといえる。こうした地方との関係が、他の業種でも大坂町人の商業活動を盛んにしていたのではないだろうか。

植木屋株仲間の結成

●植木屋株仲間

第2章でも述べたように、江戸中期の享保六年（一七二一）に、幕府は商人・職人に対して同業組合である「株仲間」の設立を認めている。だが、これは幕府の政策を忠実に実行する組合を作ろうとするもので、以前からの自主的な職人組合（株仲間）とは別のものだった。田沼時代（明和四年［一七六七］─天明六年［一七八六］）には、冥加金《みょうがきん》（献金）を課す親方層の諸株仲間の公認政策がとられたが、天保の改革では物価引き下げの効果をねらって株仲間が解散させられてしまった。だが、嘉永四年（一八五一）には再び問屋組合を結成することが許されている（乾宏巳「江戸の職人」『江戸町人の研究』）。

江戸は大名屋敷が多くて仕事には困らなかったためか、植木屋たちが組合や株仲間を結成した様子はないのだが、大坂の植木屋は株仲間を結成している。安永二年（一七七三）に天満天神の植木屋三二人が、大坂植木仲間で運上銀《うんじょうぎん》を役所に上納することによって、大坂町売りの植木・草花類の一手販売の権利を持つ「植木屋株」を設定することを企てている（小林茂・脇田修『大阪の生産と交通』）。

この働きかけは成功したようで、安永六年版『難波丸綱目（四）』の「問屋・仲買」の項では、天満組の植木屋仲間は一二〇軒に増加していて、春秋二回の市と天満大溝前で月六回の市を立てている。同書に植木屋仲間が「南組三十軒」とあるのは、位置的に見て下寺町の植木屋のことと考えられる。

天保十二年（一八四二）三月二十九日には町奉行所から、

無株にて植木・草花類直売買、ならびに木造《きづくり》・植木仲士《なかし》（人夫）等致《いたす》まじき事。

という通達が出されている（『大阪編年史二〇』）。植木株仲間以外の者が植木・草花の販売や植木の手入れ、植木の運搬をしてはならないという指示だった。その理由は、販売の権利を持たない大坂市中の者や近郊の者たちが、北組・南組・天満組の三郷内で草花・植木などを勝手に売ることが多くなっていたためらしい。

植木株仲間の者たちは、樹木だけでなく草花を販売する権限まで持っていたようだ。花屋が植木屋に圧倒されていたのは、商品が安価で売上利益が少なかったために、奉行所に運上銀まで払って株仲間を結成する余裕がなかったからだろう。

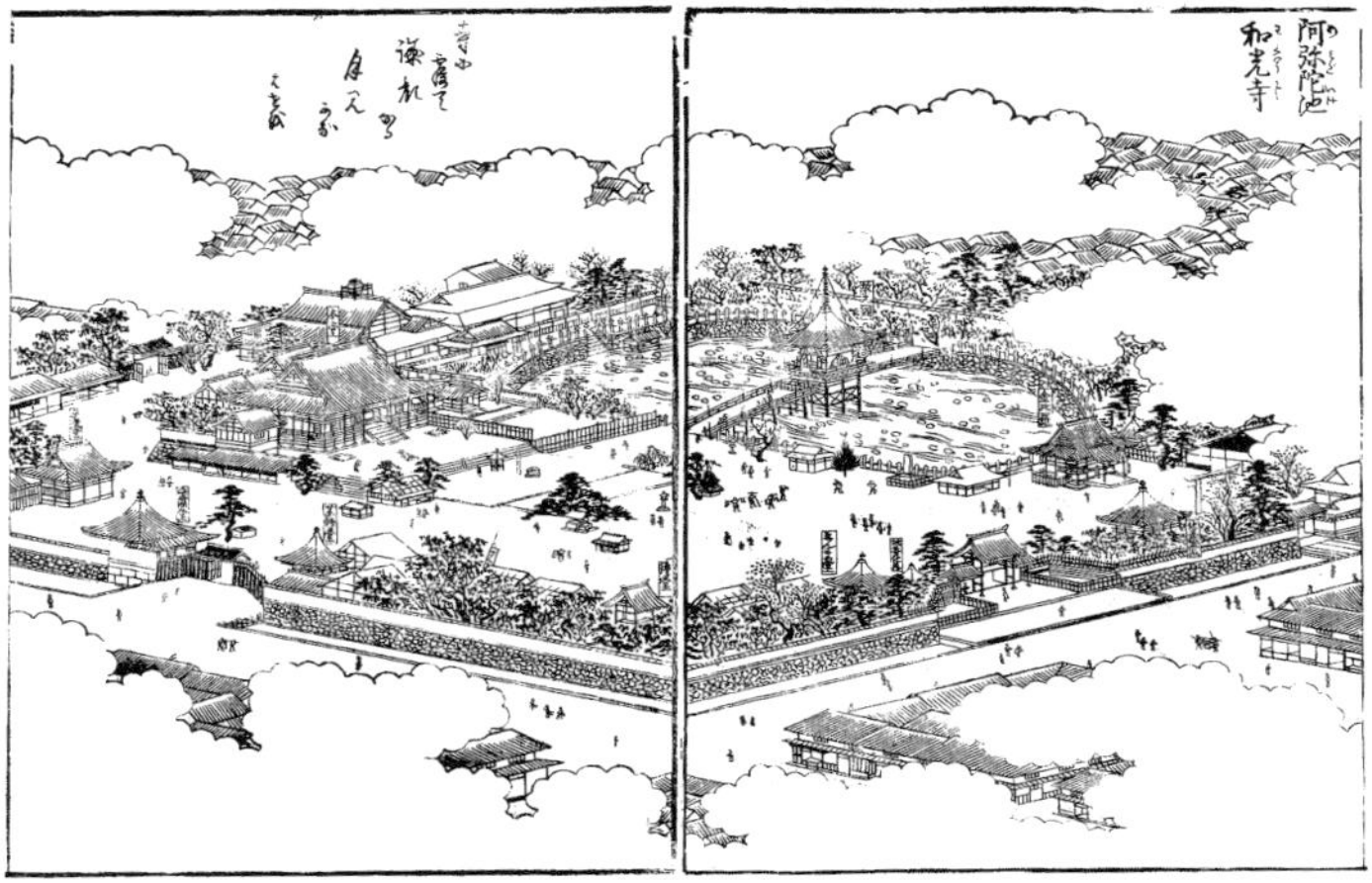

図8-3●江戸時代の阿弥陀寺（『摂津名所図会［4］』）

●露店商たち

『繁花風土記』の「年中行事」の項によると、毎年二月十五日には釈迦の遺徳を追慕する「涅《ね》槃《はん》会《え》」が催され、「あみだ（阿弥陀）池」では門前に三、四丁（一丁は六〇間）ほど植木屋の店が並ぶ植木市が行なわれていたという（図8-3）。また、四月八日には諸方の寺院で釈迦の誕生日を祝う「灌《かん》仏《ぶつ》会《え》」が行なわれ、なかでも阿弥陀池は格別ににぎわっていたらしく、「門前植木市有てまた〳〵彼《ひ》岸《がん》の時に十倍す」と記されている。

『浪華百事談』の「順慶町の名 幷《ならびに》 井戸の辻夜市」の項によると、天保の頃（一八三〇―一八四四）には現在の中央区南船場の順慶町通りは、毎夜露天商が多く出てにぎわっていたらし

図8−4●順慶町の夜店（『摂津名所図会［4］』）

い（図8−4）。

> 心斎橋筋は、南は安堂寺町通りまで、北は順慶町より半町にて、此所には年中植木見《み》世《せ》出せるのみなり。

というように、年中植木屋だけが夜店を出している場所もあったという。『摂津名所図会（四）』の「順慶町の夕市《ゆういち》」の項によると、ここでは九月九日の重陽《ちょうよう》の日には数多くの品種のキクが売られていたというから、これが夜店を出すことに発展したのだろう。

こうした寺院や夜市で店を出していた植木屋が、市中に店を持てない株仲間以外の者たちだったのではないだろうか。法を犯してまで植木・草花を販売する者がいたということは、植木・草花に対してそれだけ人びとの需要があったということになる。

江戸前期（十七世紀）後半には全国経済の発展のなかで、大坂は「天下の台所」といわれるようになった。だが、この頃から商圏の拡大は一定の限度に到達して、既得権を守るために各職種に株仲間ができるが、市場拡大期の活性は失われるようになったとされている（脇田修・岸田知子『懐徳堂とその人びと』）。しかし、植木屋株仲間の成立はそれよりも遅く十八世紀後半の田沼時代だったから、経済の活性化をねらっての規制緩和の時期にあたっている。既存の販売利権を確保しょうとすることは、市場の活性化を妨げることになるわけだが、幕末まで植木株仲間は継続している。株仲間以外の植木屋たちもたくましかったというべきだろうか。

6 大坂と自然災害

上町台地の安全性

江戸では安政二年（一八五五）に大地震があり、近代になってからは大正十二年（一九二三）に関

写真8-5●難波宮跡の復元整備

東大震災が起きているが、現在もまた東京の直下型大地震が心配されている。地震が多発する日本列島上に位置している以上、大阪も例外ではない。最後に自然災害に対しての大阪の安全性を考えてみたい。

孝徳天皇（在位六四五―六五四）の長柄《ながら》豊崎宮の所在地については、大阪城周辺とする上町説と現在の北区辺りとする下町説があって、長年論争が続いていた。だが、昭和二十九年（一九五四）から始まった山根徳太郎を中心とする発掘調査で、中央区馬場町・法円坂一丁目一帯で二時期の宮殿跡が発見され、難波宮が一貫して上町台地上に造営されていたことが明らかになった。全面に残る火災跡は朱雀元年（六八六）一月の罹災と判断され、下層遺構は孝徳天皇の長柄豊碕宮跡、上層遺構は聖武天皇の難波宮跡と判断された。現在、これらの遺構の上層に長柄豊崎宮と難波宮の建物跡を復元して、整備が行なわれている（写真8-5）。

長柄豊碕宮の造営や天武天皇の複都制の実施の際に、京域の整備が行なわれた可能性があることから、難波宮を囲む難波京が造営されていたかどうかが問題となってきた。難波京造営官司や京職という役職名が史料に見えないことなどから、難波京の存在は疑問とする考え方もあったが、前期・後期難波宮跡の中軸線の南延長上に古道の痕跡が見られることや、四天王寺東側に藤原京条坊に類似した方格地割が残ることなどから、さまざまな難波京復元案が出されてきた（『国史大辞典一〇』）。だが最近では、発掘調査では難波宮の朱雀大路に沿って古道の痕跡が確認されただけであることから、条坊制街区は朱雀大路に面した区域を中心に施工されたもので、全域には及んでいなかったと推測されている（植木久『難波宮跡』）。

大坂の歴史を考える上で重要なことは、難波宮が上町台地上に造営されていたということだろう。高台なので防御上安全なことや低地だと洪水や高波の危険性もあることから、港機能は低地にあったが支配者の拠点は上町台地上に構築されていた。上町台地はランドマークになる場所だが、洪水や津波に対して安全な場所でもあった。

低地の開発

現在の大阪一帯の地形から、約一万年前以降にわたって堆積した土層を取り去った地形復元図を見ると、大坂城の位置が一段と高く、その北側の先に長柄《ながら》が突き出した地形になっていて、南側には天王寺へと上町《うえまち》台地が続いている。一万年前頃から温暖化が進むにつれて氷河が融け海面が上昇して、現在の大阪湾の基になる河内湾が姿を出現するが、淀川・旧大和川が運び込む土砂によって上町台地から北側へと砂州が延びて、河内湾は埋め立てられて潟になっていき、ついには分断されて河内湖になった。さらにこの河内湖を埋め立てていったのも、やはり淀川や旧大和川が運んだ土砂だった（なにわ物語研究会編『大阪まち物語』）。天保山の造営の理由となった淀川の土砂堆積は、大昔からの続いていたことになる。

この堆積した土砂の上に人間が生活するようになったのは、考古学の調査からするとかなり遅くなってからだった。昭和六十一年（一九八六）から始められた船場地域の発掘で、弥生時代末の土器がまとまって発見されたことから、堺筋と御堂筋に挟まれた地域の中央付近の南北に居住していた可能性が考えられている。付近では、古墳時代初頭の銅鏃《どうぞく》（銅製の矢じり）や土錘《どすい》（土製のおもり）、埴輪なども出土している。古墳時代には朝鮮半島との関連から難波の重要性が増して、次第に居住者が増加していったのだろう。奈良時代末から平安時代にかけては、船場は広い範囲が居住域になっていたことが確認されている。

中世から豊臣前期にかけての遺構は、古代までと同様に北船場に集中している。溝を巡らしたいくつかの区域に居住地があったと考えられている。土錘など漁労にかかわる遺物の出土が多いことから、生活基盤の一つが漁業だったと想定されているが、中国製の青磁・白磁や常滑《とこなめ》焼・瀬戸焼の陶器が出土することから、これらの地域の人びとは航海技術を持った海民的な集団だったとも推測されている（森毅・豆谷浩之「考古学から見た船場の成立と展開」『大坂城と城下町』）。

船場地区には古代から中世にいたるまで、漁業や海洋交易に携わる人びとが居住していたらしい。そこに目をつけて秀吉は、堺に代わる港を船場地域に建設することにしたようだ。淀川沿いの低地に掘割を設けて港湾機能を高め、その商業活動で得られた資金で海岸の浅瀬を埋め立てて、新田開発を行なってきたことが大坂の発展の基盤になっている。

津波の恐ろしさ

最近は温暖化の影響で、局所的な集中豪雨が頻繁に起きるようになり、河川の氾濫も各地で生じている。江戸時代には河口地帯に河川の土砂を盛って新田開発を行ない、近代はその新田の先をさらに埋め立てて工業地帯を建設してきた。河川が氾濫すれば低地への浸水はまぬがれない。享和二年（一八〇二）六月二十八日から七月一日まで降り続いた雨で、摂津・河内両国の淀川沿岸の堤防四三ヵ所が決壊し、近郊の村々が浸水の被害に遭い、天満橋・天神橋・葭屋橋などが押し流されている（『大坂編年史一二』）。現代では大阪市内のあらゆる所が住宅や商業・工業地帯になって過密化しているから、これからは河川氾濫による洪水被害は一層大きくなるだろう。

大阪は海に臨んでいるので、さらに恐ろしい災害として地震による津波がある。東海大地震と同様に南海大地震が起きる可能性が高まっている。江戸時代には大地震が発生した直後に津波が大坂を襲い、河川を海水が逆流して船を押し上げ橋脚を破壊している。

宝永四年（一七〇七）十月四日に、大地震が大坂を襲っている。『名なし草』（『大坂編年史七』）の「大坂地震の控」によると、午《うま》の下刻（午後二時頃）に西南方向から揺れが起こり、西横堀・江戸堀・伏見堀・立売堀《いたちぼり》・南北堀江・北新地・心斎橋南より北方の家屋はすべて潰れたという。それに加えて地震による大潮（高波）が河川をさかのぼって来て、河口に停泊していた大船を道頓堀に架かる日本橋まで押し込んでしまった。二十五日まで地震は続き、地震による死者は七〇〇〇人あまり、損壊家数は六〇三軒、洪水での死者は一万人、壊れた船は三〇〇艘、橋は五〇あまりだったとされている。

それから一五〇年ほどたった安政元年（一八五四）十一月四日から六日にかけて、再び大地震があり津波が大坂を襲っている。『鈴木大雑集』（『大坂編年史二二』）によれば、四日に起きた大地震による津波で、近海にいた大船・小船がみな道頓堀へ流れ込むという事態が起きた。翌五日にも大地震による津波で、長堀・堀江・道頓堀では逃げようとした人びとが乗った船が衝突し、安治川・木津川河口では一万艘ほど停泊していた内の八割がたが破損して、死者は七〇〇〇人にも及んだらしい。

この安永と安政の地震は、どちらも東海・東南海・南海連動型地震とされている。隣接する神戸では平成七年（一九九五）に大地震が発生したが、安政から現代まで大阪では大地震が起きていない。

こうしたことが、現在の大阪の繁栄をもたらしているといえる。だが、二十一世紀前半に南海トラフを震源とするマグニチュード８級の巨大な東南海・南海地震が起きると、地震の専門家は想定しているので、注意が必要になる。

江戸時代には大きな地震災害が起きているが、復興は早かったようだ。安政二年から文久三年（一八六三）まで大坂町奉行だった久須美祐雋《すけとし》は、『浪花の風』（『日本都市生活史料集成八』）と題した随想で大坂のことを、「日本の台所」と書いている。

浪花の地は、日本国中船路の概要（要点）にして、財物輻輳《ふくそう》（集中する）の地なり。故に世俗の諺にも、大坂は日本国中の賄《まかないどころ》所とも云、又は台所なりともいへり。

安政の大地震から一〇年もたたないうちに、大坂はたちまち再生している。それが江戸時代の大坂の活力というものだったのだろう。

おわりに

これまでの日本の庭園史研究では、個々の庭園だけを論じることが多かったが、庭園をつくるようになった理由をその時代の中で探ることが必要のように思う。この考えを押し進めて、江戸時代の江戸と大坂がどのような都市だったかを庭園から見るということで、『江戸の庭園』とこの『大坂の庭園』の執筆を考えた。

江戸と大坂を選んだのは、江戸時代の代表的な都市だったからだが、別に個人的な理由もあった。生まれ故郷は東京なのだが、小学校に入ってすぐに他県に移ったために、東京のことはほとんど知らないということがあった。故郷の東京のことが知りたくて、前著『江戸の庭園』を書いたというのが正直な気持ちかもしれない。この『大坂の庭園』は、大阪に職場があって一〇年ほど通ったのだが、大阪駅周辺の繁華街のことしか知らないということが、詳しく調べて書きたいという動機だった。

刊行は『江戸の庭園』が先になったが、基になった原稿を書いたのは『大坂の庭園』の方が早かった。『江戸の庭園』を先に出版したのは、大坂のことは江戸を先に出さないと読者には理解しにくいと、京都大学学術出版会の鈴木哲也氏に助言されたことによっている。『江戸の庭園』はほぼ書き下ろしになり、庭園の史料が多すぎて取捨選択するのに悩んだ上に、最終章がまとめにくくて長くかかってしまった。編集担当の髙垣重和氏の叱咤激励がなければ、完成しなかったかもしれない。

この『大坂の庭園』を書く以前には、次の三点の論文を日本造園学会誌に発表していた。

「大坂の植木屋と花屋」『ランドスケープ研究（六三―五）』二〇〇〇年
「大坂の石屋」『ランドスケープ研究（六四―五）』二〇〇一年
「大阪府下の八景」『ランドスケープ研究（六三―五）』二〇〇二年

（財）日本緑化センターから、都市と植物について連載を書かないかという誘いを受けたことから、これらを基にして「都市における植物文化」と題して二〇〇三年五月から翌年五月まで、計一二回にわたって『グリーン・エージ（三五三―三六五）』に、次のような題名で掲載した。

難波十二景・大坂の花暦・野田のフジ・郊外の料理屋の庭園・天保山の造営・新田開発と庭園・大坂の石屋・大坂の植木屋・シュロ縄とワラビ縄・草花の生産と販売・都市と郊外

『江戸の庭園』の構成に合わせるために、この『大坂の庭園』では学会誌に発表した論文と雑誌に連載した論考の両方に加筆・訂正を行なって、「武家の庭園・寺社の庭園・町人の庭園1・大坂と江戸との相違」の章を新たに書き加えた。江戸とは逆に、大坂の場合には庭園史料が少ないので苦労することになったが、大坂のことを学会誌に発表してから一〇年かかって、ようやく一冊の本にまとめることができたのは幸運だった。

二〇一二年四月末日

飛田　範夫

図版一覧

見開図「浪華名所独案内」大阪歴史博物館所蔵

第1章

図1-1　天満天神の境内『摂津名所図会（4）』刊行本より
図1-2　植木屋吉助の店『摂津名所図会（4）』刊行本より
図1-3　北野寺町の植木屋『浪花の梅（5）』刊行本より

第2章

図2-1　長堀の石屋『摂津名所図会（4）』刊行本より
図2-2　船具屋の縄『摂津名所図会（4）』刊行本より

第3章

図3-1　摂津　大坂「浅野文庫諸国古城之図」広島市立中央図書館所蔵
図3-2「大坂冬の陣図屏風」東京国立博物館所蔵（Image：TNM Image Archives）
図3-3「大坂市街図屏風」林家蔵（写真提供：大阪城天守閣）
図3-4「大坂東町奉行所図」一橋大学附属図書館蔵
図3-5「大坂西町奉行所図」（川村家文書）神戸市立博物館所蔵

図3－6　大坂の蔵屋敷『摂津名所図会（4）』刊行本より
図3－7　「大坂御屋敷全図（広島蔵）」大阪商業大学商業史博物館所蔵

第4章

図4－1　江戸時代の難波別院（南御堂）境内のサツキ『摂津名所図会（4）』刊行本より
図4－2　川崎御宮『浪花百景』大阪府立中之島図書館所蔵
図4－3　江戸時代の四天王寺境内『摂津名所図会（2）』刊行本より
図4－4　住吉神社の正印殿の庭園『住吉名勝図会（4）』大阪市立図書館所蔵
図4－5　宝樹寺の庭園『浪華の賑ひ』武庫川女子大学附属図書館所蔵
図4－6　生玉神社の桃李庵『築山庭造伝（後編）』刊行本より
図4－7　江戸時代の生玉神社境内『摂津名所図会（3）』刊行本より
図4－8　隆専寺のシダレザクラ『摂津名所図会（2）』刊行本より
図4－9　江戸時代の月光寺『摂津名所図会（2）』刊行本より

第5章

図5－1　大坂の町屋『守貞謾稿（3）』国立国会図書館所蔵
図5－2　「今橋本邸宅居宅惣絵図」鴻池合資会社資料室所蔵（写真提供：大阪歴史博物館）
図5－3　住友家鰻谷邸「御本家様御吹所様惣絵図」住友史料館所蔵
図5－4　野堂町の人形屋の庭園『浪華百事談』刊行本より
図5－5　含翠堂の授業の様子『摂津名所図会（1）』刊行本より
図5－6　新町の茨木屋幸斎宅の庭園『浪華青楼志』刊行本より

図5―7　花月庵の玉川庭の図『築山庭造伝（後編・中）』刊行本より

第6章

図6―1　浮瀬の外観『摂津名所図会（2）』刊行本より
図6―2　天王寺の福屋の庭園『浪華の賑ひ』武庫川女子大学附属図書館所蔵
図6―3　河堀口の松屋の庭園『摂津名所図会（2）』刊行本より
図6―4　西照庵の庭園『浪華の賑ひ』武庫川女子大学附属図書館所蔵
図6―5　梅屋敷の庭園『浪華の賑ひ』武庫川女子大学附属図書館所蔵
図6―6　「引札　瓢麦亭」（稲森豊氏撮影）大阪城天守閣所蔵
図6―7　難波新地の松の尾の庭園『摂陽奇観（54）』刊行本より
図6―8　難波村の一方楼の庭園『浪華の賑ひ』武庫川女子大学附属図書館所所蔵
図6―9　住吉新家の伊丹屋の庭園『摂津名所図会（1）』刊行本より
図6―10　住吉新家の三文字屋の庭園『住吉名勝図会（1）』大阪市立図書館所蔵
図6―11　新町遊郭の全景『北陽細見記』（手酌半四郎著）関西大学図書館蔵
図6―12　花魁道中『摂津名所図会（4）』刊行本より
図6―13　佐渡島町　高嶋屋「大坂新町細見之図　澪標」東京都立中央図書館特別文庫室所蔵
図6―14　九軒町　山口屋「大坂新町細見之図　澪標」東京都立中央図書館特別文庫室所蔵
図6―15　佐渡島町　茨木屋「大坂新町細見之図　澪標」東京都立中央図書館特別文庫室所蔵

第7章

図7―1　「浪華新丘圖」立正大学メディアセンター田中啓爾文庫所蔵

図7－2　「摂州安治川春日出新田掛屋敷図」歴史館いずみさの蔵
図7－3　「鴻池新田会所の敷地図」鴻池合資会社資料室蔵（写真提供：鴻池新田会所）
図7－4　三井会所絵図『布施市史（2）』（布施市編集委員会編）東大阪市教育委員会
図7－5　平野屋新田会所の敷地図『旧平野屋新田会所屋敷と建物』大東市教育委員会
図7－6　吉松新田会所の実測図『吉松新田会所跡調査報告』（東大阪市遺跡保護調査会）東大阪市教育委員会
図7－7　「天保山風景図」大阪歴史博物館所蔵
図7－8　天保山の雨舎『天保山名所図会（下）』武庫川女子大学附属図書館所蔵
図7－9　天保山の舟着場の光景『天保山名所図会（下）』武庫川女子大学附属図書館所蔵

第8章

図8－1　上町台地の清水寺『摂津名所図会（2）』刊行本より
図8－2　江戸時代の野田のフジ『摂津名所図会（3）』刊行本より
図8－3　江戸時代の阿弥陀寺『摂津名所図会（4）』刊行本より
図8－4　順慶町の夜店『摂津名所図会（4）』刊行本より

カバー　梅やしき『浪花百景』大阪城天守閣所蔵

14. その他

（2）石材・石造品

（3）縄

13．庭園史料

（4）その他

12．庭園材料

（1）植物

8．遊郭

9．新田会所

10．天保山

11．植木屋・花屋・石屋

（1）植木屋

（2）花屋

（3）石屋

3．河川・掘割

（1）河川

（2）掘割

4．大坂城関連

5．寺院・神社

（1）寺院

（2）神社

6．町屋

7．料理屋

索　引

1．人名

2．地名

(1) 大坂

(2) その他

飛田　範夫（ひだ　のりお）

長岡造形大学教授
1947年　東京に生まれる
1977年　京都大学農学研究科博士課程中退
京都大学論文博士（農学）

【主な著書】
『「作庭記」からみた造園』鹿島出版会、1985年
『日本庭園と風景』学芸出版社、1999年
『日本庭園の植栽史』京都大学学術出版会、2002年
　（「京都大学学術情報リポジトリ」で閲覧可能）
『庭園の中世史』吉川弘文館、2006年
『江戸の庭園』京都大学学術出版会、2009年

学術選書

大坂の庭園

―太閤の城と町人文化

学術選書 056

2012 年 7 月 5 日　初版第 1 刷発行

著　　者…………飛田 範夫

発 行 人…………檜山 爲次郎

発 行 所…………京都大学学術出版会

京都市左京区吉田近衛町 69

京都大学吉田南構内（〒 606-8315）

電話（075）761-6182

FAX（075）761-6190

振替 01000-8-64677

URL http://www.kyoto-up.or.jp

印刷・製本…………㈱太洋社

装　　幀…………鷺草デザイン事務所

ISBN 978-4-87698-856-3

定価はカバーに表示してあります

学術選書［既刊一覧］

＊サブシリーズ「心の宇宙」→心 「諸文明の起源」→諸
「宇宙と物質の神秘に迫る」→宇

001 土とは何だろうか？ 久馬一剛
002 子どもの脳を育てる栄養学 中川八郎・葛西奈津子
003 前頭葉の謎を解く 船橋新太郎 心1
004 古代マヤ 石器の都市文明 青山和夫 諸11
005 コミュニティのグループ・ダイナミックス 杉万俊夫 編著 心2
006 古代アンデス 権力の考古学 関 雄二 諸12
007 見えないもので宇宙を観る 小山勝二ほか 編著 宇1
008 地域研究から自分学へ 高谷好一
009 ヴァイキング時代 角谷英則 諸9
010 GADV仮説 生命起源を問い直す 池原健二
011 ヒト 家をつくるサル 榎本知郎
012 古代エジプト 文明社会の形成 高宮いづみ 諸2
013 心理臨床学のコア 山中康裕 心3
014 古代中国 天命と青銅器 小南一郎 諸5
015 恋愛の誕生 12世紀フランス文学散歩 水野 尚
016 古代ギリシア 地中海への展開 周藤芳幸 諸7
018 紙とパルプの科学 山内龍男
019 量子の世界 川合・佐々木・前野ほか編著 宇2
020 乗っ取られた聖書 秦 剛平
021 熱帯林の恵み 渡辺弘之
022 動物たちのゆたかな心 藤田和生 心4
023 シーア派イスラーム 神話と歴史 嶋本隆光
024 旅の地中海 古典文学周航 丹下和彦
025 古代日本 国家形成の考古学 菱田哲郎 諸14
026 人間性はどこから来たか サル学からのアプローチ 西田利貞
027 生物の多様性ってなんだろう？ 生命のジグソーパズル 京都大学総合博物館 京都大学生態学研究センター編
028 心を発見する心の発達 板倉昭二 心5
029 光と色の宇宙 福江 純
030 脳の情報表現を見る 櫻井芳雄 心6
031 アメリカ南部小説を旅する ユードラ・ウェルティを訪ねて 中村紘一
032 究極の森林 梶原幹弘
033 大気と微粒子の話 エアロゾルと地球環境 笠原三紀夫 東野 達 監修
034 脳科学のテーブル 日本神経回路学会監修／外山敬介・甘利俊一・篠本滋編
035 ヒトゲノムマップ 加納 圭